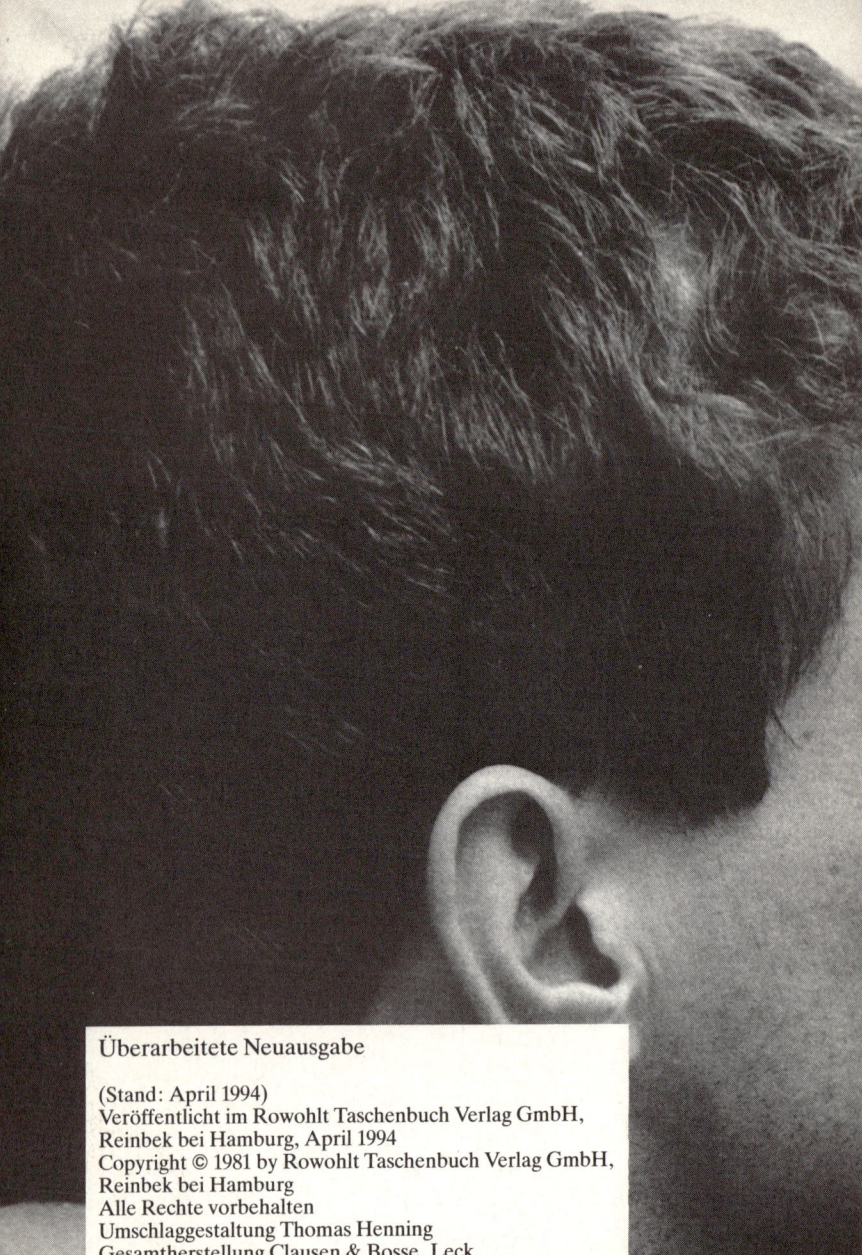

Überarbeitete Neuausgabe

(Stand: April 1994)
Veröffentlicht im Rowohlt Taschenbuch Verlag GmbH,
Reinbek bei Hamburg, April 1994
Copyright © 1981 by Rowohlt Taschenbuch Verlag GmbH,
Reinbek bei Hamburg
Alle Rechte vorbehalten
Umschlaggestaltung Thomas Henning
Gesamtherstellung Clausen & Bosse, Leck
Printed in Germany
1290-ISBN 3 499 19109 1

THOMAS GROSSMANN

schwul — na und?

mit Zeichnungen von Erich Rauschenbach

rororo

Rowohlt

Thomas Grossmann, geb. 1951 in Hamburg; studierte
Betriebswirtschaft und Psychologie; arbeitete u. a. mit
homosexuellen Schülergruppen zusammen und leitete
Selbsterfahrungsgruppen und Projektseminare an Schulen zum Thema Homosexualität. Er macht jetzt haupt-
beruflich AIDS-Aufklärung und -Beratung.
Seit 1972 ist er in der Schwulen- und Lesbenbewegung
aktiv. 1984 erschien «Eine Liebe wie jede andere»
für Eltern von Homosexuellen, 1986 «Beziehungsweise
andersrum» über Partnerschaften von schwulen
Männern.

Für Marian †21. Mai 1990

Inhalt

Kein Buch – erst recht nicht dieses – kann von einem allein zustande gebracht werden. Allen, die mit so viel Engagement und tatkräftiger Unterstützung zum Gelingen dieses Buches beigetragen haben, möchte ich sehr herzlich danken! Vor allem Andreas, Bea, Christian Bl., Christian Br., Claus-Wilhelm, Edith, Gunter, Hagen, Hans-Georg, Holger, Ilonka, Jutta, Lars, Marcus, Oskar, Rainer, Stefan, Uli und Wiebke.

1. Kapitel

Bei den Amerikanern gibt es den Brauch, eine große Party zu veranstalten, sobald ein Mädchen etwa 14 Jahre alt ist. Dieses Fest dient der öffentlichen Präsentation der Tochter als nunmehr heiratsfähig – von da an ist sie offiziell ins Rennen geschickt. Das ganze heißt ‹Coming Out – Party›, was nicht so einfach ins Deutsche übersetzt werden kann. Es heißt in etwa ‹aus dem Schoß der Familie an die Öffentlichkeit gehen›. Die amerikanische Homosexuellen-Bewegung hat diesen Begriff übernommen und bezeichnet damit den Prozeß vom ersten Entdecken gleichgeschlechtlicher Gefühle bis zum endgültigen Akzeptieren der eigenen Homosexualität. Bei uns in der BRD hat sich der Ausdruck ebenfalls eingebürgert, manchmal frei übersetzt als ‹aus dem Schrank kommen›. Wie man oder frau es auch benennt, das ‹Herauskommen› ist die wohl beschissenste Zeit im Leben von uns Schwulen und Lesben. Das Entdecken des Andersseins, die Verachtung unserer Umwelt, die inneren Widerstände gegen das Abweichen von der Norm sind Erfahungen, die wohl jeder von uns gemacht hat, bis am Ende schließlich die Erkenntnis steht, vor dem Schwul- oder Lesbischsein nicht weglaufen zu können.

Sicher, es gibt große Unterschiede. Manche haben ein Leben lang daran zu knabbern und schaffen den Schritt nie, ihr Sosein zu akzeptieren. Andere haben großes Glück und können relativ früh homosexuell leben. Und doch, man kann sagen, daß es 'ne Menge Erfahrungen gibt, die Lesben und Schwule im Laufe ihres Coming Out fast alle machen. Genau um diese Gemeinsamkeiten in Kindheit und Jugend soll es im ersten Kapitel gehen.

Was würdest du sagen, wenn du gefragt wirst, zu welchem Zeitpunkt man/frau homosexuell wird? «Ich bin schon immer lesbisch gewesen», meinte neulich eine Frau im Gespräch mit mir. Sie hätte sich nie in ihrem Leben für Männer interessiert, während Frauen ungeheuer anziehend auf sie wirkten: «Bereits als kleines Mädchen liebte ich diese

8

sanften, fließenden Bewegungen, die weiche Haut, die Zärtlichkeit.»
Ein schwuler Mann, er war bestimmt fünfzig oder älter, behauptete ähnliches: «Die Männer waren es, an denen ich mich als kleiner Junge überhaupt nicht satt sehen konnte. Ein Onkel, ein bekannter Kunsthändler, hatte ein Gemälde von einem nackten Mann im Flur hängen und ich stand häufig tief versunken davor.» Ich war beide Male reichlich baff. So sehr ich versuchte, solche Neigungen bei mir in der Kindheit zu erinnern – nichts. Habe ich womöglich alles verdrängt? Ich begann, herumzufragen: Nur einige erzählten von homosexuellen Schwärmereien und Vorlieben in allerfrühester Kindheit, den meisten aber ging es wie mir. Eindeutig schwule oder lesbische Bedürfnisse konnten sie in ihrer Kinderzeit nicht ausmachen. Ich hatte gerade mein Weltbild wieder zurechtgerückt, da warf eine Freundin erneut alles durcheinander. Sie hat als Kind am liebsten mit der Mutter bzw. generell Frauen geschmust: «Diese unsensiblen, eckigen Männerkörper hatten damals nichts Anziehendes für mich an sich.» Ob du's glaubst oder nicht – heute ist sie stockheterosexuell und findet Männer aufregend!
Ja, was denn nun? Es ist anscheinend so, daß eine Reihe von Schwulen und Lesben ganz früh homosexuelle Bedürfnisse verspüren, eine große Zahl aber erst später, so mit elf, zwölf Jahren. Andererseits gibt es Kinder mit homosexuellen Neigungen, die später heterosexuell werden. Gemeinsam ist allen Kindern indes das grundsätzliche Gefühl: «So wie es ist, ist es okay.» Kein Junge, der gerne Männerkörper betrachtet, empfindet dies als merkwürdig, kein Mädchen wundert sich über seine Vorliebe für Frauen. Falls

sie homosexuell sind, so bekommen sie zu dieser Zeit deswegen keine Nachteile zu spüren.
Schwieriger sieht es da mit einer anderen Erfahrung aus, von der zahlreiche Schwule und Lesben berichten:
«Ich war zierlich gebaut und oft krank. Die Nachbarskinder haben mich verhauen und gehänselt, weil ich mit Puppen spielte und eine Brille trug. Mein Vater war ganz schön sauer darüber, denn er wollte immer einen Draufgänger aus mir machen.» (Helmut Z., 17)

«Mein Gott, was haben die Eltern jedesmal gezetert, wenn ich wieder rumgetobt hatte und das schöne Sonntagskleid zerrissen war! ‹Du bist überhaupt kein richtiges Mädchen›, pflegten sie zu sagen. War mir aber völlig schnuppe. Es hat einfach mehr Spaß gemacht, mit den Jungs zu spielen, als die öden ‹Mama, Papa und Kind›-Spiele der anderen Mädchen.» (Monika B., 20)

An ähnliche Erlebnisse erinnern sich zwei Drittel aller Schwulen und Lesben. Jedenfalls ergab das eine Untersuchung Anfang der siebziger Jahre in den USA.* Die zwei Drittel hatten sich während ihrer Kindheit nicht unbedingt so verhalten, wie es in unserer Gesellschaft von Jungen oder Mädchen erwartet wird. Wenn ich an den unsportlichen Waschlappen denke, der ich selbst früher war, kann ich mich da sofort einreihen. Die einzige Sportart, die ich damals exzellent beherrschte, war das Weglaufen. Und meine Vorliebe für Puppen statt Fußball entlockte Vater und Mutter seinerzeit die freudige Erkenntnis, ich würde bestimmt mal ein guter Vater. Tja, war wohl nichts. Offensichtlich gibt es in der Entwicklung vieler Homosexueller eine Gemeinsamkeit: Sie wollten bereits als Kinder zum großen Teil nicht so, wie es sich laut gesellschaftlicher Norm gehört. Jungen spielten lieber mit Mädchen als mit anderen Jungen und Mädchen bevorzugten es, herumzustreifen und Abenteuer zu bestehen. Aber nicht jedes springlebendige Mädchen wird lesbisch und nicht jeder lammfromme Junge schwul. Die oben erwähnte Untersuchung zeigte nämlich außerdem, daß 50 % der heterosexuellen Frauen für sich in Anspruch nahmen, in der Vergangenheit ebenfalls ziemlich jungenhaft gewesen zu sein.

Sie bekamen genauso wie die zukünftigen Homosexuellen zu spüren, was es heißt, ‹anders› zu sein. Denn Auffallen, Anderssein ist immer mit schmerzhafter Zurückweisung durch die Umwelt verbunden. Für weichlichere Jungen fällt sogar der Name «Schwuler» ab, und prompt nistet sich der Begriff mit der dazugehörigen Ablehnung in unseren Gehirnen ein – egal, ob wir damit etwas Konkretes verbinden oder noch nicht.

Überspringen wir jetzt ein paar Jahre, in denen die weniger mackerhaften unter uns Schwulen ihren Männlichkeitsmangel durch Rückzug in allein glücklichmachende Hobbies oder extragute Schulleistungen auszugleichen versuchen und die wilderen Lesben durch zähe Versuche von Eltern und Schule auf den ‹richtigen Kurs› gebracht werden sollen.

Dann, so irgendwann zwischen 10 und 15 Jahren passiert etwas, woran sich praktisch jeder Schwule und eine Menge Lesben erinnern können: «Mit 11 oder 12 verknallte ich mich Hals über Kopf in eine Frau, die Ende dreißig war. Sie saß öfters nachmittags im Park und las ein Buch oder strickte. Verstohlen schlich ich in ihrer Nähe herum oder sorgte dafür, daß wir in ihrer Nähe spielten. Leider hat sie fast nie auf uns geachtet. Wie gern hätte ich mich auf ihren Schoß gesetzt, sie gestreichelt und geküßt.» (Jutta W., 18)

Jutta verliebte sich in eine Frau. Sie wollte sie sehen und sie liebhaben. Erste homosexuelle Gefühle, zunächst überhaupt nicht als solche erkannt. Sie hält es für die selbe Art von Schwärmerei, die ihre Freundin gegenüber einer Lehrerin empfindet. In der Tat ist ja die anhimmelnde Zuneigung zu einer älteren Person gleichen Geschlechts in diesem Alter weitverbreitet. Bei Jungen ist ein großes Interesse an den anderen Jungs, an deren Körper und speziell

* Vgl. Marcel T. Saghir, Eli Robins: Male and Female Homosexuality, Baltimore 1973

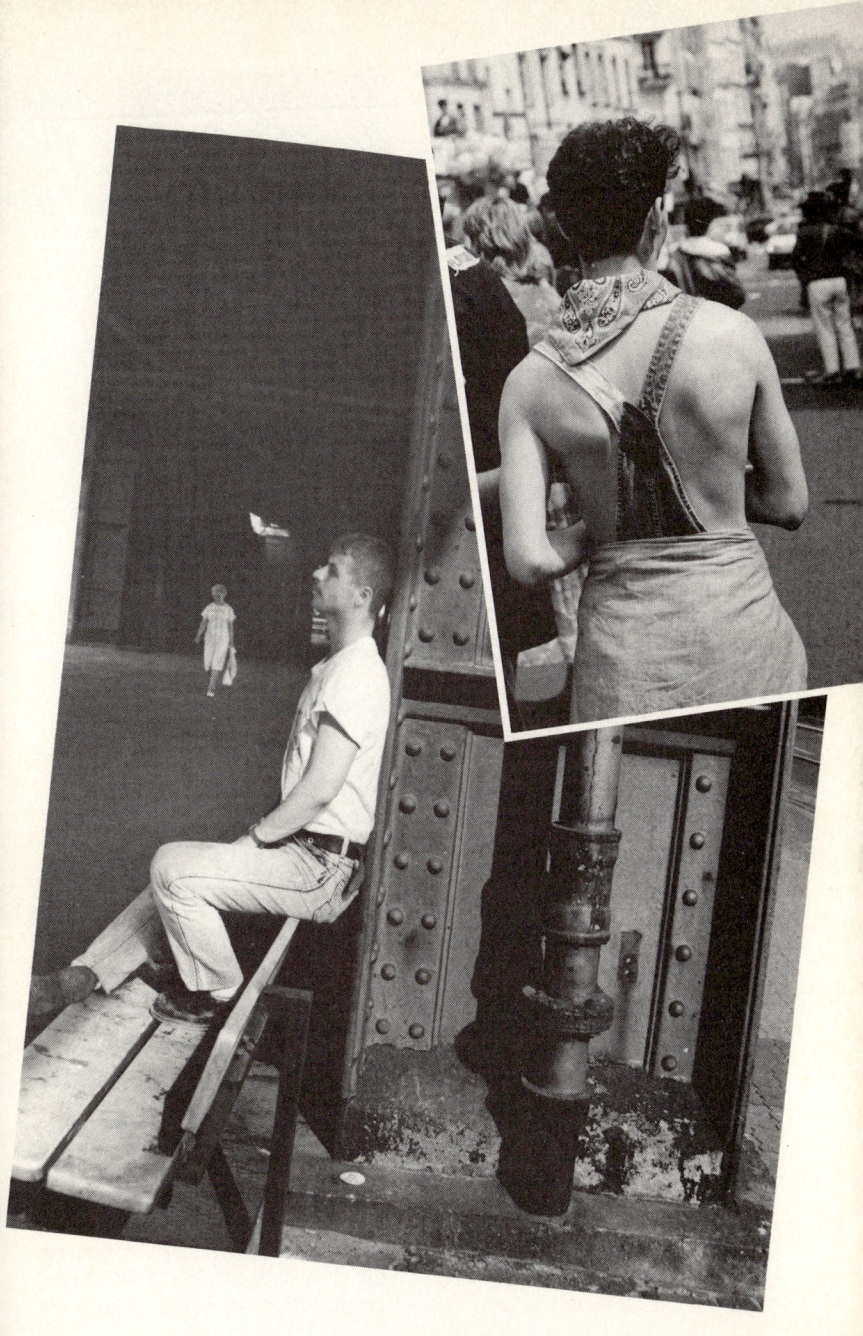

deren Schwänzen ebenfalls in der Pubertät alltäglich. Und so fällt sogar dem Jungen nichts besonderes an sich auf, der folgendes schreibt: «Etwa mit 11 begann ich mich für einige der anderen Jungs in meiner Klasse zu interessieren. Ich wollte mit ihnen zusammen sein und was mit ihnen machen, sie küssen oder sie nackt sehen.» (Peter B., 21) Peter kann heute, wo er bewußt schwul ist, diese Gefühle im nachhinein eindeutig als homosexuell einordnen – mit 11 Jahren war das keineswegs der Fall.

Betrachten wir an diesem Punkt noch einmal rückwirkend die Kindheit bis hierher. Abgesehen von unseren rollenuntypischen Spielgewohnheiten entwickeln wir uns bis zu diesem Abschnitt unserer Kindheit scheinbar so, wie sich alle gleichaltrigen Kinder verhalten, inklusive einer Art homosexueller Phase. Wie die anderen sind wir zu diesem Zeitpunkt noch allesamt davon überzeugt, später heterosexuelle Beziehungen zu haben. Bis uns die Realität aufrüttelt.

Tiefergehende Zweifel tauchen nämlich auf, sobald bei unseren Mitschülern und Freunden die homosexuellen Wünsche und Schwärmereien nachlassen und sie auf Beziehungen zum anderen Geschlecht scharf werden. Drei Jahre später jedenfalls, mit vierzehn, macht sich Peter doch ein wenig Sorgen: «Allmählich habe ich gemerkt, daß ich irgendwie anders war als die meisten Jungen in meiner Klasse. Nach ihren Erzählungen hatten sie schon unheimlich dufte Sachen mit Mädchen gemacht, und die Mehrheit hatte eine Freundin. Als ein Schulfreund mal bei mir zu Besuch war und er von irgendwelchen Knuddeleien mit einem Mädchen erzählte, fühlte ich mich total beschissen. Er

redete von Mädchen, großen Busen und so, und ich lag neben ihm und hätte nichts lieber getan, als ihn anzufassen und ihn zu streicheln. Aber die Angst und Unsicherheit war natürlich zu groß, als daß ich es auch nur versucht hätte. In der nächsten Zeit war ich ziemlich down, weil ich mir nicht darüber klar war, was mit mir los ist. Bevor ich überhaupt ahnte, daß ich schwul bin, fühlte ich mich irgendwie ‹anders›. Es war, als ob ich nicht dazugehörte, als sei ich ausgeschlossen von dem, was die an-

deren erlebten.» (Peter B., 21)
Die gleichen Gedanken machte sich Biggi:
«Ich fühlte mich allein und anders als die anderen. So verschieden wie ein Kreis in einer Welt von Quadraten! Ich paßte einfach nirgendwo hinein. Keiner schien derartige Gefühle zu haben wie ich. Erst dachte ich, die Gefühle würden weggehen, wenn ich sie ignoriere. Aber sie wurden nur immer stärker.» (Biggi D., 18)
Spätestens jetzt wird uns allen das

‹Verschiedensein› bewußt. Wir sind anders als die Welt um uns herum, denn die ist durch und durch heterosexuell geprägt. Oder besser, es wird überall so getan, als ob. Von klein auf kriegen wir es mit. Schalten wir das Radio an, so singt ein Mann verzückt von den ‹Girls, Girls, Girls›, egal, ob der Sänger privat vielleicht schwul ist. Lesen wir Märchenbücher, dann befreit der Prinz sicher stets eine Prinzessin aus den Klauen des Drachen, aber nie einen anderen Prinzen. Gehen wir Sonntags nachmittags spazieren, so begegnen wir lauter Hetero-Paaren, manche eng umschlungen. Welches Kind oder welcher Jugendliche kriegt schon mal zwei Frauen zu sehen, die küssend auf der Bank sitzen, oder zwei Männer, die Arm in Arm gehen?
Unsere Eltern sind gleichermaßen heterosexuell und erwarten genau dasselbe von uns. Ihr Sohn soll später mal ein nettes Mädchen heiraten und auch für die Tochter ist die Zukunft oft geplant. Nur geht bei den Mädchen mit ihrer heterosexuellen Erziehung eine Einschränkung ihrer beruflichen Entwicklung einher, sie werden auf «Kinder und Küche» ausgerichtet:
«Über mein späteres Leben sprach Mutter beharrlich so, als ob es nur aus Haushalt und Familie besteht. ‹Wenn du erst verheiratet bist, Liebling›, pflegte sie zu sagen, oder: ‹Sobald du Kinder hast...› Heiraten und Familie gründen erschien mir wie der Teil einer durchgängig akzeptierten Norm, und ich dachte, wer bin ich, daß ich dieses Prinzip für mich ablehnen könnte? Das verflixte war nur, daß ich einer Zukunft als Ehefrau, Mutter und Heimchen am Herd nicht die mindeste Sympathie entgegenbringen konnte.» (Petra L., 20)

Was Petras Mutter im Kopf hat, entspricht exakt dem, was für nicht wenige die Zukunft eines Mädchens in unserer Gesellschaft ist. Ein Mädchen verliebt sich in einen Jungen, sie heiraten und kriegen Kinder – so ist es ‹normal›. Fast jedes Kind bekommt im Laufe seiner Erziehung dieses ‹normale Bewußtsein› eingehämmert.

Petra stellt aber fest, daß sie gar nicht so will, wie es üblich wäre. Nur, wenn sie nicht ‹normal› ist, was ist sie dann? Sie kennt nichts anderes. Sie kennt nur ihre Sympathie für Mädchen. Bis sie erfährt, was das bedeutet:

«Eines Nachts, ich war vierzehn, konnte ich nicht einschlafen, denn ich war völlig durcheinander. Eine sehr gute Freundin, die ich heimlich liebte, sollte plötzlich in ein Internat geschickt werden. Ich hätte sterben können vor Trauer. Ich fühlte mich so alleingelassen!

Gegen zwei Uhr morgens war ich immer noch wach. Leise wollte ich in die Küche gehen, um etwas zu trinken zu holen, als ich im Schlafzimmer von meinen Eltern Licht sah. Ich konnte sie leise miteinander sprechen hören. Es ging um meine Freundin. Sie redeten von ‹Abartigkeiten› und daß sie Schande über das ganze Dorf gebracht hätte. Ich kapierte überhaupt nichts. Bis mich am nächsten Tag ein Nachbarsjunge aufklärte: ‹Das ist eine Lesbe!›

Noch am selben Nachmittag lief ich zur Bücherei und suchte im Lexikon danach, was ‹Lesben› sind – ich hatte schließlich nicht den blassesten. Schimmer von so was. Nachdem ich gelesen hatte, was da stand, geriet ich in Panik. Es gab keinen Zweifel mehr. Ich wußte jetzt, was ich war.» (Petra L., 20)

Petra wußte vorher nicht, was Homosexualität ist. Sie lebte mit ihren Eltern in einem kleinen Dorf in Süddeutschland, wo ‹derartiges› einfach nicht existierte. Angeblich. Zumin-

dest wird nicht darüber gesprochen. Wenn doch schon Heterosexualität tabu ist, wie soll man dann über Homosexualität sprechen können. Vielen Schwulen und Lesben geht es anders. Sie wissen schon, was Homosexualität ist, bevor sie sich selbst als homosexuell entdecken. Das heißt, sie glauben es zu wissen. Hat doch die BILD-Zeitung über ‹Die Verbrechen der lesbischen Frauen› geschrieben, eine ganze Serie über Lesben als kriminelle ‹Mannweiber›, eher dem Kuriositätenkabinett entsprungen als reale Menschen. Mit männlichen Homosexuellen läuft es nicht anders, sie werden in gleicher Weise der staunenden, wissend mit dem Kopf nickenden Öffentlichkeit präsentiert. ‹Der Massenmörder von Houston›, selbstverständlich schwul, hatte etwa 30 Jungen vergewaltigt und ermordet. Tja, BILD weiß, was die Heterowelt hören will! In Filmen und im Fernsehen sieht man unsereins nicht so sehr als Verbrecher, vielmehr werden hier die langweiligen Komödien durch Auftritte von Homosexuellen ein wenig aufgepeppt – als tänzelnde, durch die Nase sprechende Weichlinge oder als giftig-strenge Erzieherin mit tiefer Baß-Stimme und im Herrenanzug. Haha!

Mit diesen «Informationen» über Homosexuelle und Homosexualität ausgestattet, überfällt uns die Erkenntnis, selbst lesbisch oder schwul zu sein mit Grausen. Angst macht sich breit – die ‹Normalität› schlägt mit voller Wucht zu. Nun, wo wir etwas von unserer Homosexualität ahnen, versuchen wir, alle erdenklichen Informationen darüber zu bekommen. Vielleicht findet sich ja doch an irgendeiner Stelle etwas Beruhigendes oder gar Positives? «Es gibt kein Buch, welches ich mir nicht besorgte. Und in allen stand

unmißverständlich: Du bist ein Verbrecher, ein Kranker, ein Perverser. Ich wollte wissen, was mit mir los ist und hielt die Schreiber der Bücher für Experten. Aber was auch immer ich in die Finger kriegte, klang negativ. Ich hätte am liebsten laut aufgeschrien! Der unglückliche Homosexuelle, ausgestoßen und aufgelistet in der Kartei der Psychiater.» (Norbert M., 19)

Es scheint fast unmöglich, noch eine Spur Selbstachtung zu bewahren, wenn man so viel Schlechtes über sich selbst liest. Könnte man bloß mit jemandem darüber reden! Manchmal wenden wir uns an Ärzte oder Lehrer:

«Ich ging zum Doktor, weil ich dachte, es sei biologisch irgendwas mit mir falsch. Sein Gesicht lief purpurrot an, als ich es ihm sagte. Er fragte mich, ob ich es meinen Eltern erzählt hätte. Ich sagte, nein, hätte ich nicht. ‹Dann laß es besser sein›, meinte er, weil ‹viele Jungen haben so eine Phase, und das legt sich mit der Zeit. Da brauchst du deine Eltern gar nicht erst zu beunruhigen.› Er war mehr um meine Eltern besorgt als um mich! Und ich fühlte mich kein bißchen besser, nachdem ich bei ihm gewesen war. Das Problem war, die Gefühle verschwanden nicht, die ‹Phase› ging nicht vorbei. Ich fühlte mich derart deprimiert, daß ich schließlich einen meiner Lehrer ansprach. Er schien verwirrt und fragte: ‹Spürst du denn überhaupt nichts gegenüber Mädchen?› Bevor ich antworten konnte, erzählte er mir, daß er mich einfach für zu schüchtern halte und ich deshalb wohl noch keine Freundin hätte. Im Grunde wolle ich doch bestimmt auch heiraten und eine Familie gründen und so. Würde ich mehr mit Mädchen ausgehen, dann würde meine Angst vor ihnen sicher verschwinden. Dabei hatte ich nichts davon gesagt, daß ich Angst vor Mädchen hätte. Ich hatte keine Angst vor Mädchen . . .»(Jürgen P., 18)

Das Gerede von der berühmten ‹Phase›, das unsere Hoffnung auf ein ‹normales› Leben aufrechterhalten soll, oder die sehr einfühlenden Aufforderungen, uns ‹zusammenzureißen› und abzuwarten, das sind also die Ratschläge, die uns helfen sollen. Sehr beliebt ist auch die Überzeugung, man habe nur noch nicht den ‹richtigen› Jungen oder das ‹richtige› Mädchen gefunden und solle halt weiter suchen.

Auf die Idee, sich über unsere Gefühle zu freuen, uns darin zu bestärken und uns aufzufordern, dementsprechend zu leben, kommen bisher nur wenige.

Ergebnis dieser ‹Behandlung› durch die Umwelt: Wir denken, wir seien der letzte Dreck, absolute Fehlzünder. Wir sind verwirrt und fühlen uns allein. Kein Wunder also, wenn die meisten von uns nach diesem ersten Schock noch Jahre brauchen, bis sie endgültig ihre Rolle als Außenseiter dieser Gesellschaft akzeptieren. Manche schaffen es nie. Um wirklich auch schwul oder lesbisch leben zu können, müßten wir eigentlich als

nächsten Schritt gegen die verinnerlichten Hetero-Normen ankämpfen. Allerdings schafft das nur ein kleiner Prozentsatz von uns schon mit fünfzehn oder sechzehn, siebzehn: «Total verlegen gaben mir eines Tages meine Eltern ein Aufklärungsbuch. Es war ihnen wohl zu peinlich, darüber zu reden. Das meiste wußte ich längst, und deshalb interessierte mich vor allem das Kapitel über ‹Sexuelle Abirrungen›. Da stand, daß es bei Jungs eine Entwicklungsstufe gäbe, in der sie sich mehr für Jungs als für Mädchen interessieren. Dies sei ganz normal und ginge bald vorüber. Ich wartete also darauf, daß mein Interesse an Mädchen anfängt. War aber nichts damit. Irgendwann meinte ich, daß ich genug gewartet hätte, und daß es wohl bei mir nicht vorübergeht. Offenbar war ich schwul.» (Friedrich S., 21)

Friedrich hat ganz schönes Glück, daß er scheinbar ohne allzu große Probleme mit seinem Schwulsein fertig wird. Aber so geht es nur wenigen von uns. Aus lauter Angst und dem starken Wunsch, lieber zu versuchen, so ‹normal› wie die anderen zu sein, sagen fast alle Schwulen und Lesben erst mal ihren entdeckten Gefühlen den Kampf an – dauernd hoffend, es handle sich tatsächlich nur um eine ‹Phase›.

Ein erprobtes Mittel, das Schwulsein zu überwinden, ist der Versuch, bei sich doch noch heterosexuelle Bedürfnisse hervorzukitzeln, wie auch Jürgens Lehrer empfahl. Es gibt eine Menge Homosexuelle, die Partner des anderen Geschlechts durchaus attraktiv finden, und dann kann es lange dauern, bis man/frau derartige ‹Heterosexualisierungs-Versuche› aufgibt und feststellt, daß alle Mühe nur Niederlagen produziert:

«Ich verabredete mich also mit Jungen. Einer, Wilfried, wußte, daß ich mich für Filme interessiere. Für ihn allerdings waren Kinos nur dazu da, um im Dunkeln rumknutschen zu können. Ich dachte, nun gut, probier ich es eben mal aus. Werde ja sehen, wie das läuft. Pustekuchen, es ließ mich völlig kalt, mit ihm zu schmusen, aber ich schob es darauf, daß er nicht mein Typ sei. Also versuchte ich es weiter, du brauchst die Jungen ja nur zu lassen, dann machen die. Aber es half nichts. »(Ursel W., 23) Ein bißchen anders verlief es bei Tom:

«Da gab es ein Mädchen in der Klasse unter uns. Die fand ich ganz nett. Son bißchen gekribbelt hat es ja auch bei mir, wenn ich sie sah. Durch Zufall erfuhr sie davon und weil ich ihr gefiel, sprach sie mich auf einem Schulfest an. Ich war total fickrig, sah die Chance meines Lebens in Sicht. Wir trafen uns von da ab öfter und allmählich kam es dann auch zu Zärtlichkeiten. Sie war da ganz schön locker und eigentlich war sie es, die den Anfang machte. Eines Abends, meine Eltern waren im Urlaub, saßen wir in meinem Zimmer rum und auf einmal fragt sie mich, ob wir miteinander schlafen wollen. Ich dachte, einmal muß ich es ja packen und sagte ja. Ihr könnt euch meine Aufregung gar nicht vorstellen! Dies sollte endlich die Wende bringen! Natürlich klappte es nicht im mindesten. Nichts regte sich bei mir. Barbara meinte, daß das doch nicht so schlimm sei und das nächste Mal ginge es sicher besser und es wäre trotzdem schön und so weiter. Ich aber war erschüttert. Dies war der Beweis, ich bin schwul! Barbara redete mir gut zu und wir haben es noch 'n paarmal probiert. Es war zwar schön und zärtlich, nur geil wurde ich davon nicht die Bohne.» (Tom P., 18)
Bei Tom klappt der Versuch nicht.

Anderen gelingt es manchmal, heterosexuellen Verkehr zu haben, indem sie sich dabei vorstellen, mit einem Mann zusammenzusein. Im Selbstbetrug sind viele Homosexuelle Meister.
Wer nicht alleine derartiges schafft, läuft vielleicht zum Psychiater, damit der ihn ‹heile›. Langwierige Analysen über die Beziehungen zu Mutter und Vater finden statt, oder es wird mit allerlei Methoden versucht, Homosexualität raus- und Heterosexualität reinzuzwingen.

Andere probieren die Therapie ‹Ignorieren›. Sie wollen einfach nicht wahrhaben, daß sie homosexuell sind. Nur unter Alkoholeinfluß zum Beispiel trauen sie sich, ihre sexuellen Bedürfnisse auszuleben. Am nächsten Tag sagen sie dann: «Was war ich wieder besoffen letzte Nacht. Kann mich an nichts erinnern.» Schon mal gehört? Ich kenne den Spruch jedenfalls von einem Schulfreund, der am Morgen nicht mehr zu dem stehen wollte, was ihm am Abend vorher noch ausgesprochen gut gefallen hatte.
Diese Ignoranz kann teilweise eine Auswirkung des verfälschten Bildes sein, welches in der Öffentlichkeit über Homosexuelle besteht. Wie soll man das, was man selbst tut, mit diesem Zerrbild in Einklang bringen? Kurt, der von seinem dreizehnten Lebensjahr an eine sehr enge und auch sexuelle Beziehung zu einem Freund hatte, konnte das jedenfalls nicht, als seine Freundschaft entdeckt wurde und die Eltern ihn zur Rede stellten:
«Ich fand den Vorwurf, homosexuell zu sein, absurd. Zu der Liebe zu meinem Freund jedoch stand ich ohne wenn und aber. Das hatte für mich nichts mit Schwulsein zu tun, sondern war etwas ganz Individuelles,

rein zufällig zwischen zwei Jungen. Genauso hätte es mit einem Mädchen gewesen sein können.»(Kurt K., 21)

Kurt begreift nicht, daß Homosexualität genau das ist, was er seit Jahren macht. Er kann es auch gar nicht begreifen, denn seine Vorstellungen über Schwulsein sind völlig anders als die schöne Beziehung zu seinem Freund.

Eines Tages muß Kurt einsehen, daß er schwul ist, genauso wie die, welche beharrlich versuchen, heterosexuell zu werden. Zahllose Homosexuelle dagegen erreichen diesen Punkt nicht mehr. Sie bringen sich um:

«Mir war, als ob in meinem Körper eine Zeitbombe tickte. Eines Tages würde sie mich umbringen. Lange

Jahre lebte ich mit der festen Absicht, Selbstmord zu machen, wenn ich meine abartigen Wünsche auf die Dauer nicht unter Kontrolle kriegen würde. Mir erschien das als die einzige Perspektive, falls ich tatsächlich schwul sein sollte.» (Holger M., 22) Holger hat nicht Selbstmord gemacht, er hat es geschafft, sich als schwul zu akzeptieren und war somit in der Lage, über seine Gedanken zu jener Zeit zu berichten. Oftmals erfahren wir nur zufällig, daß die Probleme mit der eigenen Homosexualität die Ursache für einen Selbstmord war. Die Scham, zum Beispiel vor den eigenen Eltern, ist so groß, daß man ihnen nicht einmal den wahren Grund für die tödliche Verzweiflung nachträglich mitteilen will.

Schätzungsweise jeder fünfte Schwule begeht Selbstmord oder versucht es zumindest. Am häufigsten passiert das während des Coming Out.* Bei Lesben liegt die Zahl noch höher, hier ist es fast jede dritte, die irgendwann keinen anderen Ausweg mehr sieht als den Tod.**

Spätestens dieser deutliche Unterschied erinnert daran, daß Lesben zumeist weitaus größere Schwierigkeiten mit dem Coming Out haben. Dies darf bei allen Ähnlichkeiten mit dem schwulen Coming Out nicht vergessen werden. Ich möchte deshalb zum Schluß des Kapitels einiges speziell über die besondere Situation beim Lesbisch-werden anführen.

Lesben, bzw. ein sehr großer Teil der Lesben, entdecken ihre Homosexualität meist später als Schwule. Zwei Drittel haben erst einmal heterosexuelle Beziehungen, bevor sie ihre ersten homosexuellen Erfahrungen machen.***

Woran liegt das? Um den Unterschied zu begreifen, müssen wir uns klarmachen, daß Lesben genauso aufwachsen, wie alle Frauen in unserer patriarchalischen Gesellschaft. Während das Lebensziel von Männern eine erfolgreiche Berufskarriere ist, soll sich das Mädchen auf eine Zukunft als Ehefrau, Hausfrau und Mutter vorbereiten. Mit dieser sozialen Orientierung erfolgt auch eine sexuelle Ausrichtung. Frauenberufe sind im allgemeinen für verheiratete Frauen gedacht, die sich etwas ‹zu-›verdienen wollen. Zum Alleinleben oder gar zum Mitversorgen einer Freundin reichen Frauengehälter im allgemeinen nicht aus. So wird finanziell abgesichert, daß Frauen im ‹Hafen› der Ehe landen. Was liegt näher, als anfänglich diese Abhängigkeit hinzunehmen und die Rolle als Gattin zu akzeptieren?

Weitaus bedeutender für das späte lesbische Coming Out freilich ist die sexuelle Erziehung von Mädchen. Sie ist gekennzeichnet durch eine totale Ausrichtung auf die Rolle als Sexualobjekt des Mannes und die Unterdrückung eigener sexueller Bedürfnisse. Frauen sollen ihre Erfüllung vorrangig in den Aufgaben als Ehefrau (Putzfrau, Dienstmädchen, Gesellschafterin usw.) und Mutter finden, also in der sozialen Aufopferung. Eigenständige sexuelle Wünsche hat ein Mädchen nicht zu haben; jeder Entdeckungsversuch in dieser Richtung wird zu unterbinden versucht. So lernen sie ihre Bedürfnisse erst gar nicht kennen, sondern

---

* Vgl. Dannecker/Reiche: Der gewöhnliche Homosexuelle, Frankfurt a. M. 1974, S. 359 f
** Vgl. Schäfer/Schmidt: Weibliche Homosexualität, unveröffentlichtes Manuskript, 1973, S. 50

*** Vgl. Schäfer/Schmidt, ebd., S. 35

nur, sie von Anfang an zu unterdrükken.

Das breitangelegte Unternehmen ist meist erfolgreich. In der Tat entdecken unzählige Frauen das erste Mal ihre Sexualität mit einem Mann. Onanieren, für 95 % aller Jungen eine selbstverständliche Art der sexuellen Erfahrung und Befriedigung, tritt für viele Frauen erst nach dem ersten heterosexuellen Geschlechtsverkehr als Möglichkeit zutage – wenn überhaupt.

«Ich war so auf Männer programmiert, daß ich anfänglich folgsam den Platz an der Seite eines Mannes einnahm. Ich merkte schlichtweg nicht, daß das überhaupt nicht meinen sexuellen Bedürfnissen entsprach. Mir war eingetrichtert worden, daß es bei Frauen auf sexuelle Erfüllung sowieso nicht sonderlich ankommt, und ich hatte mich damit abgefunden. Deshalb hat es mich nicht einmal stutzig gemacht, daß ich nie einen Orgasmus hatte. So lächerlich das klingen mag, aber ich wußte gar nicht, was das ist. Ich sehnte mich ohnehin mehr nach Zärtlich-keit als nach Sexualität. Sex erschien mir als etwas Bedrohliches, wie ein großes schwarzes Loch, an das ich mich nicht heranzugehen traute.» (Manuela R., 27)

Lesben erfahren eine doppelte Unterdrückung. Sie müssen die sozialen, finanziellen Hindernisse überwinden, die bei uns jeder berufstätigen Frau im Wege sind. Als Lesbe müssen sie mit den gesellschaftlich geforderten und verinnerlichten Weiblichkeitsidealen brechen, falls sie ihre Homosexualität verwirklichen wollen. Mag es ihnen noch leichter fallen, im Beruf akzeptable Einkünfte zu erzielen, in der Sexualität fällt die Ablösung vom gesellschaftlichen Frauenbild ungeheuer schwer. Zahllose lesbische Frauen erleben deshalb ihre Homosexualität über lange Strecken nur als Sehnsucht nach Nähe zu Frauen, als Hingezogenfühlen ohne deutliche sexuelle Wünsche. Erste homosexuelle Erfahrungen liegen bei Lesben darum im Durchschnitt einige Jahre später als bei der Mehrzahl der Schwulen.

HOLGER, 30

Schon als ich klein war, war ich ständig verknallt in Jungs. Mit neun habe ich angefangen mit Selbstbefriedigung. Meine erste Wichsphantasie war der Vater aus der «Flipper»-Serie, Brian Kelly, den ich total geil fand! Und weil ich das so geil fand, kam es mir auch nicht merkwürdig oder problematisch vor. Mein Kontakt zu der «normalen» Jugend war ja sehr gering. Nie war ich in einer Clique, so fehlten mir einfach andere Maßstäbe. Ich war mein einziger Maßstab. Mir war zwar klar, daß ich in einer Hetero-Welt lebe, weil z. B. unser Nachbars-Sohn immer von Frauen geredet hat. Aber ich war von vornherein daran gewöhnt, nicht so zu sein wie die anderen – in vielfacher Hinsicht, nicht nur in sexueller. Es war für mich normal, es gehörte zu meinem Bild von mir.
Das Verliebtsein in Jungs fand ich wunderbar! Ich habe immer gelitten, aber das Leiden auch genossen. Es war sehr melancholisch, intensiv, auch die Tatsache, daß es so unerreichbar war. Möglicherweise war es gar nicht so unerreichbar; ich habe es nicht versucht, sondern diese Unerreichbarkeit einfach vorausgesetzt. Ich glaube, ich wäre auch geschockt gewesen, wenn mich jemand angegangen wäre.

Männer waren Teil meiner Traumwelt, und das sollten sie auch bleiben.

Es sollte gar nicht zu konkret werden, zunächst mal. Körperliche Nähe zu Jungs habe ich nie gesucht, sondern habe die nur angeschmachtet.
Geboren bin ich 1963 in Rendsburg als letztes von vier Kindern – eigentlich gar nicht mehr erwünscht, aber man hat sich nachher doch sehr über mich gefreut. Mit meinen drei Schwestern zusammen bin ich in einer absoluten Frauenwelt aufgewachsen. Mit meinem Vater hatte ich wahnsinnige Probleme. Von ihm kriegte ich nie Bestätigung. Von meiner Mutter schon, nur zählte das nicht so, das war eine ganz andere Sache.
Wir sind öfter umgezogen, aber mein Zuhause habe ich sehr schnell in Charlottenberg, unserem «Familiensitz», gefunden. Es ist ein phantastisches

Haus, ein ehemals hochherrschaftliches Landhaus, ein ganz verzaubertes Haus mit unglaublich vielen Gemälden. Sechs Hektar Wald sind dabei, drei Teiche und eine Wiese – irgendwie alles, was man braucht, um als Kind glücklich zu sein. Eine völlig entrückte Welt, wo man ganz für sich aufwachsen konnte – traumhaft im wahrsten Sinne!

Das klingt jetzt wie ein Kinderparadies, aber in meiner Kindheit war ich nie sehr glücklich. Ich hatte starke Ängste und Minderwertigkeitskomplexe, fühlte mich ständig von allem und jedem überfordert. Ansprüche an mich konnte ich auf'n Tod nicht ausstehen. Zwar hatte ich immer einige Freunde, aber am liebsten war ich so für mich allein und pflegte meine Traumwelt. Mit ein paar Tüchern konnte ich alles machen: Feuer, Meer, Paläste, Schiffe – phantastische Sachen. Alles, was außen war, war bedrohlich und groß und laut.

Deshalb habe ich mich schon als kleiner Junge mit Vergänglichkeit auseinandergesetzt. Tod, Sterben und Untergang übten eine unglaubliche Faszination auf mich aus.

In meiner Melancholie habe ich mich mit ganz anderen Sachen beschäftigt als meine Altersgenossen.

Mit dem Glauben bin ich von Anfang an aufgewachsen, das war nichts Besonderes. Mein Opa war ein einflußreicher Kirchenältester, ein tugendhafter, vorbildlicher Christ. In dieser Tradition wuchs ich auf. Das wurde aber alles mehr unterschwellig weitergegeben, besonders durch meine Mutter. Die üblichen Kindergottesdienste waren nichts für mich, erstens waren es mir zu viele Leute und zweitens lagen mir die konkreten Glaubensinhalte nicht. Was da so rüberkam, habe ich immer als Kinderkram empfunden. Das war mir zu trocken und irgendwie fern, weil ich mich selbst mit ganz anderen Sachen beschäftigt hatte. Um das Jenseits oder den Tod ging es im Kindergottesdienst ja nicht!

Da faszinierten mich schon eher die Geschichten meiner Großmutter, die aus der Wandervogel-Bewegung kam. So 'ne Mystik – damit konnte ich mehr anfangen.

Als ich mit 13 Jahren in den Konfirmanden-Unterricht kam, hatte ich das erste Mal mit einer Gruppe von Leuten zu tun, die sich ungefähr mit den gleichen Dingen beschäftigte wie ich. Wir hatten eine ganz phantastische Pastorin, die sich sehr eingehend mit ernsthaften Dingen befaßte.

Dort spielte ich eine besondere Rolle, weil ich den anderen was voraus hatte. Das hat mein Selbstbewußtsein ein bißchen gestärkt. Vorher war es ja so: Dadurch, daß ich anders war als die anderen, hatte ich nie Bestärkung, Bestätigung durch andere. Wenn einer im Sport gut ist, dann hat er ein ganz anderes Selbstvertrauen, weil er ständig bestätigt wird. Weil, das ist ein Wert, der zählt. Glauben, das ist eher lächerlich!

Wir Konfirmanden haben uns auch sonst hin und wieder getroffen, Aktivitäten für die Alten in der Gemeinde gemacht usw. Da war ich immer vorne

weg, da habe ich mich engagiert! Denn das machte in meinen Augen Sinn, nicht zuletzt wegen der Bestätigung, die ich geradezu aufgesogen habe.
Kurz darauf habe ich in der Schule Peter S. kennengelernt – ein wahnsinns-knackiger Bursche, sehr sportlich. Der paddelte, und aus Liebe zu diesem jungen Gott habe ich angefangen zu paddeln. Wahrscheinlich hatte ich in-zwischen genug Selbstbewußtsein, daß ich mich überhaupt getraut habe, in einen Verein zu gehen.
Es war echt eine neue Erfahrung. Da waren so viele knackige Jungs – was mich immer wieder aufgerichtet hat! ... Wir haben längere Touren ge-macht, die sehr aufregend waren wegen der Zeltnächte. Obwohl da nie was passiert ist – das hätte ich mir nie zugestanden. Aber allein die Nähe, diese Kameradschaft war prickelnd.
Mit der Zeit wurde der Drang dann doch enorm stark, da reichte die Selbst-befriedigung nicht mehr. Als ich anfing, mir klarzuwerden, daß ich wirklich schwul bin, wurde ich mir auch klar, daß ich wirklich Christ bin. Das ging Hand in Hand von da an – Schwulsein und Glauben. Mein Drang zu Män-nern wurde ganz stark und mein Drang zum Glauben ebenso.

Einmal, mit 16, habe ich es mit einem Mädchen aus meiner christlichen Jugendgruppe probiert!

Sie war 15 und total unreif. Sie hat sich immer erschrocken, wenn ich sie küßte, während ich dabei getestet habe, ob ich irgendwann mal was emp-finde. War aber nicht. Nicht das allermindeste. Schließlich haben wir es auch gelassen, haben es wieder zu einer Freundschaft erklärt – und das war's dann gewesen.
Zwei Jahre später, beim Kirchentag 1981, schlich ich ganz oft um den Stand der HuK herum und lauschte den Gesprächen (HuK = Homosexuelle und Kirche, eine ökumenische Gruppe für Lesben und Schwule). Von da an habe ich mich als schwul bezeichnet und den ersten Leuten davon erzählt – allerdings ohne es zu praktizieren. Beinahe gleichzeitig wurde das Christ-sein für mich zur Hauptsache. Ich bin in eine relativ fromme Jugendgruppe, «EC» («Entschieden für Christus»), gegangen – auch aus Liebe zu einem Jungen, wie ich gestehen muß.
Ich hatte eine große Angstschwelle, aber auch große Lust, mich Männern körperlich zu nähern. Zu Männern hatte ich überhaupt immer ein gestörtes Verhältnis. Schon als Kind habe ich mehr den Kontakt zu Frauen gesucht, von der frühen Pubertät an hatte ich auch fast nur Mädchen zu Freunden – abgesehen von einem Freund, dem Detlef, mit dem ich aufgewachsen bin.

In dieser Christengruppe gab es nun so viel Wärme und Zuneigung auch zwischen den Jungen, wie ich es nirgendwo bis dahin erlebt hatte.

Die Art und Weise kam mir sehr entgegen, weil sie nicht offen schwul war. Es war herzlich, man hat sich in den Arm genommen, man hat sich auch mal gestreichelt, es war ein ganz freundliches, entgegenkommendes Verhalten. Das war genau das, was ich brauchte: Ich konnte Männern sehr nah sein, sehr liebevoll sein, und es war alles in einem heiligen, mystischen Rahmen. Dieser Nähe und dieser Bruderschaft und Herzlichkeit habe ich mich völlig hingegeben. Ich war in der Gruppe sehr geborgen und habe ungeheuer viel Selbstvertrauen dadurch gekriegt.

Mit der Sexualität wurde es allmählich schwierig. Recht bald hatte ich einen Freund, mit dem ich über all das reden konnte, was mir damals ganz schwer Herzklopfen gemacht hat. Z. B. Selbstbefriedigung. Bis zu dreimal pro Tag habe ich es gemacht, und das war ja nun *die* Sünde überhaupt! Wir haben immer drum gebetet, daß das aufhören möge.

Meine Lust auf Männer war zusätzlich ein ganz furchtbarer Konflikt, das ist klar. Ich habe unheimlich darunter gelitten, aber versucht, einen Sinn darin zu sehen. Ich habe damals geglaubt, mit meinem zölibatären Leben zum reinen Christsein berufen, also ganz für den HERRN da sein zu können. Nicht beeinträchtigt durch eine Partnerin. Meine Liebe zu Männern kam ja sowieso nicht in Frage, und so wäre ich freigestellt für den Dienst für Gott. Das war eigentlich ein sehr schöner Gedanke, der zudem aus der Bibel abgeleitet war. Und die Bibel war absolut mein Maßstab!

Wie es aber so ist mit Ersatzbefriedigung, ich brauchte immer mehr. Irgendwann reichte der «EC» nicht mehr, und mit 20 Jahren bin ich zur noch extremeren Pfingstgemeinde gewechselt. In dieser Gemeinde war der Gruppendruck noch viel stärker, und es wurde wirklich zu einem Problem mit meinen Gefühlen.

Ich fing an, darum zu beten, daß ich nicht mehr schwul bin, sondern Frauen lieben kann.

Habe mir Handauflegen, mich segnen und von «Wunderheilern» «heilen» lassen. Irgendwie brauchte ich einfach mehr Zärtlichkeit als das brüderliche Auf-die-Schulter-Klopfen.

Es half natürlich nichts. Da kamen plötzlich die Komplexe wieder, weil ich meinem Ideal nicht mehr entsprach. Immer stärker machte ich mir Vorwürfe: Wegen meiner Sexualität, wegen meiner Veranlagung, daß ich es nicht lassen kann, Jungs attraktiv zu finden usw.

Das führte mich zu einer Gemeinde in Süddeutschland, die noch frommer war als die Pfingstler. Ausgerechnet dort hat mich dann einer der drei Ältesten als Lustobjekt auserkoren. Er sagte, der körperliche Kontakt wäre eine höhere Form der Bruderschaft, wie bei David und Jonathan. Mit einem theologischen Gedankengebäude hat er mich sehr unter Druck gesetzt und zum Sex gezwungen. Das war ein schlechter Einstieg in Sexualität, zumal ich ihn überhaupt nicht reizvoll fand. Damals war ich so blindgläubig, daß ich das habe über mich ergehen lassen. Obwohl ich schon 21 war, habe ich mich verhalten wie ein Kind, habe mich total untergeordnet unter diese Autorität, die ich von Gott gesetzt sah. Auch habe ich immer versucht, es schön zu finden, was fast noch das Schlimmste war! Er hatte mich zwar zum

Stillschweigen verpflichtet, aber ich habe es schließlich einem der beiden anderen Ältesten erzählt. Für den war aber nicht das Problem, daß der mich vergewaltigt hatte, sondern daß er es ihnen nicht erzählt hatte! Gott sei Dank bin ich bald weggegangen aus dieser Gemeinde.

Nach dem Zivildienst, mit 22, wurde der Druck so stark, daß ich gedacht habe, jetzt muß was passieren! Ich war natürlich noch praktizierender Christ und nach außen ganz okay, aber innerlich wurde alles von meinem Problem ausgehöhlt. Zu der Zeit war ich wieder so furchtbar verliebt in einen Jungen. Und ich dachte, es kann nicht sein, daß ich wie eine Eiszeit diese Endmoräne immer vor mir herschiebe. Ich muß da mal drüberkommen!

Eines Tages habe ich Gott ein Ultimatum gestellt:

Fünf Tage wollte ich fasten. Wenn er mich dann umpolen würde, wäre das okay. Wenn aber nicht, dann würde ich meiner Veranlagung nachgehen. Eigentlich kann man natürlich Gott kein Ultimatum stellen! Ich habe dann gemacht, was ich sonst nie gemacht habe: Die Bibel einfach irgendwo aufgeschlagen und dabei eine Stelle im Buch Judith getroffen. Es ging da um eine Ortschaft, die von den Assyrern belagert wird. Das Volk geht zu den Ältesten und sagt, laßt uns lieber in die Hände der Feinde begeben, als zu verhungern! Die Ältesten sagen, nein, gebt Gott fünf Tage Zeit. Wenn uns in diesen fünf Tagen keine Rettung widerfährt, dann soll es so passieren, wie ihr wollt. Exakt meine Situation!

Das war natürlich hammerhart! Also habe ich gefastet. Und als ich zu Ende gefastet hatte, fühlte ich mich durchaus nicht stärker von Frauen erregt. Aber ich hatte mit einemmal das deutliche Gefühl: Es ist kein Problem, daß ich schwul bin! Mit einemmal hatte sich dieser Knoten in mir gelöst, und ich wußte, jetzt kann ich einen Mann lieben, jetzt kann ich Sex haben, wenn ich will. Das war wie ein Gottesurteil, und ich habe es auch gerne akzeptiert.

Bis zum Sommer 1986 habe ich mich allerdings noch ein bißchen auf Charlottenberg verkrochen. Habe gelesen, was in der Zeitung über Schwule steht, auch über schwule Christen und so. Inzwischen war ich bei den Baptisten und hörte von einer Gruppe schwuler Christen, zu der ich dann gegangen bin. Es war total nett. Dann habe ich auch mal bei der HuK reingerochen, habe mich da furchtbar in jemanden verliebt. Es war schrecklich dramatisch und wunderbar, ich war völlig selig!

Nur sexuell spielte sich noch gar nichts ab. Sexualität mit einem Mann zu haben, stand total im Schatten der schlechten Erfahrungen mit diesem Gemeindeältesten ein paar Jahre vorher. Dadurch hatte die tatsächliche Sexualität mit einem Mann immer was mit Bedrängung zu tun, wenig mit Freiwilligkeit. Einem Mann einen zu blasen, den man nicht attraktiv findet, und das gleich in der ersten Nacht – das ist schon recht heftig und hat mich sehr verletzt.

Erst im Frühjahr 1987 habe ich mich wieder bei den Leuten von der Christengruppe gemeldet, und meine «schwule Karriere» begann. Lang haben die ersten Beziehungen nicht gehalten, denn ich hab' im Grunde niemanden wirklich an mich herangelassen.

Mein Glaube wurde parallel dazu immer lockerer. Nicht weil ich ihn mit dem Schwulsein nicht verbinden konnte und ihn sozusagen «über Bord» kippen mußte, um mein Gewissen zu betäuben. Das gar nicht. Ich konnte das problemlos verbinden, denn ich sagte mir, ein Gott, der mich derart liebt, *kann* nicht wollen, daß ich mir und anderen was vorlüge oder gegen meine Natur lebe und so auf Dauer zugrunde gehe, wie ich es bei anderen gesehen habe. Nein, bei mir ging einfach der Energiestrom, mit dem bisher meine Religiosität gespeist wurde, allmählich immer mehr auf mein neues – und sehr spannendes – Lebensfeld über: die Männer.

So trocknete meine Glaubensintensität allmählich dahin. Bis ich mir eines Abends eingestehen mußte, daß mich der Glaube imgrunde nur noch einschränkt. Von da an nannte ich mich nicht mehr Christ. Mein Glauben war aber für mich keine schlechte Vorbereitung auf mein Leben als Schwuler, da er mich quasi darin trainiert hat, auch unpopuläre Standpunkte öffentlich zu vertreten. Er hat mir – trotz alledem – eine Menge Selbstbewußtsein gegeben und die Angst vor den Menschen genommen.

Inzwischen bin ich auch wieder in Vereinen, z. B. beim schwulen Volleyball. Nicht bloß, weil Volleyball ein so phantastisches Spiel ist, sondern auch, weil es schön ist, mit schwulen Männern Sport zu treiben. Die latente Anmache bei Schwulen finde ich angenehm, die tut mir gut. Ich flirte auch gern mit den Leuten.

Doch obwohl ich mich in der schwulen Szene meist sauwohl fühle, halte ich mich eher abseits. Da bin ich mir treu geblieben. Nachdem ich mich drei Jahre von meinen kürzerfristigen Beziehungen erholt habe, liebe ich nun seit etwa einem Jahr ein und denselben Mann – und es ist kein Ende abzusehen. In unserer Beziehung bekomme ich viel von dem, was ich früher im Glauben gesucht – und nicht immer gefunden habe. Einen Ersatz für meinen abhanden gekommenen Glauben aber sehe ich darin nicht.

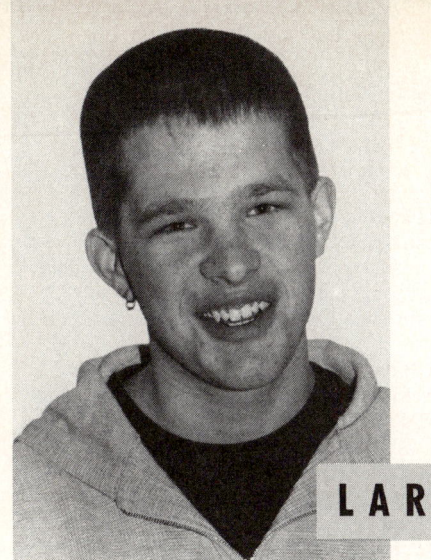

L A R S, 18

Das erste Mal von Homosexualität gehört habe ich in der dritten oder vierten Klasse, wohl von älteren Mitschülern. «Schwuchtel» oder «Schwule» waren gängige Schimpfwörter. Aber was «Homosexualität» bedeutet, ist mir erst klar geworden, als ich anfing, BRAVO zu lesen. Meine Eltern zu fragen, kam mir nicht in den Sinn. Da war eine Barriere, solche Dinge besprach ich lieber mit Gleichaltrigen.

Was ich über Homosexualität las und hörte, fand ich sehr interessant.

Nicht erschreckend oder ähnliches. Ich fand es wirklich ganz normal.
Wir lebten in einer Reihenhaussiedlung 35 km außerhalb einer großen Stadt. Die Jungs aus der Nachbarschaft und ich waren eine verschworene Gruppe, die alles gemacht hat, was unsere Eltern zur Weißglut treiben konnte. Wir haben Tom und Jerry gespielt, sind auf Garagendächer geklettert, haben andere Kinder geärgert usw. Wenn ich mich so zurückerinnere, merke ich aber, daß ich die Spiele, die typisch für kleine Jungs waren, nie mitgespielt habe. Zum Beispiel Fußball. Oder mit Autos spielen – das fand ich damals total uninteressant und langweilig. Auch habe ich mich im Gegensatz zu anderen Jungs sehr selten geprügelt. Ich fand es einfach fürchterlich, sich ins Gesicht zu schlagen oder so was.
Manchmal hatte ich später Probleme mit meinen männlichen Mitschülern, weil ich bei Schlägereien, Fußballspielen oder Sachen wie Außenseiter ärgern nicht mitgemacht habe. Mit den Mädchen habe ich mich besser verstanden und auch immer öfter mit ihnen gespielt. Sie waren einfach umgänglicher. Und die Spiele haben mir auch besser gefallen – wie zum Beispiel Gummitwist.
Irgendwann, mit 14 oder 15, merkte ich, daß ich Männer viel interessanter und erotischer fand als Mädchen. Dabei dachte ich mir nichts, die Gefühle waren einfach da. Es stürzte mich nicht in eine tiefe Krise – ich nahm es einfach hin.

L A R S, 18

Was mich zu diesem Zeitpunkt wirklich schwer beschäftigt hat, war ein
neuer Klassenkamerad, Stefan K., in den ich mich Hals über Kopf total verknallt hatte. Es hat mich einfach wahnsinnig gemacht, daß er die Mädchen
viel interessanter fand als mich. Auf seine jeweiligen Freundinnen war ich
jedesmal fürchterlich eifersüchtig. Bis heute habe ich es ihm aber nicht gesagt, wie verknallt ich mal in ihn war.
Ich habe überhaupt nie jemandem damals etwas von mir erzählt. Da war
einfach die höllische Angst, ausgeschlossen und verstoßen zu werden. Die
Meinung über Schwule war an der Schule nicht sehr hoch, und es hätte gut
passieren können, daß mir Leute auflauern, um mich zusammenzuschlagen.
Irgendwann allerdings hielt ich es nicht mehr aus, sondern wollte unbedingt
jemandem davon erzählen. Ich hatte das starke Bedürfnis, meine Gefühle
jemandem mitzuteilen. Aber nicht meinen Eltern. Auch bei ihnen hatte ich
Angst davor, wie sie reagieren würden – obwohl sich meine Eltern immer
sehr offen und liberal gaben. Meine Mutter ist auf St. Pauli aufgewachsen,
und meine Uroma hatte sogar ein Dessous-Geschäft, wo unter anderem
Transvestiten sich ihre Spitzenunterwäsche gekauft haben.
Das Thema «Sexualität» war aber irgendwie nichts, worüber zwischen uns
viel gesprochen wurde. Alles, was ich darüber wußte, hatte ich mir selbst
zusammengesucht, hauptsächlich durch die BRAVO und die Schule.
Also beschloß ich, mit Stefan zu reden, zu dem ich inzwischen ein sehr gutes
Verhältnis aufgebaut hatte. Bei unserem nächsten Treffen sagte ich ihm,
daß ich schwul bin. Ich hatte eine heftige Reaktion befürchtet, so irgendwas
zwischen Betroffenheit, Verwirrung und Mißverständnis, aber nichts der-
gleichen geschah.

**Stefan sagte nur, daß er sich das schon gedacht hatte, weil ich nie etwas mit
Frauen oder Mädchen am Hut hatte.**

Er wollte wissen, wie und wann ich es gemerkt hätte und ob meine Eltern
informiert seien. Dann fragte er, ob er es Angelika, der Erzieherin in seiner
Wohngruppe, erzählen dürfte, weil sie mal einen schwulen Mitarbeiter
kannte. Ich war einverstanden.
Angelika fand es total super, daß ich den Mut aufbrachte, ihr und Stefan
davon zu erzählen. Und ich war erleichtert, endlich offen und ehrlich über
meine Gefühle und Wünsche, was mein Schwulsein betraf, mit jemandem
reden zu können. Angelika brachte mir Prospekte und Informationshefte
von einer Schwulen- und Lesbenberatung mit, die sie über einen schwulen
Freund erhalten hatte. Das alles las ich mir genau durch. Ich war inzwischen
16 geworden und fühlte mich in dieser Zeit oft alleine.

**Mein gesamter Freundeskreis war hetero, und ich wollte endlich Kontakt
zu anderen Schwulen haben.**

Also ging ich zu der Beratungsstelle – obwohl ich eigentlich Beratung nicht
mehr brauchte. Ich war schwul, hatte es akzeptiert und wollte gern schwul
leben. Was mir dazu fehlte, war nur der Kontakt zu anderen Schwulen.

28

Und genau dabei konnten mir die Leute in der Beratungsstelle weiterhelfen. Sie gaben mir ein Verzeichnis mit Orten, wo man Schwule antrifft.
Als erstes ging ich in den schwulen Buchladen, den es in der benachbarten Großstadt gibt. Nach langem Gucken kaufte ich mir das Buch «Schwul – na und?». Das Buch fand ich sehr gut, dort waren auch einige tolle Männerbilder drin, die mir sehr gefielen. Außerdem hatte ich in der Beratungsstelle die Broschüre von einem schwul-lesbischen Kommunikationszentrum gekriegt, wo sich unter anderem auch eine Gruppe für junge Schwule traf. So eine Jugendgruppe war genau das, was ich suchte!
Dazu mußte ich mich aber trauen, allein hinzugehen, was sich als ganz schön schwer erwies. Meine Schwellenangst war doch ziemlich groß, und ich habe erst mal 100 m vom Eingang des Zentrums entfernt zwanzig Minuten in der Kälte gesessen und eine Zigarette nach der anderen geraucht. Mir ging durch den Kopf, was die wohl mit einem machen, wenn man da neu auftaucht, wie man aufgenommen wird, wie Schwule sich mir gegenüber verhalten. Schließlich wurde es mir aber doch zu kalt, und ich stiefelte hinein.
Die Gruppe hat mich jedoch sehr nett aufgenommen, und im Laufe der Zeit habe ich dort einige nette Leute kennengelernt, mit denen ich jetzt gut befreundet bin. Auch lernte ich durch die Gruppe die schwule Szene kennen – genau das, was ich wollte! Ich war total begeistert.

Durch den häufigen Kontakt mit Schwulen stieg mein Selbstbewußtsein,

so daß ich offener über meine Gefühle sprechen konnte. Meiner besten Freundin zum Beispiel machte ich klar, was Sache ist. Sie hatte sich in mich verliebt, ohne mir das so direkt zu sagen. Während eines Jahrmarktbummels machte sie mich auf ziemlich plumpe Weise an, so daß ich mich mit ihr auf eine Bank setzte und ihr von meinem Schwulsein erzählte. Ich mußte es einfach tun, damit sie sich nicht falsche Hoffnungen machte. Es tat gut, denn ich mußte ihr nichts mehr vorspielen. Sie reagierte echt super. Zwar war sie ein wenig traurig, daß ich mich nicht für sie interessiere – jedenfalls nicht so, wie sie es gern wollte, aber insgesamt nahm sie es gelassen hin.
Bei der Silvesterfeier im Kommunikationszentrum kam es dann auch zu meiner ersten Affäre mit einem Mann. Wir lernten uns im Laufe des Abends kennen, und bald wurde mir durch seine Komplimente klar, was er wollte. Klar, daß ich darauf einging. Ich war einfach neugierig und, wie ich heute sagen würde, geil auf ihn. Ein bißchen mulmig war mir bei der Sache ja schon, weil ich bis dahin noch keine sexuellen Erfahrungen mit Männern hatte. Aber meine Befürchtungen und meine Angst legten sich bald, als er anfing, mich sanft zu küssen.
Nach dem Ganzen – es war im Auto auf dem Parkplatz – fühlte ich mich toll. Ich dachte nur: Die Heteromänner haben echt was verpaßt, wenn sie keine Erfahrungen mit Männern gemacht haben! Wir haben uns noch ab und zu getroffen, aber es wurde nichts Festes draus. Er war 12 Jahre älter als ich, und das hat mich damals gestört.

Dafür lernte ich mit 17 in der Gruppe meinen ersten Freund Stefan R. kennen. Damals war ich sehr verliebt in ihn, doch unsere Beziehung dauerte leider nur drei Wochen. Er hatte sich total in einen anderen verknallt.

Nach der Trennung, das war vor einem Jahr, war ich fürchterlich deprimiert und mußte mich erst mal bei meiner besten Freundin ausheulen. Es hat sehr lange gedauert, bis ich darüber hinweg war. Ich war außerdem pottsauer auf seinen neuen Freund. Inzwischen bin ich wieder sehr gut mit ihm befreundet – und mittlerweile auch mit meinem «Nachfolger».

Noch vor dieser Freundschaft hatte ich meinen Eltern von meinem Schwulsein erzählt. Sie hatten keine direkte Angst um mich, aber zu der Zeit hatten sie ganz große Sorgen, was Bekannte, Verwandte und Freunde dazu sagen, wenn es rauskommt. Vor allem um meine kleine Schwester war meine Mutter besorgt: Wie reagiert sie darauf, wie verhalten sich ihre Freunde ihr gegenüber, wenn es sich bei uns im Ort rumsprechen würde.

Aber sie hat es total gut aufgenommen. Sie hat nur ein paar Fragen gestellt – und das war es dann auch schon von ihrer Seite. Sie akzeptiert mich total. Wenn sich Freunde von ihr abwenden sollten, nur weil ihr Bruder schwul ist, dann wären die für sie gestorben. Das fand ich echt super von ihr.

Meine Eltern reden eigentlich nie darüber. Aber das war und ist mir egal. Entweder sie kommen damit einigermaßen klar und versuchen, mich zu akzeptieren, und wenn nicht, ist es ihr Problem.

Mir ist klar, wie ich leben will – und ich will nicht anders leben.

Heute lebe ich offen schwul und mache keinen Hehl mehr aus meinem Schwulsein. Ich habe mich für meine Liebe zu Männern nicht zu schämen oder zu rechtfertigen. Die Liebe von Mann zu Mann oder von Frau zu Frau ist einfach ganz «normal».

Leuten, die gerade merken, daß sie schwul oder lesbisch sind, kann ich nur raten, den Kontakt zu anderen Schwulen oder Lesben zu suchen. Es hilft. Mir hat es geholfen.

Ich gehe so oft wie möglich in die schwule Szene, weil es mir viel Spaß macht. Es gibt Cafés, Kneipen, Discos und vieles andere mehr. Für jeden ist praktisch etwas dabei, zumindest in großen Städten.

Schwulsein ist einfach schön. Es gibt eine Menge zu entdecken, wovon die Heteros nur träumen können.

Sicherlich ist nicht alles perfekt, auch in der Schwulenszene und unter den Schwulen selbst gibt es manches Negative. So ist zum Beispiel der Schönheitswahn unheimlich ausgeprägt. Wer besonders schön aussieht – oder sich dafür hält –, gibt sich oft mit anderen nicht ab, die nicht so gut aussehen. Aber Negatives gibt es überall, das läßt sich nicht vermeiden. Im Großen und Ganzen kann ich nach 2 Jahren offen schwulem Leben sagen: «I'm proud to be gay.»

2. Kapitel

Wo sind all die anderen?

Zu dem Zeitpunkt, wo einem das eigene Schwul- oder Lesbischsein bewußt wird, kriegt fast jede/r Homosexuelle das Gefühl: «Verdammt, ich bin wohl der einzige, der so was Ausgefallenes mag!» Bei der verzweifelten Suche nach Leuten, die ähnlich empfinden, fallen einem höchstens die Bilder ein von Lesben, die Männer umbringen, oder Schwulen, die kleine Jungen in dunkle Büsche zerren. Das sind so die Homosexuellen, die wir durch Zeitungen und nachbarliches Getratsche als solche präsentiert bekommen. Sollten wir als Kinder oder Jugendliche keine Karikatur eines Homosexuellen, sondern einen waschechten, gewöhnlichen Schwulen oder eine gar nicht so mordlüsterne Lesbe getroffen haben, dann hatten wir das unwahrscheinliche Glück, die Spitze eines Eisbergs kennenzulernen. Weil Homosexuelle eben entgegen landläufiger Meinung nicht am wiegenden Gang oder ähnlichem zu erkennen sind, fallen die meisten auch gar nicht auf. Kaum einem merkt man an, daß zu Hause weder Frau noch Kinder auf ihn warten. Manche sehen sogar so aus, als könnte sich

ein Cowboy noch 'ne Scheibe Männlichkeit abschneiden ... Ihr seht, Homosexuelle sind fast alle gut verkleidet. Einige – bei den Lesben sogar ein Drittel – sind sogar wirklich verheiratet. Eine beinahe perfekte Verkleidung!

Dennoch, schauen wir genauer hin, dann wird die Größe des Eisberges sichtbar: Wir sind überall! Was meinst du, wie viele Homosexuelle z. B. im Bundestag sitzen, wie viele Sportler den Sieg mit ihrem Freund feiern, wie viele Popsängerinnen insgeheim an ihre Freundin denken, wenn sie nach außen das verliebte ‹normale› männeranschmachtende Wesen darstellen? Schwule Ärzte, lesbische Wissenschaftlerinnen, homosexuelle Fabrikarbeiterinnen und Lokführer – kein Beruf, in dem es nicht Leute wie uns gibt. Na, und natürlich auch nicht nur bei uns, sondern von Island bis Australien, von Sibirien bis nach Feuerland – kein Land und kein Volk, wo es uns nicht gibt.

Kennst du die Ergebnisse von Kinseys Untersuchung? Er hatte vor ca. zwanzig Jahren herausgefunden, daß es viel mehr Homosexuelle gibt,

31

als bis dahin weithin angenommen worden war. Von den amerikanischen Männern, die er untersuchte (und das waren so viele, daß sie praktisch stellvertretend für alle amerikanischen Männer stehen können), hatten 37 % mindestens einmal in ihrem Leben ein homosexuelles Erlebnis. Mit Orgasmus, versteht sich, also nicht nur so'n bißchen Rumgetätschele mit dem Freund. 18 % hatten während mindestens drei Jahren in ihrem Leben gleich viele homo- wie heterosexuelle Erlebnisse. Und schließlich: 4 % waren ausschließlich schwul. Bei den Frauen fand Kinsey jeweils Werte, die um ein Drittel niedriger lagen. Ganz Amerika war entsetzt. Weniger über die 4 % Vollschwulen als über die 37 % Hin-und-wieder-einmal-Schwulen bzw. die 18 % scheinbar Bisexuellen. Mancher Schwule wiederum sah die Welt um sich herum plötzlich voll von gleichfalls Schwulen. Doch, so leid es mir tut – beide haben Unrecht.

Genaugenommen verhält es sich nämlich folgendermaßen: Die 37 % sind hauptsächlich Männer, die während der Pubertät mal zusammen mit anderen Jungen onaniert haben, und dabei womöglich an Mädchen dachten. Da sie aber gemeinsam mit anderen Jungen gewichst haben, zählt dies als homosexuelles Erlebnis. Die Erfahrungen der 18 %, die drei Jahre und länger genauso viele schwule wie heterosexuelle Erlebnisse hatten, sind längst nicht mehr so atemberaubend, wenn man fragt, wann das stattfand und wie viele sexuelle Erlebnisse sie insgesamt hatten. Fast bei allen Befragten lagen die drei Jahre in der Jugendzeit und sie hatten nur wenige homosexuelle und auch nur wenige heterosexuelle Sachen gemacht. Allerdings muß bedacht werden, daß damals, als Kin-

sey die Untersuchung machte, heterosexuelle Beziehungen für Jugendliche ganz schön verpönt waren. Es war also generell noch gar nicht ‹üblich›, daß Jugendliche ihre Sexualität ausleben konnten.

So sehr voller Schwulen und Lesben ist die heutige heterogenormte Welt also doch nicht. Aber die 4–5 %, die in der Mehrzahl der einschlägigen Untersuchungen seither als Rate der Homosexuellen in der Bevölkerung angegeben werden, sind schließlich auch 'ne ganze Menge, nicht? Machen wir uns die Mühe und rechnen mal ein wenig, dann bedeuten 4–5 % Schwule und Lesben, daß es ungefähr 200 000 Jugendliche in der Bundesrepublik gibt, die andersrum sind – das entspricht in etwa der Einwohnerzahl von Saarbrücken. Nimmt man nicht nur die Fünfzehn- bis Zwanzigjährigen, sondern alle Bundesbürger, dann sind es 2,4 Millionen Homosexuelle – in Worten zwei Komma vier – in der Bundesrepublik mit Westberlin. Stellen wir uns jetzt einmal vor, daß es laut Statistischem Jahrbuch 1979 etwa 1,6 Millionen Kanarienvögel in der BRD gibt und etwa 3 Millionen Katzen, dann wird wohl endgültig klar, daß wir gar nicht so wenig sind. Oder kennst du etwa keine Familie mit einer Katze oder einem Kanarienvogel in deiner Umgebung?

Solltest du noch zur Schule gehen, bedeuten diese Zahlen rein rechnerisch pro Klasse mit 25 Schülern und Schülerinnen eine Lesbe oder einen Schwulen. Also, schau dich um! Allerdings, rein rechnerisch reicht es ja, wenn du es bist ...

Unter deinen Lehrern gibt es dann selbstverständlich auch welche von uns, eben vier bis fünf auf hundert. Die allerdings herauszufinden, dürfte außerordentlich schwer sein. Sie werden es wahrscheinlich wie Rainer L. halten, der meint: «Als ich an die Schule kam, war mir von vornherein hundertprozentig klar, ohne daß man mich ausdrücklich darauf hinweisen mußte: meine Homosexualität ist absolut tabu, nichts ist wichtiger, als daß es keiner erfährt! Die denken doch, ich will mich an den kleinen Kindern vergreifen!» (Rainer L., Lehrer an einem Gymnasium)

Bei den Lehrern versteht jeder schnell, warum von den vielen Schwulen und Lesben die Masse versteckt lebt. Offen homosexuell leben bedeutet nach ihrer Ansicht ständige

Diskriminierungen, Anmachen und Hänseleien von Seiten der Schüler und Kollegen und letztlich den Rausschmiß, weil Homosexuelle nach Meinung des ‹gesunden Volksempfindens› andauernd damit beschäftigt sind, ihre Schüler oder Schülerinnen zu verführen.

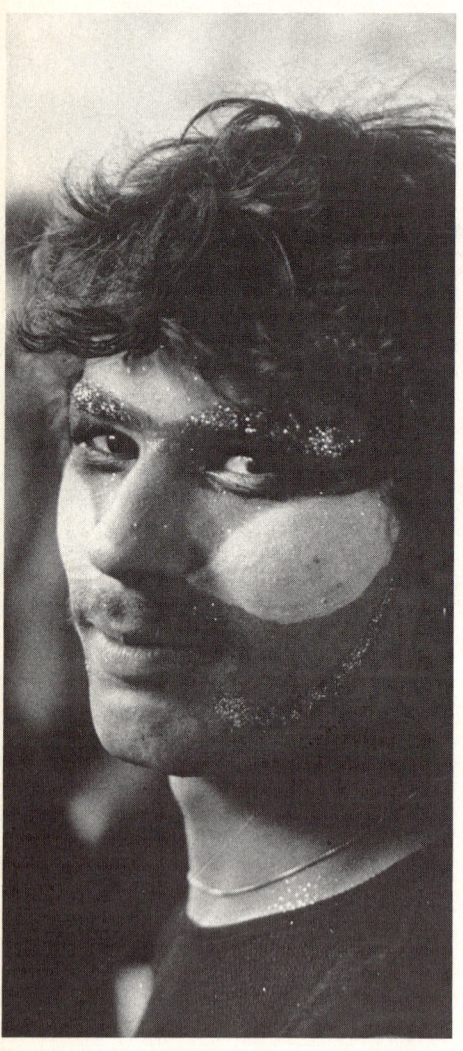

Dies sind die Ängste, die die Lehrer haben. Manchmal bewahrheiten sie sich tatsächlich, sobald die Homosexualität bekannt wird. Es gibt andererseits mutige Beispiele von Lehrern oder Lehrerstudenten, die dieses Versteckspiel nicht mitmachten und erfreut feststellen konnten, daß sich ein Großteil der Schüler mit ihnen solidarisierte, als die Schulbehörde Ärger machte.

Die Tatsache, daß viele Homosexuelle sich nicht zu ihrem Schwul- oder Lesbischsein bekennen, beruht nicht unbedingt auf einer freiwilligen Entscheidung. Manuela, eine lesbische Krankenschwester, weiß ein Lied davon zu singen: «Es gibt viele lesbische Krankenschwestern. Das ist ein offenes Geheimnis. Bloß drüber reden darf man nicht. Angeblich würde es den Beruf der Krankenschwester in Verruf bringen.

Einmal, ich fühlte mich damals schrecklich einsam, vertraute ich mich einer älteren Kollegin an. Ich hoffte auf ihr Verständnis. Sie geriet in Aufregung und redete andauernd nur davon, daß ich ja kein einziges Sterbenswörtchen darüber zu irgend jemand anderem sagen solle. Was anderes hatte sie nicht im Sinn. Dabei hätte ich so gerne mit ihr über meine Probleme geredet. Nach diesem Gespräch mied sie meine Nähe, sagte höchstens ‹Guten Tag› und ‹Wiedersehn›, wenn wir uns auf dem Flur begegneten. Ihre Reaktion erschütterte mich. Entdeckt zu werden, erschien mir plötzlich eine grauenhafte Situation. Ich mußte mich verstellen, mußte so tun, als ob ich heterosexuell sei.» (Manuela K., 19)

Also, da ist es doch wirklich kein Wunder, wenn Manuela und mit ihr die Masse lesbischer Frauen und schwuler Männer sich verstecken?

MARCUS, 19

Meine Schulkarriere stand nicht gerade unter einem guten Stern. Als ich 1980 in die Grundschule Meckelfeld eingeschult wurde, landete ich mit den meisten Jungen, die in meiner Straße wohnten und mich ständig geärgert hatten, in einer Klasse. Und dort ging der Terror natürlich entsprechend weiter, so nach dem Motto «Standuhr»: Jede Pause Schläge, aber fröhlich weiterticken!

In der dritten Klasse muß es gewesen sein, als mir klar wurde: Du bist ein Junge, also mußt du eine Freundin haben. Stefanie war damals die einzige in meiner Klasse, die mir einigermaßen gefiel. Aber alle Versuche, mit ihr eine Freundschaft aufzubauen, schlugen fehl. Viel schlimmer fand ich allerdings, daß Mario, mit dem ich eigentlich viel lieber befreundet gewesen wäre, auch nichts von mir wollte. Erste Anzeichen meiner Homosexualität?

Im Sommer 1984 wechselte ich aufs Alexander-von-Humboldt-Gymnasium. Es war eine Möglichkeit, noch einmal von vorne anzufangen, weil ich aus meiner alten Klassen‹gemeinschaft› raus war. Anfangs lief das auch ganz gut, und ich fand einen Batzen neuer Freunde.

In der siebten Klasse schließlich bin ich ganz unverhofft einem anderen Jungen näher gekommen – und wie nah!

Er hieß Jörn und war zwei Jahre älter als ich. Nach der Theater-AG meinte er plötzlich, er hätte was in der Turnhalle vergessen, und fragte mich im selben Atemzug, ob ich nicht mitkommen wolle. Kaum waren wir hinter dem Schulpavillon, wollte er wissen: «Hast du einen hoch?» Ich stotterte: «Nein, wieso?» Er meinte dazu nur: «Laß mal sehen!» Mein Herz fing an zu rasen, und ich wußte absolut nicht, ob ich mitmachen sollte. Irgendwie ging mir durch den Kopf: «Das hier wird *schwuler Sex*!» So kam es zu meiner ersten Verführung, und ich wunderte mich im nachhinein, daß mir das Ganze doch irgendwie gefallen hatte.

Richtig verwundert war ich aber erst, als mich Ralf, ein Freund meines Bruders, auf dessen Hochzeitsfeier als «Schwuler» bezeichnete. Ich war reichlich betrunken und wollte von Ralf, den ich gut kannte, zum Abschied einen Gute-Nacht-Kuß haben. Er gab ihn mir auch, meinte aber dann: «Weißt du, irgendwie bist du wirklich schwul!» Bis zu diesem Zeitpunkt hatte ich mir nie richtig Gedanken darüber gemacht, ob ich schwul sein könnte. Doch dieser Vorfall war für mich der gewisse Kick, mich selbst stärker zu beobachten. Ich fing an, meine Interessen und Vorlieben zu studieren, und achtete sogar darauf, wem ich auf der Straße hinterherguckte. Zwei Jahre später, mit 14, kam ich schließlich zum Ergebnis: «Die Symptome sind eindeutig. Ich interessiere mich nur für Männer. Also muß ich wohl schwul sein.»

So. Nun hatte ich also diese Erkenntnis. Doch die allein brachte mich nicht weiter. Da ich mich mit meinen Eltern bis dato über solche Dinge nicht unterhalten konnte, sprach ich zunächst mit meinen engsten Freunden darüber. Welche Überraschungen einem dabei sog. «heterosexuelle» Mitschüler bereiten können, konnte ich dabei auch gleich erfahren. Ich hatte Volker, mit dem ich zusammen in der Theatergruppe war, eines Tages zu mir eingeladen. Wir redeten über Gott und die Welt, und wie es bei pubertierenden Jungen nun mal so ist, kommt man(n) um das «Thema Nummer eins», das Wichsen, nicht herum. Irgendwann raffte ich mich auf und sagte ihm, daß ich schwul bin. Ihn schien das nicht sichtlich zu erschüttern. Im Gegenteil. Er unterhielt sich den Rest des Nachmittags mit mir über das «Problem». Doch der Hammer kam zum Schluß. Er fragte mich tatsächlich: «Und nun? Woll'n wir's mal machen?» Im ersten Augenblick war ich natürlich ziemlich verwirrt über dieses Angebot. Doch ich willigte ein, und so entstand eine – wie ich sie damals nannte – «Beziehung» zwischen ihm und mir.

In meiner Klasse war ich mittlerweile wieder zum Prügelknaben Nr. 1 geworden. Meine Mitschüler ärgerten mich ohne Ende, was mir sehr zu schaffen machte. Ich war nahe dran die Schule zu wechseln, aber meine Eltern überredeten mich im Endeffekt, zu bleiben.

Im Sommer '89 überschlugen sich dann die Ereignisse. Das Generve meiner Mitschüler wurde immer schlimmer. Zudem dachte ich in der Zeit viel über den Sinn des Lebens nach – und fand keinen. Eines Tages gab uns unser Deutschlehrer die Aufgabe, eine Geschichte mit dem Thema unserer Wahl zu schreiben. Ich setzte mich also hin und schrieb eine detaillierte Geschichte über meinen Selbstmord, den ich wegen meiner Außenseiterrolle in der Klasse begehen wollte. Natürlich hatte ich das «große Glück», meine Geschichte in der Klasse vorlesen zu müssen. Zunächst kamen keine Kommentare, doch eine Woche später hagelte es Sprüche wie: «Na, Marcus, wann bringst du dich denn nun um?» Das gab mir damals den Rest, und ich beschloß, das Ganze in die Tat umzusetzen.

Eine Woche vor dem Tag X drückte ich die Geschichte meiner Religionslehrerin mit dem Spruch in die Hand: «Solche Problem-Stories interessieren Sie doch...» Sie merkte sofort, daß ich diese Geschichte in die Tat umsetzen wollte und holte mich am Tag drauf zu einem Gespräch zu sich. Dort heulte ich ihr erst einmal mein ganzes Leid vor und zeigte ihr mein Testament, das ich bereits verfaßt hatte. Am Ende gab sie mir den Rat: «Sei endlich mal du selbst!» Ich sollte mich endlich nicht mehr anpassen, sondern meinen eigenen Kopf durchsetzen. Diesen Tip verfolgte ich dann auch, und es ging mir hundertprozentig besser.

Den Sommer verbrachte ich damit, mir von Volker, der mittlerweile mein bester Freund geworden war, die schönen Seiten des Lebens zeigen zu lassen.

Wir gingen auf jede Party, zogen mit einem Haufen Leute durch die Gegend, machten kleine Radtouren – und hatten halt andauernd Sex.

Was mich allerdings störte, war: Er war mir gegenüber immer sehr gefühlskalt. Doch das übersah ich damals einfach. Er war für mich der «Große Held», der einfach alles konnte. Vor allem bewunderte ich die Fähigkeit, Kontakte mit anderen Leuten zu knüpfen – etwas, was ich bis dahin nicht konnte. Ich war mein Leben lang ein Eigenbrötler gewesen, der den Umgang mit Menschen scheute. Von ihm lernte ich also, überhaupt unter Menschen zurechtzukommen.

Die schöne Zeit endete, als er gegen Ende des Sommers seine Freundin kennenlernte. Ich landete zwangsläufig auf dem Abstellgleis, was mich gleichzeitig traurig und wütend (vor allem auf seine Freundin) machte. Anfangs dachte ich immer, ich hätte noch einen «Vorsprung» gegenüber seiner Freundin, da sich die Heteros ja immer viel Zeit lassen, bis sie zusammen ins Bett hüpfen. Doch das dauerte nicht allzu lange.

Im Herbst wurde ich wegen der ganzen Sache schrecklich depressiv. Durch mein damals noch sehr blindes Vertrauen gegenüber anderen kam auf einer Party nicht nur heraus, daß ich schwul bin, sondern auch, daß ich etwas mit Volker habe. Der Kreis der «Eingeweihten» verzehnfachte sich also auf einen Schlag. Da dieser Kreis zum größten Teil aus Mitschülern bestand, war in der darauffolgenden Woche an meiner Schule der Bär los. Aus jeder Ecke hagelte es pausenlos dumme Bemerkungen wie «Na, Schwuli» und ähnlich Abwertendes. Dank meiner Selbstmordkrise hatte ich inzwischen ein ziemlich starkes Selbstbewußtsein entwickelt. Ich ignorierte die pöbelnde Menge einfach und stellte mich eines Tages sogar meiner Klasse zur Diskussion, was sie denn nun alle dagegen hätten, daß ich schwul sei. Im Endeffekt haben sie es alle akzeptiert – die einen mehr, die anderen weniger.

Mein Coming-Out in der Schule hatte ich nun also hinter mir. Allerdings wußten meine Eltern bis dato noch nichts davon. Ein guter Freund meiner Lehrerin, der ebenfalls schwul war, erzählte mir damals richtige Horrormärchen von Eltern, die ihre schwul/lesbischen Kinder verstoßen hatten. Daraufhin entschied ich mich, es meinen Eltern bis auf weiteres nicht zu sagen.

Im Frühjahr '90 kam der ultimative Bruch zwischen mir und Volker. Er erzählte mir eines Tages ganz stolz, daß er mit seiner Freundin geschlafen habe. Für mich brach eine Welt zusammen, da ich mit ihm meinen besten

Freund verlor. Außerdem hatte ich mich im Laufe der Zeit in ihn verliebt. Ich war so fertig, daß ich bald darauf mit Verdacht auf Blinddarm-Durchbruch ins Krankenhaus eingeliefert wurde. Weil die Ärzte nichts fanden und ich kerngesund war, stellten sie mir die Frage, ob ich irgendwelche Probleme hätte. «Ja, ich bin schwul!» war meine Antwort.

Das Ende vom Lied: Ich wurde zu einem Psychologen überwiesen, mit dem ich mich über die ganze Sache aussprechen sollte. Parallel dazu unternahm ich mit dem Freund meiner Lehrerin einige Streifzüge durch die Schwulenszene unserer nahegelegenen Großstadt. Meine Eltern wurden in der Zwischenzeit immer neugieriger, was ich denn nun für ein Problem hätte, daß ich damit sogar zum Psychologen rennen müßte. Ich verschwieg es ihnen weiterhin, obwohl vor allem meine Mutter häufiger den Verdacht äußerte, daß ich vielleicht schwul sei.

Irgendwann ging ich zu dem Psychologen und erzählte ihm über eine Stunde lang, daß ich eigentlich gar keine Probleme hätte. Das einzige war halt die «Beziehung» zu meinem Mitschüler. Er gab mir daraufhin den Rat, eine schwule Jugendgruppe aufzusuchen. Gesagt, getan. Noch in derselben Woche suchte ich über den Freund meiner Lehrerin eine geeignete Gruppe für mich aus.

An einem Freitag war es soweit. Ich hatte mir im Stadtplan den Weg zu dem Haus herausgesucht, wo diese Gruppe sich traf. Natürlich mußte ich mich bei meinen Eltern abmelden, weil es recht spät werden würde. Auf die bohrende Frage meiner Mutter hin erzählte ich ihr zum Abschied, ich würde ins «Magnus-Hirschfeld-Centrum» fahren.

Bis dahin hatte ich mit Gruppen überhaupt keine Erfahrung gemacht, und so betrat ich mit dem Zentrum gleichzeitig Neuland. Ein kleiner Typ von ca. 25 Jahren gab sich als Leiter der Gruppe aus, und ich wurde in selbige sehr herzlich aufgenommen.

Als ich spät in der Nacht wieder nach Hause kam, wartete meine Mutter bereits auf mich.

Sie hatte sich in der Zwischenzeit anhand des Branchenbuches informiert, was für eine Art von Zentrum das war, in das ich gegangen war. Und dort war es natürlich mit vollem Namen als schwul/lesbisches Beratungszentrum eingetragen.

Wir setzten uns also zusammen, weil sie mit mir reden wollte. Ihre ersten Worte waren etwa so: «Tja, wenn das so ist, dann ist das halt so», womit sie mein Schwulsein meinte. Ich unterhielt mich die halbe Nacht mit ihr und stellte fest, daß alle meine Ängste und Befürchtungen gegenüber meinen Eltern total unbegründet waren. Zumal mein Vater, den ich bis dato für ziemlich schwulenfeindlich hielt, dieselbe Meinung wie meine Mutter vertrat.

Die Sache mit Volker erledigte sich so ziemlich von allein. Irgendein Scherzbold hatte seiner Freundin erzählt, daß ich mit ihm zusammen war und sogar noch Sex mit ihm hatte, während die beiden schon längst miteinander schliefen. Sie reagierte darauf mit einem enormen Wutausbruch und verbot ihm jeglichen außerschulischen Kontakt mit mir. In der Gruppe fand ich jedoch schnell andere Leute, wodurch ich ihn bald vergessen konnte. Auch wenn ich mich in der Gruppe anfangs, mit meinen 15 Jahren, so ziemlich als «Frischfleisch» fühlte, gewann ich doch im Laufe der Zeit immer mehr das Gespür dafür, wem ich vertrauen konnte und wem nicht. Was nicht heißen soll, daß mir nicht immer noch wahrhaft umwerfende Erfahrungen bevorstanden.

Eine davon erlebte ich mit Nico aus der Jugendgruppe. Nach meinem ersten Zungenkuß mitten auf einer belebten Straße und einigen aufregenden Fummeleien an einem Abend im Mai 1990 (jaja, die lauen Sommernächte...) lud ich ihn zwei Tage später zu mir nach Hause ein. Auf dem Plattenteller drehte sich «Careless whisper» von George Michael, und wir ließen uns zehn Minuten Zeit, um uns auszuziehen. Langsam und genüßlich fingen wir an rumzumachen, als ich plötzlich ein mir sehr vertrautes Geräusch hörte: Das Garagentor!

Ich flüsterte nur noch: «Scheiße, mein Vater kommt!», dann vollbrachten wir das Kunststück, uns innerhalb von zehn Sekunden wieder anzuziehen. Doch mein Vater war schneller. Er muß durch die offene Tür – ich ließ sie wegen der Katzen immer einen Spalt geöffnet – gesehen haben, wie Nico in seine Hose sprang. Eine halbe Sekunde später knallte ich die Tür zu. Wir waren voll geschockt, und Nico meinte, es wäre wohl besser zu gehen. Was wir auch taten. Nachdem ich Nico zum Bahnhof gebracht hatte, überlegte ich die ganze Fahrt im Bus über, was ich sagen sollte. Schließlich gab es noch den § 175, und Nico war – im Gegensatz zu mir – über 18. Fast fiel ich vom Sessel, als mein Vater meinte, er habe nichts gesehen... Aber ich solle in Zukunft doch mein Zimmer abschließen, immerhin hätte auch mein Bruder kommen können oder so. Puuh!

Der 17. Juni '90 sollte schließlich der Tag werden, an dem ich meine erste richtig große Liebe kennenlernte. Es war nicht viel los in der Jugendgruppe während der Ferien, und so saß ich in der Bücherei, als er hereinkam. Groß, blond, naturgelocktes Haar und ein total süßes Aussehen – mein Traum-Mann! Wir unterhielten uns an dem Abend lange, und auf dem Heimweg ging mir plötzlich ein Gedanke durch den Kopf: Das ist er! Ein richtig warmes Glücksgefühl ging durch meinen ganzen Körper, und ich habe mich so wohl wie noch nie in meinem Leben gefühlt.

Wir waren leider nicht sehr lange zusammen, führten aber in dieser Zeit eine echte Bilderbuchbeziehung. Eigentlich war ich in den letzten drei Jahren immer in irgendeiner festen Beziehung, aber zur Zeit bin ich solo.

Meine Eltern akzeptieren mich so, wie ich bin. Und mein Freundeskreis, den ich mir aufgebaut habe, ebenfalls. Auch wenn es manchmal schwierig mit allen Beteiligten war, ich bereue bis zum heutigen Tage nicht, es meinen Eltern damals erzählt zu haben. Denn nur so konnte sich zwischen uns eine richtige Vertrauensbasis bilden.

3. Kapitel

Wie lerne ich andere kennen?

Nehmen wir an, du hast es geschafft. Du hast akzeptiert, daß du schwul oder lesbisch bist. Vielleicht hast du es auch nur widerwillig akzeptiert. Wer will es dir verdenken? Aber wenn schon, dann möchtest du natürlich jetzt was davon haben, das heißt, willst andere Homosexuelle kennenlernen. Wozu sonst die ganze Aufregung? Ja, das ist leichter gesagt als getan.

Was macht ein Hetero-Mann, wenn ihm eine Frau auf der Straße begegnet, die ihm gefällt? Er schaut sie an, grinst vielleicht und versucht, mit ihr ins Gespräch zu kommen. Er lädt sie zu einer Tasse Tee ein – daraus kann sich eine Beziehung entwickeln. Nichts Ungewöhnliches, passiert alle Tage auf unseren Straßen. Was aber macht ein Schwuler, dem auf der Straße ein sympathischer Mann über den Weg läuft? Woher soll er wissen, ob der andere ebenfalls schwul ist? Ein Mann spricht doch nicht einen Mann auf der Straße an! Oder nehmen wir eine andere Situation. In deiner Schule ist ein Mädchen, das du gern kennenlernen möchtest. Als Junge wäre das nicht allzu schwer. Du kannst ihr aufm Schulfest eine Cola ausgeben oder sie zum Tanzen auffordern. Oder du stellst dich im Schulbus wie zufällig neben sie und guckst ihr sehnsüchtig in die Augen. Aber als Lesbe? Wie sieht das denn aus, wenn du ihr was zu trinken spendierst oder sie gar zum Tanzen aufforderst? Unmöglich!

Nun gut, es ist nicht total unmöglich – aber doch selten. Viel einfacher ist es da für uns Lesben oder Schwule, dahin zu gehen, wo hauptsächlich Homosexuelle sind. Nein, ich meine nicht die Oper. Ich habe zwar mal einen Freund in der Oper kennengelernt, und ich weiß von einem Schwulen, der eigens in den städtischen Opernchor eintrat, weil er da andere Homosexuelle anzutreffen hoffte. Aber ich meine etwas anderes.

Es geht um die berühmte homosexuelle ‹Subkultur›, Orte, wo wir mehr oder weniger unter uns sind. Zur ‹Sub› gehören Bars und Cafés, Parks, Klappen (so werden im Schwulenjargon öffentliche Toiletten genannt, die als Treffpunkte bekannt sind), Bahnhöfe und Saunen. Hier befinden wir uns ausnahmsweise mal in einer Situation, die für Heterosexuelle ganz gewöhnlich ist. Das Alltägliche ist auf den Kopf gestellt: schwul- oder lesbisch-sein ist das ‹Normale›. Alle Anwesenden werden (bis zum Gegenbeweis) für homosexuell gehalten – das genaue Gegenteil von der Situation ‹draußen›, in der heterosexuell genormten Umwelt.

Was für ein ungewohntes Gefühl! Kein nervtötendes Forschen nach Anzeichen für Homosexualität, keine Angst, der andere könnte peinlich berührt sagen: «Du, ich steh aber auf Frauen!» Weil alle Besucher als mögliche Partner in Frage kommen, ist nur noch gegenseitige Sympathie nötig, um sich kennenzulernen. Überall sonst sind wir von Heterosexuellen umgeben und sollen uns nach ihren Normen verhalten. Innerhalb der subkulturellen Szene ist es möglich, auf die gewohnte heterosexuelle Fassade zu verzichten. Dieses selbstgeschaffene Getto ist kein freiwilliges. Erzwungen von einer intoleranten Gesellschaft, die ‹warme Brüder› und ‹lesbische Kühe› in ihrer Mitte nicht dul-

schwuler Saunen. Nur dort bleibt unser Geheimnis gewahrt. Nur dort können die meisten von uns herauskommen aus Isolation und Einsamkeit. Nur dort findet ein großer Teil von uns überhaupt ein wenig soziale Kontakte zu anderen Schwulen und Lesben, kann sich als Teil einer Gemeinschaft fühlen:

«Ich wußte, daß es Homosexuelle gibt, Tucken und was weiß ich noch. Ich hatte einige Bücher gelesen und hatte mich mit der Tatsache abgefunden, daß ich ein mieser kleiner Schwuler bin. Aber ich war schrecklich allein. Niemand war da, mit dem ich reden konnte. Keiner, der mich in die Arme nahm und mich liebhatte. Bis ich mich endlich traute, in eine Schwulenbar zu gehen. Ich war fasziniert und erleichtert. So viele attraktive Männer, und alle schwul! Es konnten also nicht alle Schwulen dreckige alte Männer oder Geistes-

det, hat sich eine Extra-Welt gebildet, von der sich viele Schutz und Halt versprechen. Weil die Gesellschaft unsere Sexualität nicht akzeptiert, schleichen wir in die Büsche dunkler Parks, suchen die stinkenden Kabinen öffentlicher Toiletten auf oder treiben es in Dampfbädern

kranke sein. Irgendwie fühlte ich mich zu Hause.» (Heinz T., 19)
Lassen wir vorerst die Frage beiseite, ob diese Subkultur tatsächlich ein ‹Zuhause› ist. Laß uns einen Rundgang machen durch die ‹Sub›. Ich will gleich anmerken, daß es sich dabei hauptsächlich um Treffpunkte von schwulen Männern handelt. Für Lesben gibt es nur Bars und Knei-

pen. Dies hängt damit zusammen, daß für die meisten Lesben Sexualität nur im Rahmen einer Beziehung vorstellbar ist. Rein körperliche Kontakte auf Toiletten oder in Parks und Saunen werden abgelehnt oder erscheinen als unvorstellbar. Lesbische Freundschaften beginnen dafür häufig in der normalen, heterosexuellen Umwelt: am Arbeitsplatz oder während der Freizeit. Aber auch die Bars für Lesben sind sehr viel dünner gesät als die für Schwule. In Hamburg zum Beispiel gibt es gerade zwei – im Gegensatz zu über 50 Kneipen, Discos und Nachtlokalen für männliche Homosexuelle. Beginnen wir unseren Rundgang in den Bars. Es gibt ganz verschiedene Arten von Schwulen-Bars. Sehr verbreitet sind Discotheken und mehr oder weniger exclusiv eingerichtete Bars mit Besuchern zwischen achtzehn und etwa vierzig. Während die Discos in Aufwand und Technik den Hetero-Discos nacheifern, strahlen die Bars eine luxuriöse Atmosphäre aus, die den Alltag und die soziale Benachteiligung vergessen lassen soll.

Nichts erinnert an den Ernst des Arbeitstages: die Realität bleibt vor der Tür.

Der erste Besuch in so einer Bar muß nicht unbedingt mit so positiven

Gefühlen gekoppelt sein wie bei
Heinz. Hilde berichtet:
«Nachdem ich endlich für mich klar
hatte, daß ich lesbisch bin, wollte ich

mal in eine Bar. Ich wollte wissen, wie andere Lesben sind. Also ging ich mit meiner Freundin in die einzige Bar, die es bei uns gibt. Wir waren nur wenige Minuten drin, als eine pfeifenrauchende, bullige Lesbe auf mich zukam und mich mit tiefer, supermännlicher Stimme zum Tanzen aufforderte. In Bruchteilen von Sekunden brachen alle mühsam verdrängten Vorurteile und Ängste wieder hoch. Mein Horrorbild von Lesben stand leibhaftig vor mir. Panikartig rannte ich aus dem Lokal.» (Hilde S., 23)

Gerade weil die Subkultur in so vielen Dingen anders und offener ist, als wir es sonst gewohnt sind, ist der erste Besuch in einer Kneipe der ‹Sub› nicht unbedingt leicht. Bis jetzt mag es gerade soweit sein, daß wir uns unsere Gefühle gegenüber dem eigenen Geschlecht eingestanden haben. Das bedeutet aber noch nicht, daß wir Homosexualität in all ihren Formen und Möglichkeiten akzeptieren können. Konfrontationen mit ‹kessen Vätern› (Lesben, die sich betont männlich verhalten) und ‹Tunten› (Schwule, die sich betont weiblich verhalten) lösen alte Ängste aus, die uns eine homosexuellenfeindliche Umwelt eingeimpft hat. Aber damit beschäftigen wir uns später noch. Folgen wir jetzt erst mal einem Schwulen bei seinem ersten Besuch in einer Bar der beschriebenen nobleren Art:

«Kollegen erzählten eines Tages, daß sie am Abend vorher zufällig in eine Kneipe geraten seien, wo ‹Hundertfünfundsiebziger› miteinander getanzt hätten. Sie waren ‹natürlich› sofort fluchtartig wieder raus aus dem Lokal. Möglichst unbeteiligt tuend, fragte ich, wo die Kneipe denn sei. Diese Blödmänner lachten laut und meinten, ob ich da denn hinwolle? Ich wurde knallrot und wies diese Vermutung weit von mir. Sie sagten aber doch, wie der Name der Kneipe war, und so war es ein leichtes, im Telefonbuch rauszusuchen, wo sie liegt.

Am nächsten Abend ging ich hin. War gar nicht einfach, sie zu finden, weil sie versteckt in einer Seitenstraße ist. Gleich reinzugehen traute ich mich nicht, sondern ich wartete bestimmt eine halbe Stunde auf der anderen Straßenseite, um zu sehen, ob da wirklich auch nur Männer hineingingen. Tatsächlich kamen von Zeit zu Zeit Männer, einzeln oder in kleinen Gruppen, betätigten die Klingel und verschwanden durch die Tür. Schließlich nahm ich allen Mut zusammen, überquerte die Straße und drückte auf den Klingelknopf. Das Herz schlug mir bis zum Hals. Nach einiger Zeit öffnete sich die Tür und ein junger Mann ließ mich herein. Er schaute mißtrauisch und wollte wissen, ob ich schon achtzehn wäre. Eingeschüchtert zog ich meinen Ausweis heraus, und nun durfte ich rein.

Der Raum war in rötliches Licht getaucht, das teilweise recht schummrig war. Langsam hatten sich meine Augen an die Beleuchtung gewöhnt und ich sah eine ganze Menge Männer. Manche lehnten lässig an der Wand, ein Glas in der Hand und die Zigarette im Mund. Andere standen in kleinen Gruppen, unterbrachen jedoch ihr Gespräch bei meinem Eintreten. Blicke wurden zu mir herübergeworfen, musterten mich blitzschnell vom Scheitel bis zur Sohle. Alle waren elegant angezogen, so daß ich mit meinen Alltagsklamotten sicher dumm auffiel. Ich schob mich verlegen an ein paar Leuten vorbei und setzte mich an einen freien Tisch. Jetzt erst sah ich, daß im hinteren Teil der Bar ein weiterer Raum war, wo einige Männer tanzten. Dort saßen zu meinem Erstaunen auch Frauen, die offenbar mit Männern hier waren. Waren das nun Lesben oder Normale? Plötzlich kam ein Kellner zu mir, und ich bestellte etwas zu trinken. Verdammt teuer hier, dachte ich beim Bezahlen. Als ich mein Glas hatte, konnte ich mich wieder in Ruhe umschauen. An den Wänden hingen kitschige Bilder in Goldrahmen auf kostbar aussehender Tapete. Die Stühle und Tische sahen nach Antiquitäten aus. Und über allem lag das rote Licht, ausgestrahlt von barocken Wandleuchten. Mir gegenüber war eine Theke, an der einige Männer saßen oder standen, bedient von einer wasserstoff-blonden Tunte, die unablässig plapperte und lachte. Es wurde überhaupt viel gelacht, alle waren so fröhlich. Oder taten sie nur so? Ich wurde immer unsicherer. Wie sollte ich mich verhalten? Alle meine Gedanken vorher hatten einzig darum gekreist, wie ich eine Schwulenbar finden könnte und wie ich reinkomme. Aber dann? Einige Männer gefielen mir, aber ich wußte nicht, wie ich mit ihnen in Kontakt kommen sollte. Sie schienen mich jedenfalls nicht zu beachten. «Haben Sie Feuer, bitte?» tönte es auf einmal schräg hinter mir. Die Stimme gehörte einem jungen Mann, der bisher getanzt hatte. «Leider nicht, ich rauche nicht.» – «Na ja, man muß ja auch nicht rauchen. Darf ich mich trotzdem setzen?» – «Ja klar!» Er nahm neben mir Platz und wir kamen ins Gespräch. Er war ganz erstaunt, daß ich zum erstenmal hier sei, und sagte, er würde auch nur selten hergehen. Es sei so langweilig hier und die Leute uninteressant. Auf meine Frage, was er beruflich täte, antwortete er ausweichend. Das spiele doch keine Rolle. Unversehens fragte er, ob ich mit zu ihm nach Hause gehen wolle. Ich erschrak. Eigentlich hatte ich ja große Lust. Aber ich fürchtete mich vor dem, was passieren könnte. Ich gab mir einen Ruck und sagte ja. So, als wäre das das Zeichen für den Aufbruch, erhob er sich. Kurz darauf verließen wir die Bar.» (Gerd A., 18)

Einrichtung und Atmosphäre dieser Bars sind mit Gerds Bericht genau beschrieben, finde ich. Auch das Verhalten der Gäste stimmt genau mit dem überein, was ich und Leute, mit denen ich darüber sprach, dort erlebt haben. Wahrscheinlich hat der junge Mann Gerd allein deshalb angesprochen, weil er mit ihm ins Bett wollte. Auch wenn die Bars und Kneipen durchaus Möglichkeiten zu Gesprächen und geselligem Beisammensein bieten, ist doch die Suche nach Sexkontakten allgegenwärtig. Deshalb heißt das Motto meist: Sex oder Geselligkeit. Wer Gemeinschaft sucht und soziale Kontakte, muß in Kauf nehmen, daß seine sexuellen Chancen sinken. Das Verhalten muß so eingerichtet sein, daß die interessantesten und attraktivsten Seiten einer Person im Vordergrund stehen. Jedes unpassende Gesprächsthema, jedes ‹aus der Rolle fallen› könnte die Anziehungskraft schwinden lassen. Gespräche dienen nicht der Unterhaltung, sondern sind das Zugeständnis an moralische Normen. Wer wird denn gleich als erstes fragen, ob der andere mit einem ins Bett will? Dieses Vorgeplänkel erfüllt noch einen zweiten Zweck: man kann sich vorsichtig herantasten, die Chancen sondieren. So geht man einer eindeutigen Ablehnung aus dem Weg. Denn Zurückweisung würde bedeuten: «Du bist nicht attraktiv genug!» – weil ja nur die Oberfläche zählt. Hypermodische Kleidung ist wichtig als reizvolle Verpackung. Stundenlanges Herumstehen wie eine Schaufensterpuppe, die zum Kauf anregen soll, gehört dazu. Jungsein und Schönsein sind die absoluten Trümpfe. Wer nicht mindestens eines dieser beiden Merkmale hat, kann kaum auf Erfolg in sexueller Hinricht rechnen.

Was bleibt einem übrig, als das eigene ‹mangelhafte› Äußere in stundenlanger Vorbereitung kosmetisch aufzubereiten? Frisch gewaschene und locker gefönte Haare werden kunstvoll auf jugendlich getrimmt, Fältchen mit Abdeckschminke weggezaubert, Wimpern mit Tusche eindrucksvoll verstärkt, Fingernägel sorgfältig rundgefeilt. Als i-Tüpfelchen aufs Ganze ein kostbares Parfüm. Das Ergebnis ist oftmals eine unter Unmengen von Puder erstarrte pausenlos lächelnde Grimasse.

Auch die dezente rötliche Beleuchtung tut Gutes: rot läßt Pickel verschwinden und macht Abdeckfarbe unsichtbar.

Schwule, die derartige Bars besuchen, unterliegen genauso wie Frauen in unserer Gesellschaft einem unmenschlichen Schönheitsideal. Wo nur die Schale zählt, wird Schönsein und Schönbleiben zur unbarmherzigen Notwendigkeit. Beugst du dich diesem Diktat nicht, dann bleibst du eben allein.

Das ist die Devise im Bartyp Nr. 1. Aber es gibt noch andere Kneipen. Zum Beispiel spezielle Lokale für Leute, die Leder und Jeans-Kleidung bevorzugen. Diese Lokale zeichnen sich eher durch rustikale bis gewollt-primitive Einrichtung aus, fast wie eine normale Arbeiterkneipe mit Flipper und Billard-Tisch. Lederkneipen haben meist einen ‹Dark Room›, das heißt, einen total dunklen Raum, in dem die Besucher miteinander Sex machen können. In diesen Kneipen zählt nicht die Jugendlichkeit, sondern harte Männlichkeit und ein großer Schwanz sind gefragt. Der Umgang der Leute untereinander ist lockerer und offener als in den Discos und Bars, die oben beschrieben wurden. Einen dritten Typ gibt es noch. Hier unterscheidet sich die Einrichtung überhaupt nicht mehr von einer normalen Kneipe. In diesen Bars verkehren hauptsächlich Stricher und ihre Freier. Nicht Schönheit zählt hier, nicht Größe der Geschlechtsteile – hier zählt nur noch Geld. Die Freier sitzen vereinzelt an den Tischen oder an der Bar und warten darauf, von Strichjungen angesprochen zu werden. Die Stricher sind vielfach selbst nicht homosexuell und suchen sich ihre Kunden danach aus, ob sie gut zahlen können. Schlägereien sind nicht selten und manch Besucher des ersten Bartyps würde einer solchen Kneipe schnell angeekelt den Rücken zuwenden. Hier funktionieren homosexuelle Beziehungen eben zu offen nach den Prinzipien des Warenmarktes.

Als Alternativen zu den Bars haben sich in den letzten Jahren immer mehr Schwulen-Cafés etabliert. Sie öffnen schon am Tag, liegen in ganz normalen Gegenden und werden auch von Heteros besucht. Die Cafés sind weniger auf direkte sexuelle Kontakte angelegt, hier trifft man sich vorwiegend zum Plaudern und Kuchenessen. Ansprechen und kennenlernen kannst du auch dort jemanden, aber es ist nicht sicher, daß er homosexuell ist. Da manche dieser Cafés von Schwulen betrieben werden, die aus Schwulengruppen kommen, trifft man dort viele Leute aus diesen Gruppen. Man kann die Cafés von ihrer Funktion für Schwule etwa mit einer Stammkneipe vergleichen. Den Schwulen-Cafés ähnlich sind Frauenkneipen, die es in einigen

Städten gibt. Da viele Lesben in der Frauenbewegung arbeiten, werden die Frauenkneipen oft von Lesben betrieben. Hierhin kommen dann auch viele Lesben, denen es in den Bars nicht gefällt.

Am Unterschied zwischen Bars und Cafés werden die verschiedenen Bedürfnisse der Besucher deutlich: die Bars tendieren mehr zum Sex-Markt, den man besucht, um jemanden fürs Bett zu finden. Die Cafés sind mehr zum Ausgehen, Essen und Leute wiedersehen gemacht. Wenn du Leute kennenlernen willst, ohne gleich mit ihnen ins Bett gehen zu wollen, bist du in den Cafés am besten aufgehoben. Wenn dir nach Sex zumute ist, gehst du besser in eine Bar und versuchst es dort.

Du kannst freilich auch woanders hingehen. In allen größeren Städten gibt es Parks und öffentliche Toiletten (im Schwulenjargon ‹Klappen› genannt), wo du andere Schwule treffen kannst, um Sex zu haben. «Ich gehe auf eine Klappe oder 'nen Park, wenn ich schnell und unkompliziert Sex machen will. Zum Beispiel in der Klappe am Bahnhof. Abends ist da immer was los. Du stellst dich an die Pinkelrinne neben einen, der dir zusagt. Bleibt der stehen und fängt womöglich an, sich einen herunterzuholen, dann ist die Sache klar. Wir wichsen dann miteinander oder der eine bläst dem anderen einen. Sobald jemand reinkommt, der nicht schwul ist, wird das Ganze blitzschnell abgebrochen und erst weitergemacht, wenn der wieder draußen ist. In manchen Klappen läuft viel in den Kabinen. Da sind Löcher in den Wänden, durch die man sehen kann, ob einem der in der Nachbarkabine gefällt. Man kann dann rübergehen und was mit ihm machen.

Um die Klappen rum und in Parks

47

kannst du auch Kontakte knüpfen. Du brauchst bloß langsam die Wege entlangzugehen oder durch die Büsche. Interessiert dich einer, dann guckste, ob er auch stehenbleibt und rübersieht. Obwohl, manche stellen sich unheimlich an, da kann ein Annäherungsversuch lang dauern. Manchmal bist du dir über das Interesse von jemandem erst dann klar, wenn er dir an die Hose geht ... Geredet wird wenig. In der Mehrzahl treiben sie's wortlos miteinander, und gerade mal ein ‹Tschüs› oder ein angedeutetes Lächeln hinterher ist alles. Ja, es gibt Ausnahmen. Neulich habe ich einen Typ im Park angemacht und mit nach Hause genommen. Das war dann unheimlich zärtlich und schön. Der war wohl noch nicht völlig verkorkst in seiner Sexualität.» (Tony S., 23)

Klappen und Parks sind ‹das Letzte›, glaubt man den Heterosexuellen und den meisten Schwulen. Anonymer Sex, bloßes Abreagieren aufgestauter Geilheit – das paßt nicht zu unserer braven Moral. Nur: erstens suchen sich viele diese Kontaktmöglichkeit nicht aus, und zweitens müssen wir uns fragen, ob derartige Sexualität so außerhalb unserer Bedürfnisse liegt.

Unsere Gesellschaft verurteilt homosexuelle Liebe und Sexualität. Wie heuchlerisch ist es da, wenn sie gleichzeitig auf die herabblickt, die ihre Homosexualität nur in Toiletten und düsteren Parks befriedigen können! Immerhin erzeugt erst die Unterdrückung das Ausweichen in die letzten Ecken. Warum bumsen Jugendliche auf nassen Wiesen und hartem Waldboden? Doch nicht, weil es so schön piekst oder wegen der frischen Luft allein! Was bleibt ihnen denn übrig – ohne ein eigenes Zimmer und neugierig bewacht von

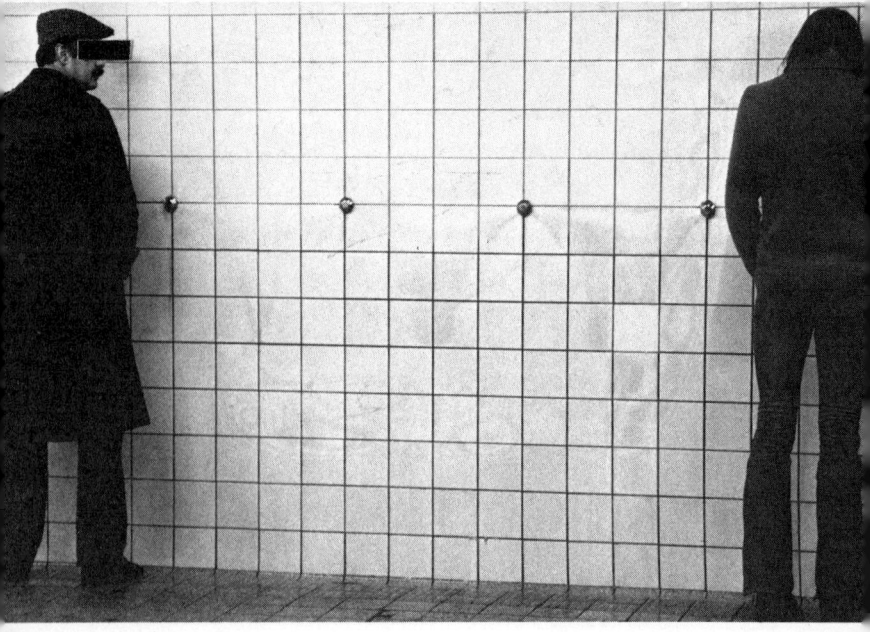

sexualfeindlichen Eltern. Genauso geht es dem Großteil der Schwulen. Ihre Situation - heterosexueller Arbeiter oder Angestellter am Tage und Homosexueller bei Nacht – zwingt sie zu einem schwierigen Doppelleben, in dem beide Bereiche strikt voneinander getrennt sind. Sexualität erhält ihren kleinen Extra-Bereich, ohne Berührung mit dem restlichen Leben. Fünfzig Prozent der Besucher von Klappen und Parks sind verheiratet.[*] Sie sind besonders auf Anonymität angewiesen. Hier finden sie akzeptable Bedingungen für einige Momente sexueller Befriedigung, denn hier haben sie die Chance, unerkannt zu bleiben und ihr Doppelleben weiterspielen zu können.

Dies ist nicht pervers. Pervers ist die Unterdrückung. Pervers ist die Diskriminierung. Regen wir uns nicht allzu sehr über die Klappenschwulen und das Verhalten der Leute in den Bars auf, sondern lieber über die schlimmen Bedingungen, die so ein Verhalten herausfordern.

Es gibt noch einen anderen Grund, der Klappen reizvoll macht. Für manche haben Klappen und Parks eine gewisse Attraktivität, selbst wenn sie keine Anonymität brauchen.

Wolfgang beschreibt es:
«Es ist total erregend für mich, diese ganze Situation. Allein das vorsichtige Herantasten an den anderen steigert meine Spannung beinahe ins Unerträgliche. Völlig unberührt von sowas wie ‹seelischer Übereinstimmung› und so, kann ich mich völlig gehen lassen und einfach genießen. Eine fremde Hand tastet über deinen Körper, ein unbekannter Leib preßt sich an dich. Alle Bedürfnisse

nach Angefaßt-werden, die sonst unterdrückt werden müssen, werden hier erfüllt. Hier traust du dich mal, all das zu tun, was du wegen unserer Scheiß-Sexualerziehung sonst nicht machst. Deine geheimsten Wünsche lassen sich erfüllen: Vielleicht kommen andere hinzu, schauen nur oder machen mit. Es gefällt mir, wenn mir andere beim Sex zusehen.» (Wolfgang T., 20)

Wolfgang tut hier im Grunde all das, was in der ‹normalen› Sexualität außen vor zu bleiben hat. Im Park kann er sein Bedürfnis nach Zuschauen, Beobachtetwerden, nach Sexualität auf rein körperlicher Basis ausleben. Machen wir uns nichts vor: Jeder hat von Zeit zu Zeit Wünsche, die nicht dem entsprechen, wie Sexualität nach herrschender Moral auszusehen hat. Nur in diesen vollkommen außerhalb der gesellschaftlichen Norm stehenden Nischen darfst du diese Wünsche

[*] Vgl. L. Hymphreys: «Klappensexualität», Stuttgart 1974

überhaupt verwirklichen. Wir täten deshalb gut daran, nicht die Klappen, Parks und Saunen zu verurteilen, solange sie unsere Bedürfnisse befriedigen. Verzicht darauf bedeutet nicht, ‹sauberer› und ‹edler› zu sein. Stehen wir zu unseren Bedürfnissen!

Innerhalb der homosexuellen Subkultur zu leben, bringt allerdings ein Problem mit sich: wir können nur einen kleinen Teil unserer Wünsche befriedigen. Wer will auf die Dauer ohne engere Freunde leben? Wer ist wirklich glücklich, wenn alle Beziehungen zu anderen Schwulen gleich nach dem Orgasmus enden? Wer sucht nicht Zärtlichkeit und Geborgenheit? Wer sehnt sich nicht nach Freundschaften, die unser gesamtes Leben einschließen? Nach Freunden, die nicht nur unseren Körper begehren und die uns lieben, so wie wir sind? Im Park wirst du so was kaum finden, und auf der Klappe gibts zwar jede Menge Sexpartner – aber keinen Freund. Was also tun? Du könntest es einmal mit einer Kontaktanzeige versuchen. Meine ersten richtigen Kontakte mit Schwulen kamen zustande, weil ich auf deren Anzeigen antwortete. Wir haben zwar zuerst mal miteinander Sex gehabt, aber nicht nur. Ich besuchte sie öfters und wir hatten lange Gespräche über Schwulsein und über Beziehungen. Sogar meine längste und intensivste Freundschaft ging auf eine Kontaktanzeige zurück. Ein Mitglied meiner Schwulengruppe hatte eine Anzeige im Hamburger Stadt-Magazin Ultimo aufgegeben, und mein späterer Freund antwortete darauf. Als er dann mit in die Gruppe kam, lernten wir uns kennen.

Man kann mit Anzeigen durchaus Glück haben, wie du siehst. Besonders abseits größerer Städte sind sie oft die einzige Chance, Freunde zu finden. Alle Homosexuellen-Zeitschriften veröffentlichen solche Anzeigen, und die meisten örtlichen Veranstaltungshefte auch. Selbst ‹seriöse› Zeitungen nehmen manchmal Freundschaftsanzeigen in ihren ‹Heiratsmarkt› auf.

Wollen wir aber anfangen, Homosexuelle anders als übers Bett kennenzulernen, dann müssen wir neue Wege beschreiten. Wir müssen Gelegenheit bekommen, Schwule und Lesben in Situationen zu begegnen, in denen sie uns nicht nur als Sexobjekt gegenüberstehen. Diese Möglichkeit bieten vorerst nur die Schwulen- und Lesbengruppen:

«Im ‹Spiegel› las ich mal, daß es in der Bundesrepublik und Westberlin Schwulengruppen gibt, und ich wollte unbedingt mal in so eine Gruppe. Etwas später hörte ich von der Gründung einer Schwulengruppe in Nürnberg und beschloß, dort mitzumachen. Als ich zum erstenmal hingehen wollte, hatte ich wahnsinniges Herzklopfen und lief immer wieder vor der Tür auf und ab. Ich wäre bestimmt wieder abgehauen, wenn nicht ein Typ rausgekommen wäre, der sich mit mir unterhalten hat. Von da ab ging ich sporadisch hin und las, durch die Gruppe angeturnt, auch Artikel zur Schwulenunterdrückung etc. Es war ein wahnsinnig tolles Gefühl, festzustellen, daß ich mit meinem Schwulsein nicht alleine bin, sondern daß es viele Leute gibt, die die gleichen Probleme haben und was zusammen machen wollen. In der Gruppe begegnete ich dann Hans. Wir sahen uns öfter und trafen uns dann auch außerhalb der Gruppe. Inzwischen sind wir fast zwei Jahre zusammen.» (Erich S., 22)

Erich hat in einer der Emanzipationsgruppen mitgemacht, die es schon seit vielen Jahren bei uns gibt.

Über ihre Entstehungsgeschichte und was es für Gruppen gibt, kannst du etwas in Kapitel 8 lesen. Hier soll uns die Frage beschäftigen, in wieweit die Gruppen veränderte Formen von homosexuellen Beziehungen ermöglichen.

Warum ergeben sich denn aus den sexuellen Kontakten in Parks und Klappen, ja selbst aus den gemeinsamen Nächten nach dem Barbesuch und aus Anzeigen so selten längere Freundschaften? Fast alle diese Beziehungen beginnen im Bett. Macht's Spaß miteinander, dann bleibt man vielleicht zusammen. War es nicht so berauschend, so trennt man sich wieder. Entscheidungskriterium ist und bleibt der Sex. In Bars zählt nur der äußere Schein, bei Anzeigen-Zuschriften oft das beigelegte Bild und im Park das schnelle Abreagieren. Sexualität ist jedoch auf die Dauer kein ‹Binde-Mittel›! Die Anziehung läßt mehr oder weniger schnell nach, wenn

nicht eine gefühlsmäßige Nähe da ist. Aber auch die Gefühle für jemanden erkalten leichter, wenn es keine Gemeinsamkeiten gibt. Das kann sich ändern, wenn Lesben oder Schwule gemeinsam über längere Zeit etwas tun. Das können Freizeitaktivitäten sein, Selbsterfahrungsgruppen oder Zusammenarbeit gegen die Diskriminierung. Mit der Zeit lernen wir dabei Eigenschaften und Fähigkeiten der anderen kennen, die unser anfängliches, äußerliches Bild korrigieren. Der andere ist nicht mehr nur Konkurrent oder Objekt auf dem Fleischmarkt – wir erleben ihn als ganzen Menschen. Eigentlich machen wir damit nichts anderes, als uns dieselben Voraussetzungen für menschliche Kontakte zu schaffen, wie sie Heteros im allgemeinen haben. Manche Gruppen haben neben den festen Terminen für ihre Mitglieder auch offene Abende, zu denen jeder kommen kann. Diese Treffen haben eine ähnliche Funktion wie die Cafés, die ich oben beschrieben habe. Du kannst dort mit anderen Homosexuellen sprechen, Erfahrungen austauschen oder eben einfach mal unter Schwulen und Lesben sein, ohne daß ständig die Atmosphäre eines Sexmarktes über allem schwebt. Das heißt nicht, daß du dort nicht jemanden ansprechen darfst, mit dem du gern schlafen würdest. In Gruppen hast du allerdings die Gelegenheit, sympathische Leute öfters zu sehen und sie allmählich genauer kennenzulernen. Damit werden die Chancen größer, als es nicht bei einer Nacht bleibt, wenn ihr irgendwann einmal miteinander ins Bett geht. Tja, und dann gibt es natürlich noch eine ganz andere Art, mit Schwulen und Lesben in Kontakt zu kommen. Homosexuelle können ja deshalb nicht auf der Straße, am Arbeitsplatz oder in der U-Bahn Bekanntschaft schließen, weil sie nicht als solche füreinander erkennbar sind. Wenn du offen als Lesbe oder Schwuler auftrittst, siehst die Sache anders aus. Nun weiß dein Mitschüler plötzlich, daß du dich vielleicht für ihn interessieren würdest. Deine Arbeitskollegin braucht nicht mehr mit geschickt formulierten Fragen abzuklopfen, ob du lesbisch bist. Und auf der Straße kann dich ein Schwuler oder eine Lesbe ohne Angst zum Tee einladen. Wäre das nicht herrlich?

Heute ist noch ein großer Teil der Homosexuellen auf die herkömmliche Subkultur (Bars, Parks, Klappen usw.) angewiesen. Die Möglichkeiten, woanders Freunde zu finden, sind gering.

Als wirklichen Lichtblick empfinde ich jedoch die vielen Cafés und die ersten größeren Kommunikationszentren für Schwule und Lesben. Ob das SCHULZ in Köln, das Magnus-Hirschfeld-Centrum in Hamburg, das RAT UND TAT-Zentrum in Bremen, das HOME in Hannover – in vielen Städten organisieren Gruppen solche Treffpunkte. Theater- und Filmaufführungen finden statt, Diskussionen und Feten, dazu existiert meist ein gemütliches Café, welches auch abends geöffnet ist. Diese Zentren sind ein gewaltiger Schritt nach vorne und bieten mit ihrem umfangreichen Angebot massenhaft Möglichkeiten, andere Schwule und Lesben kennenzulernen. Insbesondere die regelmäßigen Gruppen, von der Selbsterfahrungsgruppe bis zum Französischkurs, sind dazu hervorragend geeignet.

Eine gute Gelegenheit, Freunde zu finden, sind auch die schwulen Chöre und Sportvereine, die es in immer mehr Städten gibt. Die gemeinsamen Aktivitäten lassen schnell die Barrieren überwinden, und Du wirst Dich bald dort zu Hause fühlen. Nur trauen mußt Du Dich... Das Hingehen kann Dir keiner ersparen.

STONER, 18

Wenn mich heute jemand fragt, wann (und wie) ich eigentlich gemerkt habe, daß ich «so» bin, dann kann ich nur die rhetorische Frage stellen, wann (und wie) denn Heterosexuelle merken, daß sie so sind. Für mich gibt es bloß eine Antwort: Ich war schon immer «so» – Sandkastenlesbe eben!

Aufgewachsen bin ich ganz normal – wenn man das so sagen kann – in einem kleinen Hamburger Vorort. Meine Eltern sind beide berufstätig, und so kümmerte sich meine Oma die meiste Zeit um mich. Kleider und Mädchenklamotten habe ich schon immer verabscheut – waren sie doch für die Art von Aktivitäten, die mich interessierten, gänzlich unpraktisch. Fest steht nun mal: Mit Hosen kann man/frau sehr viel besser auf Bäume klettern, besser Fußball spielen, heftiger raufen – kurz, alles ist viel unkomplizierter. Meine Haare waren selbstverständlich auch kurz, was oft zu Verwechslungen führte: Meine Eltern wurden permanent um ihren netten, hübschen Sohn beneidet.

Im Kindergarten waren alle Spielkameraden natürlich Jungen, die mich ohne weiteres akzeptierten. Göttin sei dank – denn die Mädchen waren so öde mit ihren Puppen und ihrem pingeligen Getue und ihren Kleidchen. Als der «Ernst des Lebens» für mich begann, änderte sich in dieser Hinsicht gar nichts. Ich drückte voll Begeisterung die Schulbank – immer noch waren es Jungen, mit denen ich mich zum Dämmebauen, Fußballspielen und ähnlichen Dingen verabredete.

Mädchen oder vielmehr Frauen mochte ich dann plötzlich doch.

Mit acht oder neun begann ich, für gewisse Frauen zu schwärmen.

In Tagträumen rettete ich sie als großer, gutaussehender Held aus gefährlichen Situationen und heiratete sie danach... Happy-end! Sie waren Praktikantinnen im Kindergarten, um die ich jede verfügbare Minute herumschwirrte, oder die Freundinnen meines Onkels, die ich mit Beschlag belegte und von denen ich jede Zärtlichkeit dankbar annahm – manchmal sehr zum Verdruß meines Onkels. In der Schule hieß es in der Zeit öfter: «Wen heiratest du später?» Ich entschloß mich, ein Mädchen aus meiner Klasse zu heiraten und Vater zu werden...

Mit wehenden Fahnen hielt ich Einzug im Gymnasium und...wutsch!... verliebte mich in einen weiblichen Lehrkörper! Das war schon nicht mehr so platonisch wie meine bisherigen Schwärmereien, sondern mit Herzschmerz, Kribbeln im Bauch und ungeheurem Imponiergehabe verbunden. Daß es sich bei meiner Auserwählten um eine Frau handelte und ich trotz kurzer Haare und Jungenklamotten ja ein Mädchen war, irritierte mich nicht.

Doch bald sollte ich mit meinen romantischen Schwärmereien eines Besseren belehrt werden. Das war während des Besuches bei meiner Großtante – einer netten Frau um die 60. Wir saßen alle um den Kaffeetisch versammelt, und sie regte sich wahnsinnig über zwei Frauen auf, die unten im Haus wohnten, ganz offensichtlich ein – räusper – Liebespaar waren und noch nicht mal einen Hehl daraus machten. Küssen sich auf offener Straße und so was sei doch schließlich unnatürlich und Pfui und Igitt! Ich konnte daran gar nichts Ungewöhnliches finden, war ich doch selbst so! Irgendwann in der Schimpftirade der Tante tauchte mehrfach dieses Wort auf: «Lesbe». War ich das vielleicht auch, eine Lesbe? War ich vielleicht gar nicht so normal, wie ich dachte?

Zu Hause angekommen, schaute ich in meinem Lexikon nach der Definition dieses Wortes und dachte mir: «Na gut, dann bist du wohl auch eine Lesbe.»

Das Thema Homosexualität begann mich brennend zu interessieren.

Nur 5% der Weltbevölkerung seien es, stand im Lexikon. Damit war ich ja wohl etwas Besonderes, und ich wollte nun alles über diese besonderen fünf Prozent wissen.

Im Laufe der nächsten Woche stratzte ich in die Schulbibliothek und suchte nach mehr. Als erstes fand ich eine ältere Ausgabe von «Schwul – na und?» – das war ja schon was! Zwar erzählten da hauptsächlich Typen von ihren Erfahrungen mit Typen, aber ein Lesbenpaar war immerhin auch enthalten, und was die so geschrieben hatten, hörte sich doch nett an und war ja so ähnlich wie bei mir.

Da stand auch was von Gruppen, Beratungszentren und Läden, Kneipen und Cafés nur für Lesben und Schwule. WOW! Einziger Nachteil: Alle in dem Buch waren viel älter als ich. Ich war 11, die anderen 18 und älter. Konnte ich dann überhaupt dahin und meinesgleichen kennenlernen?

Bestimmt wollten die mit so 'nem Kleingemüse wie mir nichts zu tun haben. Also mußte ich warten, bis ich groß bin. Mist!

Ich erzählte einer Freundin von meiner Entdeckung – im Vertrauen versteht sich, denn laut meiner Großtante war es ja etwas, das man nicht an die große Glocke hängen sollte. Aber sie distanzierte sich von mir, aus Angst, ich könnte ja sie... Keine Woche später war ich an der Schule die Außenseiterin, von der alle wußten, daß sie jede gleich ins Gebüsch zieht. Das hatten die Eltern ihren Kindern von «solchen Leuten» erzählt und ihnen als Warnung mitgegeben.

Da stand ich nun als was ganz Besonderes, das keiner mehr wollte.

Knapp drei Jahre dauerte diese Zeit des Ausgeschlossenseins. Drei Jahre, in denen ich viel über mich nachdenken konnte. In denen Menschen mir erzählen wollten, das sei nur eine Phase und normal in der Pubertät. Drei Jahre, in denen ich unter mir litt, in denen ich irgendwann dachte, im falschen Körper zu stecken: Alle Jungen durften sich glücklich in Mädchen verlieben – aber ich war keine Junge! Ich himmelte eine Frau aus der Oberstufe an, lange Zeit, und schließlich, als das Thema Homosexualität in Bio dran war, wir in der Mittelstufe und alle ein Stück reifer waren, wurde ich auf einmal wieder von einigen integriert. Wenn auch unter Vorbehalten. Das Gelaber von wegen Phase habe ich den Leuten sowieso von Anfang an nicht abgenommen, und damit sollte ich Recht behalten. Denn meine «Phase» war auch dann noch nicht vorüber, als ich unter Gesichtspunkten der Schulmedizin körperlich schon lange aus der Pubertät raus war – geistig hatte ich sie wahrscheinlich längst hinter mir gelassen. Das kommt ganz automatisch, wenn frau drei Jahre auf sich gestellt ist, viel Zeit zum Lesen und Nachdenken über Göttin und die Welt hat.
Das war mein «Coming Out». Ich habe es nämlich offen erzählt und mich nicht damit eingemottet. Es gab, als ich wohl so 14 war, noch sehr nette Szenen auf einer Klassenreise:

Zuerst sperrte sich eine Lehrerin dagegen, mich in einem Mädchenzimmer einzuquartieren – man könnte sich ja an fünf Fingern abzählen, was da passieren würde!

Die Arme hatte schätzungsweise die gesamte Reise über keine ruhige Nacht, denn selbstverständlich hat sie ihre moralische Extrawurst nicht gebraten gekriegt. Mein Klassenlehrer meinte bloß: «Mach dir nichts draus, daß die anderen dir gegenüber so abweisend sind – jeder weiß doch, daß Lesben und Schwule Abschaum sind!»
Doch nicht alle Lehrer an meiner Schule sind so engstirnig gewesen. Ein Jahr später – mittlerweile konnte ich ein «normales» Schülerinnenleben ohne Diskriminierungen führen – bekam ich einen toleranten Menschen als Klassenlehrer und in Deutsch und Geschichte. Das Thema war Nationalsozialismus, und es wurden Referate vergeben – Juden, Zigeuner etc. Das Thema Homosexuelle fehlte, und so fragte ich, ob ich nicht diese Arbeit übernehmen könnte. Siehe da: Kein Problem, ich hatte den Job.
Aber wie sollte ich an Literatur zum Thema «Homos im 3. Reich» kommen? Schließlich hat man diese Art von Büchern nicht haufenweise im hei-

mischen Bücherschrank! Genaugenommen hatte ich bis auf eine dünne
Broschüre absolut nichts. Ich trabte daraufhin zum Lehrer und fragte nach
Material, doch vergebens – oder doch nicht, denn er verwies mich an die
Bibliothek im «Magnus-Hirschfeld-Centrum» (MHC), einem Treffpunkt
von und für Homos.

Nun gab's kein Zurück, und ich hatte einen Grund für meinen Besuch. Ein
paar Lesben hatte ich kurz vorher auch schon bewußt wahrgenommen; die
standen beeindruckenderweise mit einem Transparent in der Hamburger
Innenstadt und verteilten «Flugis». Nun sollte ich noch mehr dieser span-
nenden Raritäten zu sehen bekommen. Aufregend!

Ich also im MHC angerufen (mutig!), nach den Bibliotheks-Öffnungszei-
ten gefragt und bei der nächstbesten Gelegenheit hin. Dreimal bin ich vor
dem Café auf und ab gelaufen. Schließlich dachte ich mir: Faß dir ein
Herz! – und bin heldinnenhaft durch die Tür getreten. Ein nahezu symbo-
lischer Akt, begann doch hier indirekt ein neuer Lebensabschnitt für mich.
Die Frage nach der Bibliothek habe ich rausgekriegt, ohne mich zu ver-
heddern (Obermutig!). Dann bin ich da runter, habe mich bei einer Lesbe
nach der notwendigen Literatur erkundigt, alles rausgesucht und bin dann
wieder frohen Mutes und hyperstolz abgezogen. Der erste Schritt war gemacht!

Zu der Zeit lernte ich einen etwa gleichaltrigen Schwulen kennen. Dieser
kannte nun wieder andere Lesben und brachte irgendwann eine solche mit
zu einer Fete an der Elbe. Nett sah sie aus, diese Frau. Interessant, künstlerisch veranlagt und nur wenig älter als ich. Wir redeten den Abend über
miteinander und erlebten witzige Geschichten bei dieser Feier. Ich hatte
nicht vermutet, daß diese Frau ein Auge auf mich geworfen hatte, geschweige denn solo ist.

Zudem war ich noch tierisch naiv. So kam es, daß ich Annäherungsversu-
che nicht als solche wahrnahm. Zum Beispiel liefen wir im Mondenschein
am Elbstrand entlang, setzten uns auf einen Baumstamm, schauten auf
den Fluß, und irgendwann meinte Phoebe – so hieß die Frau –, daß ihr
kalt wäre. Eine erfahrene Lesbe hätte nun wahrscheinlich angeboten, sie
durch Körperkontakt zu wärmen. Nicht so meine Wenigkeit: Ich bot ihr
meine Jacke an – wenn das nicht ein romantischer Zug von mir war!
Heute können wir immer noch darüber lachen. Auf ihr Angebot, mit zu
ihr zu fahren, sagte ich zu und verbrachte so meine erste Nacht mit einer
Lesbe. Für die LeserInnen unter euch, die nun die leidenschaftliche Tatsache des Miteinanderschlafens erwarten, muß ich eine enttäuschende Mitteilung niederschreiben: Es passierte wirklich absolut nichts in dieser
Richtung.

So sollte es auch in der nächsten Zeit bleiben. Wir sahen uns fast jeden
Tag, verbrachten fast jede Nacht nebeneinander, was wohl, wie ich im
nachhinein erfuhr, nicht unbedingt in Phoebes Interesse lag. Nun gut. Ich
kann euch aber beruhigen, denn nach gut acht Wochen kam dann doch

meine große Premiere auf den Spielplan. Sie trug den Namen «Der erste Kuß», und einen weiteren Monat später beschlossen wir, aufgrund des Erfolges eine Beziehung einzugehen. Mein wahres Leben begann. O Glück, o Wonne – endlich hatte ich auch mal ein Stück der Torte abbekommen.

Von da an verbrachte ich viel Zeit mit Phoebe und hatte doch von Lesbensex null Ahnung.

Bis zu einem schönen Samstagmorgen. Ich hoffe, Phoebe nimmt's mir nicht übel, wenn ich sage, daß das Manöver orgasmustechnisch ein völliger Reinfall war. Wir gaben es erfolglos auf. Es war aber schon nett – nicht daß jetzt Mißverständnisse auftreten. Wir haben drei schöne Monate zusammen erlebt und auch heute, 2 Jahre später, habe ich noch ein gutes, freundschaftliches Verhältnis zu meiner ersten Frau.

Allmählich waren nun meine Eltern «fällig». Gefragt hatten sie schon öfter, warum ich denn immer noch keinen Freund hätte und so weiter – ihr kennt das ja! «Titten-auf-den-Tisch!» war also angesagt, und so kam es, daß ich mich eines Abends in Begleitung meiner grad frischen Ex-Frau, die als Unterstützung mitgekommen war, auf dem elterlichen Sofa wiederfand.

Mein Vater hatte sich schon ins Bett verzogen – deshalb saßen wir mit meiner Ma alleine da, und mir war schon ganz schön mulmig. Sie fragte, was denn nun wäre. Naja, das war ja nun gar nicht so leicht zu formulieren. Falls ich vorhätte auszuziehen, dann könnte ich mir das aus dem Kopf schlagen, meinte meine Mutter nur, und damit war für sie alles gesagt.

Also gut, dachte ich mir, jetzt muß es wohl sein! «Ich würde zwar gerne ausziehen, doch das ist nicht das aktuelle Thema», war meine Antwort. Es ginge vielmehr darum, daß ich, wie sie lange schon vermuteten, lesbisch sei usw. bla-bla-bla! Es war also tatsächlich raus!

Was meine Mutter in der nächsten Viertelstunde von sich gab, drehte sich alles darum, ob sie sich auch nicht strafbar machen würde – ich wäre ja schließlich noch nicht volljährig; nun würden ja gar keine Enkelkinder ins Haus kommen und kein Schwiegersohn, seufz! Aber gedacht hatte sie es sich ja schon lange usw. Naja, die typischen Elternprobleme. Meinem Vater wollte sie es lieber selbst erzählen – das wäre wahrscheinlich besser; klar gesagt war Operation «Schonwaschgang» für meinen Dad geplant.

Für die nächsten Wochen sollte das Thema nicht noch einmal angeschnitten werden.

Mittlerweile kannte ich ein paar Lesben und gesellte mich in ihre Clique. An einem Samstag, ungefähr drei Wochen nach dem Gespräch mit meiner Mutter, wollte ich in Hamburgs bekanntester Lesben-Disco, dem «Camelot», wieder mal das Tanzbein schwingen. Von meinem «Nightlife» hatte ich zu Hause natürlich nichts erzählt, da sie mir sonst mit größter Wahrscheinlichkeit den Kopf abgerissen hätten – schließlich war ich nicht mal ganz 17. Ich ließ mir für meine nächtlichen Eskapaden irgendwelche Aus-

reden einfallen, schlief offiziell bei FreundInnen, die vielleicht gerade in ihre
Geburtstage reinfeierten, oder weilte auf Videonächten, um mich inoffiziell
in der «Scene» zu amüsieren. An jenem Samstag, an dem ich vorgab, zu
einem Geburtstag zu gehen, wurde ich aus unerfindlichen Gründen unter
Hausarrest gestellt – zu meinem eigenen Besten, versteht sich!

**Meine Eltern waren so paranoid geworden, daß sie hinter jedem Busch
einen Mann von der Sittenpolizei vermuteten, der mich oder sie wegen sit-
tenwidrigen Verhaltens in den Knast schleppen würde.**

Daß es den § 175 für Frauen nicht gab, war also nicht bei ihnen angekommen... Sie meinten, auf jeden Fall das Recht zu haben, meine Briefe und
Kalender und sonstige persönliche Dinge nach Göttin weiß was zu durchsu-
chen und stießen dabei im Kalender auf die «Camelot»-Eintragung. Da ja
jeder weiß, daß ich dort nur von alten Frauen zum Sex gezwungen werden
und mich dafür aushalten lassen würde, könnten sie mich zu meinem eigenen Besten nicht dorthin lassen. Den Laden würden sie ja von früher kennen und ich sei doch so labil und die ganzen Drogen, vor allen Dingen
könnten ja die Nachbarn...! Irgendwie schaffte ich es aber, in die Freiheit
zu entkommen.
Damals trat ich, um jetzt einen Sprung zu machen, in Hamburgs einzigen
lesbiSCHwulen Chor ein, wo ich die 26 Jahre alte Britta kennenlernte. Die
romantischen Details lasse ich mal weg, sonst sind wir morgen noch nicht
fertig, und so spannend dürfte das ja auch nicht sein, oder?! Wir trafen uns
wieder und wieder, bis das irgendwann ziemlich nach Beziehung roch.
Meine Eltern hatten sich inzwischen wieder gefangen und nahmen es lok-
ker. Britta durfte bei mir schlafen und umgekehrt.
Womit wir an dieser Stelle zum Thema Sex kommen können. Nach fünf
Wochen Kuscheln haben wir an einem Wochenende miteinander geschlafen. Anfangs sah ich meine Befürchtung in punkto Frigidität bestätigt, doch
schließlich sollte ich eines Besseren belehrt werden. Ich konnte mich entspannen, genießen und fand Sex dann doch sehr nett! Einzelheiten gibt's
nicht.
Ein und ein halbes Jahr waren wir zusammen. Britta wohnt heute im selben
Haus und ist eine enge Freundin – auch wenn das Ende der Beziehung nicht
grad nett war. Aber kann so was überhaupt nett sein?
Vor sechs Monaten lernte ich dann auf dem alljährlich stattfindenden
«Lesbenfrühlingstreffen» meine momentane Freundin Barbara kennen.
Fern der Heimat saß sie in einem Seminar, das auch ich besuchte. Ich sah
sie, und es war um mich geschehen!!! Das erste Mal Liebe auf den ersten
Blick! Ich hatte Glück, denn sie kam Göttin sei Dank aus Hamburg. Auch
das Kennenlernen war wider Erwarten sehr einfach, da eine Freundin von
mir zusammen mit dieser Schönheit im Zug nach Freiburg gekommen
war.
Ich wechselte, nachdem wir den ganzen Tag zusammen waren, meinen

Schlafplatz, lag eine Nacht in süßer Qual neben ihrer Isomatte, blieb sehr zurückhaltend und konnte natürlich kein Auge zutun. Aber Müdigkeit spielt keine Rolle, wenn frau verliebt ist, und wir verbrachten auch den nächsten Tag gemeinsam. Auf einer Spontandemo zu den Morden an einer türkischen Familie in Solingen gingen wir in einer Reihe, was zur Folge hatte, daß ich ihre Hand halten konnte! Wonne!!!

Am Abend konnten wir endlich mal alleine sein – das ist auf einem von 3000 Leuten besuchten Happening gar nicht so einfach! Sie hatte keine Liebste zu Hause in HH – es wurde immer besser. Und nach einer romantischen Nachtwanderung durfte ich sogar mit auf ihrer breiten Matte schlafen. Wir lagen da zusammen, schauten uns in die Augen, sagten nichts und irgendwas lag in der Luft! «Jetzt oder nie!», dachte ich und erzählte ihr die Geschichte einer Lesbe, die in Freiburg eine Frau trifft, sich verliebt... – kurz, meine Geschichte der letzten drei Tage.

Danach haben wir bis zum Frühstück gekuschelt, und ich konnte es tatsächlich arrangieren, mit Barbara zusammen zurück nach HH zu fahren, was mir weitere zehn Stunden mit Kuscheln und romantischer Zärtlichkeit einbrachte. Zum vorläufigen Abschied gab's den ersten Kuß, der wohl zwanzig Minuten andauerte. WOWFZ!

Bis heute haben wir schon einige Hochs und Tiefs erlebt, und

Sexualität ist für mich durch Barbara etwas absolut wahnsinnig Tolles und Superschönes und Wichtiges geworden!

Trotz Streitereien und Auseinandersetzungen liebe ich Barbara wirklich sehr und hoffe – wie gesagt –, daß ich noch einen langen gemeinsamen Weg mit ihr teile!

Seit einem Jahr arbeite ich im Café des MHC als Bedienung. Oft genug ist frau da Seelentrösterin, wenn irgendeineR Probleme hat. Mittwochs mache ich das Frauen/Lesben-Café, das mittlerweile schon einen offenen Stammtisch hat. Wenn ihr in Hamburg seid, dann schaut doch mal rein!

Ich mache Öffentlichkeitsarbeit an Schulen, d. h., ich gehe in den Unterricht – meist mit einem Schwulen zusammen –, und wir stehen Rede und Antwort zum Thema Homosexualität, geben Hilfestellung für Referate, erzählen ein wenig von uns usw. Das macht echt Spaß und ist 'ne gute Sache!

Auch an meiner eigenen Schule gehe ich ganz selbstverständlich damit um, daß ich lesbisch bin.

So sorge ich dafür, daß Literatur über «uns» bereitsteht und habe eine Pinnwand mit Informationen eingerichtet. Zu guter Letzt habe ich grade zusammen mit Barbara und meinen Eltern in einem Dokumentarfilm über junge Lesben/Schwule und ihre Eltern mitgewirkt. Wieder mal Öffentlichkeitsarbeit mit einer großen Portion Idealismus gekreuzt!

Bei meinen Eltern bin ich kürzlich ausgezogen und habe meine eigenen vier

STONER, 18

Wände. Seitdem klappt es etwas besser mit ihnen, und Barbara akzeptieren sie auch. Ich kann jetzt selbständiger leben und lieben, habe für meine Kreativität, die sich im musikalischen Bereich befindet, mehr Raum und überhaupt!

Lesbisch leben ist eine nette Alternative zur Heterosexualität – auf jeden Fall für mich! Würde ich das Angebot bekommen, «normal» zu werden, so würde ich dankend ablehnen! Lieber lesbisch-lebensfroh, als verklemmt und hetero!

4. Kapitel

EIN ENDE MIT DEM VERSTECKSPIEL!

Offen sein

Raus aus'm Versteck

«Du bist gut. ‹Offen sein› und ‹Raus aus'm Versteck›. Wo die ganze Welt gegen uns ist! Prügel werden wir beziehen, wenn wir erzählen, daß wir homosexuell sind und es wie die Karnickel in den Büschen treiben! Lästern werden sie und mit den Fingern auf uns zeigen. Alle Freunde werden uns im Stich lassen. Und meine Eltern erst – ich mag überhaupt nicht dran denken!» Stop. Du magst vielleicht so denken. Verständlich wäre es zumindest. Jeder von uns hat solche Gedanken ge-

habt oder hat sie noch. Wir sind so sehr davon überzeugt, Menschen zweiter Klasse zu sein, daß wir diese Überzeugung nicht mehr in Frage stellen. Wir vergessen allzu leicht: diese Gedanken sind eine Folge unserer Unterdrückung. In Wirklichkeit sind Lesben und Schwule keinen Deut schlechter als Heterosexuelle. Wir haben ein Recht auf uns selbst, auf unsere Liebe und unsere Sexualität. Das vorweg. Und nun laß uns sorgfältig abwägen, was für und was gegen das offene Schwul- bzw. Les-

61

bischsein spricht.

Hör dich einmal um unter Homosexuellen, und du bekommst eine Menge Erklärungen fürs Versteckleben geboten: überzeugende Argumente

MEINE HOMOSEXUALITÄT GEHT NIEMANDEN WAS AN. DAS GEHÖRT NICHT AN DIE ÖFFENTLICHKEIT. ES GEHT AUCH SO.

DIE NORMALEN VERSTEHEN DAS SOWIESO NICHT.

MAN MUSS DIE UMWELT JA NICHT PROVOZIEREN!

IN DEN GROSSEN STÄDTEN GEHT DAS. ABER HIER AUF'M DORF MÜSSTEN WIR SPIESSRUTENLAUFEN.

WAS DAS FÜR EIN GETRATSCHE GÄBE IN DER SCHULE! DIE ZIEHEN DOCH ANDAUERND ÜBER SCHWULE HER UND ERZÄHLEN DAVON, WIE SIE WELCHE VERKLOPPT HABEN.

– auf den ersten Blick. Aber bevor wir uns von ihnen leiten lassen, sollten wir uns genauer damit auseinandersetzen. Homosexualität sei eine Privatsache und gehöre nicht ans Licht der Öffentlichkeit, meint der Herr aus der ersten Zeichnung. Heterosexuelle erzählen schließlich auch nicht jedem, mit wem sie ins Bett gehen.

Ist Homosexualität wirklich Privatsache? Ich meine, nein. Eltern und Tanten, Briefträger und Arbeitskollegen fragen dich beispielsweise, ob du nicht bald mal heiraten oder zumindest eine ‹kleine Freundin› hast. Für sie ist deine Sexualität beileibe keine Privatangelegenheit – ob du das willst oder nicht. Erst recht keine Privatsache ist dein Schwul- oder Lesbischsein. Unbarmherzig zerrt dann deine Umwelt jeden Fitzel deines ‹Privatlebens› an die frische Luft, um sich darüber das Maul zerreißen zu können. Solange Homosexualität unterdrückt wird, solange aus der Unterdrückung von Schwulen und Lesben politisch Kapital gezogen werden kann, solange ist Homosexualität nicht nur Privatsache. Alles andere ist ein Vorwand, um das Ausharren im Versteck zu rechtfertigen. Da ist es viel besser zu sagen: Ja, ich habe schlicht und ergreifend Angst davor, rauszukommen! Ich traue mich nicht, es anderen zu sagen!

Und warum nicht? Warum wollen wir verschweigen, daß wir schwul oder lesbisch sind? Warum kommen wir denn auf die Idee, das dürfe niemand wissen? Weil wir uns schämen, homosexuell zu sein. Weil wir unsere Homosexualität schlecht finden. Positive Eigenschaften oder Leistungen teilen wir unseren Mitmenschen gern mit. Den Führerschein gemacht zu haben oder der Oma täglich die Kohlen hochzutragen – so was erzählt man jedem ohne Umschweife. Wer sagt: «Meine Homosexualität geht niemanden was an», sagt gleichzeitig, daß Homosexualität etwas Schlechtes ist, etwas, dessen man sich zu schämen hat.

In Wirklichkeit gibt es nichts am Schwul- oder Lesbischsein, wofür man einen roten Kopf kriegen müßte! Unsere Umwelt will uns lediglich ein Schamgefühl einimpfen, um uns besser im Verborgenen halten zu können.* Nun gut, die Umwelt mag so denken, wir aber sollten es besser wissen. Deshalb müssen wir aufhören, uns zu schämen. Wie, in drei Teufels Namen, sollen wir sonst ein wahres Bild von uns selbst bekommen? Ich denke, es ist an der Zeit, daß unserer Umwelt die Schamröte

* Warum wir unterdrückt werden und wem das nützt, steht in Kapitel 7

ins Gesicht steigt, weil sie uns so lange unterdrückt hat – diese Scham wäre mehr als gerechtfertigt!

Und was ist mit der Behauptung: «Es geht auch so!» Viele Schwule und Lesben denken das. Mich macht dieser Spruch eher traurig. Er läßt mich an einen Vogel im Käfig denken. Er kennt die Freiheit nicht, hat niemals die Freude am herrlichen Flug über Bäume und Felder empfunden – deshalb kann er sie auch gar nicht vermissen. Natürlich geht es auch so, natürlich kannst du ein Leben lang deine wahren Bedürfnisse vor der Umwelt verbergen. Aber welchen Preis zahlst du dafür?

«Ich war innerlich und äußerlich gespalten. Tagsüber war ich der angepaßte Lehrling, erfand die tollsten heterosexuellen Vorfälle, um mitreden zu können, und nachts trieb ich mich in Parks und Toiletten herum. Meine Freundin, die ich mir zur Tarnung angeschafft hatte, und meine ganzen anderen Freunde hatten keine Ahnung von meinen nächtlichen Streifzügen.» (Michael S., 23) Michael führte das typische Doppelleben von Schwulen und Lesben, die versteckt leben. Dauernd auf der Hut, bloß nichts von seinem zweiten Leben bekannt werden zu lassen, durfte Michael nicht das Risiko eingehen, andere Schwule näher kennenzulernen oder sie gar mit nach Hause zu nehmen. Was hätten die Eltern gesagt, wenn er sich mit einem Freund im Zimmer eingeschlossen hätte? Versteckspielen heißt ständige Angst, unablässige Selbstkontrolle. Kein Umarmen beim Abschied auf dem Bahnhof, kein Hand-in-Hand-Spazierengehen. Es geht auch so?

«Meine größte Sorge ist es, auf irgend eine Art und Weise aufzufallen. Stets bin ich auf der Hut, bloß nichts anders zu machen als die He-

teros, bloß nicht so auszusehen und mich so zu verhalten, wie die Heteros sich eine Lesbe vorstellen. Ständig muß man auf der Hut sein, um sich nicht zu verplappern – ein falsches Wort, und die ganze Fassade könnte einstürzen.» (Anna, 21)

Bist du bereit, immer und ewig deine Gefühle zu verstecken? Bist du bereit, das stressige und einsame Leben eines heimlichen Homosexuellen zu leben? Willst du auch in Zukunft Freunde nur in dunklen Ecken und abgeschiedenen Gettos finden? Dann geht es auch so . . .

Ich jedenfalls bin, nachdem ich beides kenne, nicht mehr bereit, das alles hinzunehmen. Ich kann mich ganz der folgenden Aussage anschließen:

«Das Schlimmste an der Homosexualität ist, es geheim halten zu müssen. Nicht die Schläge, die man manchmal dafür erntet, nicht der Rausschmiß aus der Firma oder der Ärger mit der Polizei, aber das alltägliche Bewußtsein, daß das, was du bist, so schrecklich ist, daß es nicht offenbart werden darf!» (Dieter M., 19)

Wie steht es denn mit der Meinung, man solle die Umwelt nicht provozieren? Sicher, wir werden geduldet, solange wir uns wie alle anderen verhalten. Aber können wir überhaupt vermeiden, unsere Umwelt zu provozieren, die jeden öffentlichen Kuß unter Männern als Provokation ansieht? Provokation heißt Herausforderung. Wenn wir die Menschen um uns herum nicht heraus-fordern aus ihren festgefahrenen Vorurteilen, dann bleibt alles, wie es ist. Vor fünfzehn Jahren gab es manchen öffentlichen Aufstand, sobald sich ein Junge und ein Mädchen auf der Straße küßten. Heutzutage haben sich die Leute daran gewöhnt, und es muß schon ein halber Geschlechtsverkehr stattfinden, um vergleichbare Empörung auszulösen. Warum sollte es uns nicht ähnlich gehen?

Je mehr Homosexuelle sich offen zu ihrer Neigung bekennen, desto eher wird sich die Gesellschaft dran gewöhnen und begreifen, daß Sexualität zwischen Männern oder zwischen Frauen ein Teil der menschlichen Sexualität ist. Was heute Provokation ist, kann morgen weitverbreitet sein!

Mit der Sorge, die Umwelt zu provozieren, hängt auch die Auffassung zusammen, Heterosexuelle würden uns nicht verstehen. Abgesehen davon, daß dies uns nicht daran hindern dürfte, unser Leben nach eigenen Vorstellungen zu leben, halte ich auch diesen Standpunkt für falsch. Es gibt Menschen, die nicht imstande sind, unsere Bedürfnisse zu begreifen – solchen werden wir immer begegnen. Der größte Teil indes ist sowohl in der Lage als auch bereit, uns zu verstehen. Es kommt darauf an, wie wir ihnen dabei behilflich sind. Viele können durchaus nachempfinden, was in uns vorgeht, sobald wir unsere Gefühle schildern, unsere Freude und unsere Trauer. Sie müssen sich nur damit anfreunden, daß diese Gefühle nicht nur gegenüber dem anderen Geschlecht möglich sind. Viele haben selbst homosexuelle Erfahrungen gemacht, nur sind diese Erlebnisse längst von einem schlechten Gewissen verdrängt worden. Wenn wir sie jetzt daran erinnern, wird es ihnen leichter fallen, Verständnis für uns aufzubringen.

Und doch – manchmal kann es, trotz vieler Nachteile, ratsam sein zu schweigen. In einem kleinen Dorf, wo uneheliche Schwangerschaften zum Ausstoß aus der Gemeinschaft führen, wirst du als Homosexueller kaum mit offenen Armen empfan-

gen. Der Film ‹Jagdszenen aus Niederbayern› schildert den grausamen Terror eines ganzen Dorfes gegen einen Schwulen. Falls du ähnliche Konsequenzen befürchten mußt, wäre es reiner Masochismus, den Helden spielen zu wollen. In dem Fall wirst du dich entscheiden müssen, ob du das Versteckspiel akzeptierst oder lieber in eine tolerantere Umgebung ziehst.

Ein anderes Beispiel: Du begegnest auf einer abgelegenen Straße oder im Park einer Horde Halbstarker, die liebend gern ihre überschüssige Energie an einem Schwulen auslassen würden. In dieser Situation sollte man sich ruhig genau überlegen, ob es sich nicht lohnt, dieses eine Mal das Bekenntnis zum Schwulsein zurückzuhalten. Klar, am besten wäre es, standhaft zu bleiben und ihnen ihrerseits eins auf die Nase zu geben, falls sie dir an den Kragen wollen. Sie würden wahrscheinlich höchst erstaunt sein, daß eine von diesen angeblich so feigen Memmen zurückschlägt! Vielleicht klingt dir so eine Reaktion zu brutal, zu überzogen. Sollte man nicht lieber versuchen, Verständnis für unsere Lage zu wecken und durch Überzeugung die Angreifenden zurückzuhalten? Grundsätzlich finde ich das auch gut. Nur sieht die Realität eben anders aus. Da kannst du dann reden soviel du willst, du erntest nur lautstarkes Hohngelächter. Als ich einmal einen Überfall von einigen Jugendlichen erlebte, kam als Antwort auf unsere Worte lediglich: «Halt's Maul, du schwules Drecksschwein!». Dann schlugen sie zu. In diesem Fall wären mutige Fußtritte und gezielte Kinnhaken die einzigen wirksamen Argumente gewesen. So leid es mir tut – das ist nun mal Tatsache in einer Welt, in der Schwule und Lesben, genauso wie Frauen, als schwache

Wesen angesehen werden, mit denen jeder machen kann, was er will. Also müssen wir sie vom Gegenteil überzeugen.

Du meinst, dazu wären wir tatsächlich zu schwach? Bisher vielleicht, aber es gibt ermutigende Zeichen der Veränderung. In Israel z. B. hat eine Gruppe von Schwulen eine jugendliche Bande, die sie überfallen wollte, so verprügelt, daß diese nie wieder auf die Idee kamen, einen Homosexuellen zu belästigen. In den USA gibt es inzwischen sogenannte ‹Lavender Patrols› (Lavendel-Patouillen), selbstorganisierte Streifengänger, die im Falle eines Überfalls Schwulen zu Hilfe kommen. Einzelfälle, gewiß. Aber wer sagt, daß unsere Wut nicht eines Tages so groß werden könnte, daß wir uns nicht länger treten lassen?

Wie sieht es mit dem Offen-sein in der Schule und am Arbeitsplatz aus? Es gibt viele Schwule und Lesben, die ihre Homosexualität zwar generell nicht verbergen, gegenüber Lehrern oder Chefs aber nichts erzählen. Zum Beispiel, weil sie wissen, daß ein Lehrer total schwulenfeindlich ist und ihnen die Abi-Note vermasseln könnte. Oder wenn ihr Chef bereits eine Lesbe oder einen Schwulen rausgeschmissen hat. Alles Gründe, die wohlüberlegt werden müssen, und die dich eventuell zum Verstecken bewegen. Aber ich glaube es ist wichtig, daß wir uns der Nachteile bewußt sind und nach Möglichkeiten suchen, so offen wie möglich zu leben.

Wir sollten uns vielleicht auch öfter mal fragen: Kann ich tatsächlich so sicher sein, daß die Wogen der Aggression über mir zusammenschlagen, sobald ich offen auftrete? Sind es nicht vor allem meine Ängste und bösen Vorahnungen, die mich zurückhalten, und die nicht unbedingt realistisch sein müssen?

Man kann sich ganz schön täuschen! Ich habe die Erfahrung gemacht, daß selbstbewußtes Auftreten als Schwuler erstaunliche Reaktionen hervorruft: Plötzlich werden die Menschen unsicher, ob wir wirklich so miese Typen sind, wie sie immer dachten. Weder habe ich bisher Schläge einstecken müssen, noch habe ich nennenswerte Aggressionen zu spüren gekriegt, seit ich eine Plakette mit der Aufschrift: ‹Jawoll, ich bin auch schwul!› trage. Witzigerweise reagieren viele eher eingeschüchtert als angriffslustig.

Es ist doch so, daß zahlreiche Leute eigentlich nichts gegen Schwule und Lesben haben, sondern einfach glauben, was sie in den Medien vorgesetzt bekommen und was die Nachbarn tuscheln. Konfrontiert mit einem realen Homosexuellen, sind sie durchaus bereit, ihre Überzeugung zu ändern. Bei einer Untersuchung über Lesben berichteten über 70 % von ihnen, daß ihre Homosexualität meist vorbehaltlos akzeptiert wurde, wenn sie offen lebten. Dieselbe Erfahrung habe ich auch gemacht.

Was meinst Du, welch tolles Gefühl das ist, nach all den Ängsten letztlich doch respektiert zu werden! Sich nicht mehr verstecken zu müssen, verändert dich total! Du kannst mit einem Mal in jeder Situation du selbst sein. Keine Verschwendung von Energien mehr, um deine heterosexuelle Charaktermarke aufrechtzuerhalten. Keine Unsicherheiten mehr darüber, ob deine Freunde dich noch mögen würden, wenn sie dein wahres Ich kennen. Ständiges Verstecken fördert gewiß manch verborgenes Schauspielertalent, aber kein schwules oder lesbisches Selbstbewußtsein.

Seit ich als offen Schwuler für die Studentenvertretung kandidiert ha-

be, weiß jeder an dem Bereich Psychologie der Hamburger Uni über mich Bescheid. Schwulsein wird als ein Teil von mir akzeptiert. Niemand findet es merkwürdig, wenn ich mit einem Mann Arm in Arm auf dem Flur stehe oder in der Mensa einen Freund mit Kuß begrüße. Du glaubst gar nicht, wie herrlich das ist! Wer das einmal erlebt hat, möchte nicht mehr zurück ins verlogene Schneckenhaus.

Aber nicht nur du selbst profitierst von deinem Offensein. Du machst damit anderen Mut, läßt sie miterleben, wie angenehm es ist, sich nicht länger verstecken zu müssen. Gleichzeitig sorgst du dafür, das in der Öffentlichkeit bestehende schiefe und unrichtige Bild von uns abzubauen und die – Vorurteile zu beseitigen – wer keine Lesben kennt, hält sie ungestört weiterhin für männermordende Flintenweiber und Schwule für speicheltropfende Greise. Erst durch unser offenes Verhalten bekommen andere Gelegenheit, festzustellen, wie erfrischend Tunten und kesse Väter sein können.

Als versteckt lebender Homosexueller mußt du dich hüten, für Schwule oder Lesben einzutreten – man würde dich sofort verdächtigen, selbst einer zu sein. Ergebnis: Leugnen und noch besseres Verstecken. Offene Homosexuelle haben dies Problem nicht. Wenn jemand bei mir an der Uni etwas Schwulenfeindliches von sich geben würde, bekäme er es nicht nur mit mir zu tun, sondern ihm wäre zusätzlich Zoff von meinen Mitstudent(inn)en sicher – seien sie nun heterosexuell oder selbst homosexuell.

Ein weiterer Vorteil ist, daß du keine Angst mehr zu haben brauchst, Schwulen- oder Lesbengruppen zu gründen oder in eine zu gehen. In der Gruppe können wir uns gegenseitig helfen, können gemeinsam an die Öffentlichkeit gehen und anderen zeigen: Wir haben keine Angst mehr!

Nicht nur den Mitmenschen, die sich ihres Schwul- oder Lesbischseins schon bewußt sind – wie immer sie auch damit leben – helfen wir damit. Wichtig ist das offene Auftreten auch für Kinder und Jugendliche. Haben wir nicht selbst enorm darunter gelitten, daß wir niemanden hatten, mit dem wir uns identifizieren konnten? Alle um uns herum schienen anders zu sein als wir. Hätte ich als Vierzehn- oder Fünfzehnjähriger gewußt, daß diese Politikerin lesbisch, jener Popsänger schwul, diese Sportlerin und jener Wissenschaftler genauso wie ich veranlagt sind – ich glaube, es hätte mir bannig gut getan! So hatte ich immerzu ausschließlich die unangenehmsten Vorstellungen im Kopf, mit denen ich mich keinesfalls identifizieren konnte. Na ja, wie sagte ich am Schluß des letzten Kapitels: Wir brauchen viele offene und offensive Homosexuelle!

Ich kann mir eigentlich nicht denken, daß du so allgemein diesen Wunsch nicht mit mir teilst. Das Problem ist wohl eher, wie man dies für sich selbst verwirklichen kann. Es ist ein Riesenunterschied zwischen der Einsicht und dem tatsächlichen Tun. Obwohl ich nun wirklich seit Jahren

ziemlich offen auftrete, mein Name in Zeitungsberichten stand und ich im Rundfunk interviewt wurde, passiert es mir immer noch, daß sich die tiefsitzenden Ängste melden. Ob es die nette Nachbarin ist, die vielleicht nicht mehr so freundlich sein könnte, oder die früheren Mitschüler, die mich möglicherweise ablehnen, wenn sie von meinem Schwulsein wüßten.

Nehmen wir mal an, du hast zwar Angst, willst sie jedoch überwinden und dich nicht länger verstecken. Klasse! Es kann dir niemand versprechen, daß du nicht auch mal Ärger kriegst oder sogar einige Nachteile davon hast. Aber aufs Ganze betrachtet lohnt es sich schon.

Wie kannst du nun deine Absicht verwirklichen? Schließlich kannst du dich nicht vor die Klasse hinstellen und sagen: «Ich habe eine Mitteilung zu machen. Ich bin homosexuell.» Oder im Wunschkonzert durchs Radio verkünden lassen: «Rudolf Meier aus Waldburg grüßt alle seine Freunde und läßt ihnen ausrichten, daß er schwul ist. Für ihn spielen wir jetzt: ‹Ich will keine Schokolade, ich will lieber einen Mann›.» Zweifellos ungewöhnliche Wege,

um an die Öffentlichkeit zu gehen. Überlegen wir uns besser ein paar realistische Möglichkeiten. Ein Gespräch unter vier Augen ist da eine gute Gelegenheit. Falls bisher niemand von deiner Homosexualität weiß, wird dir dieser Weg der schwierigste scheinen. Bei meinem erstenmal, meine Güte, was hatte ich für einen Schiß! Ich bekam eine Gänsehaut, wenn ich nur daran dachte. Ich wollte es meinem besten Freund erzählen. Die Kehle war mir wie zugeschnürt und ich brachte kein vernünftiges Wort heraus. Wir redeten übers Wetter, über die Schule, die doofen Lehrer, und ich wußte einfach nicht, wie ich endlich zum Thema kommen sollte. Meine Hände waren schon klatschnaß, als ich schließlich meinte, daß ich ihm was mitteilen wollte. In diesem Augenblick kriegte ich plötzlich wieder so eine Angst, daß ich es dann doch nicht rausbrachte und sagte, es wäre auch gar nicht so wichtig, da könnten wir auch ein andermal drüber sprechen.

Einige Tage später hielt ich es doch nicht mehr aus. Nach langem Rumdrucksen gestand ich ihm, daß ich wohl nie so richtig was mit Mädchen machen wollte, sondern hauptsächlich Männer anziehend finden würde. Während ich noch völlig schuldbewußt zu Boden blickte, guckte er mich ziemlich unbekümmert an und fand nicht im mindesten etwas Schlimmes daran. Erleichtert sah ich auf, blickte ihm in die Augen und fühlte einen Stein von meinem Herzen fallen. Geschafft! Und er fand das längst nicht so katastrophal wie ich, seltsam ...

Nach dieser Erfahrung fiel es mir leichter, mich anderen zu offenbaren. Um ehrlich zu sein, am liebsten hätte ich es sofort allen Menschen erzählt. Oder es mit einem Flugzeug an den Himmel geschrieben: «Hey, ich bin schwul!»

Ganz so lief es in Wirklichkeit doch nicht. Gerade bei Verwandten oder Freunden, die mich lange kannten, kriegte ich schnell wieder die Horror-Vorstellungen, sie würden nicht mehr mit mir sprechen, mich links liegen lassen und so. Nee, ich kann nicht behaupten, es wäre leicht gewesen. Trotzdem, jetzt bin ich saufroh drüber, es getan zu haben.

Wie sagt man/frau es denn am besten? So wie ich es beim erstenmal getan habe, ist es nicht gerade das Optimale. Ich war überzeugt, daß mein Schwulsein was Minderwertiges ist, und genau dies zeigte ich auch. Nach dem Motto: Ich bin zwar schwul, aber du magst mich doch trotz dieses Fehlers noch, ja? Verdammter Mist! Wir brauchen uns nicht zu entschuldigen und um Gnade zu betteln! Ich hoffe, es gelingt dir, das im Hinterkopf zu behalten. Vielleicht gelingt es dir, einen entsprechend selbstbewußten Eindruck zu machen. Aber bestimmt wirst du auch, je öfter du dein Schwul- oder Lesbischsein offenbarst, selbstsicherer. Die Routine machts. Du brauchst ja das Gespräch nicht damit beginnen, direkt über deine Homosexualität zu reden. Vielleicht ist es einfacher, erst mal ein paar Hinweise fallenzulassen: Irgendeine Bemerkung über Homosexualität machen und beobachten, wie dein Gegenüber reagiert. Oder ein Buch über Schwule bzw. Lesben rumliegen lassen, so daß die Unterhaltung ‹zufällig› auf das Thema kommt. Ein Film über Homosexuelle im Fernsehen oder Kino ist ebenfalls ein guter Ansatz für das Gespräch, wieso das dich besonders betrifft.

«Hast du immer noch keine Freundin?» Solche Fragen kriegst du sicher alle Nase lang zu hören. Wie wär's, wenn du diesen Moment nutzt, um zu antworten: «Nein, aber ich habe einen Freund. Ich bin nämlich schwul.» Zugegeben, das geht wohl nur, wenn die ersten Hemmungen schon überwunden sind.

Wem du's erzählst und wann, mußt du selbst entscheiden. Bei manchen ist es einfacher, bei anderen verflucht schwer. Mitunter braucht jemand einige Zeit, um deine Mitteilung zu verdauen. Die meisten werden dennoch froh sein, daß du ihnen vertraut hast und deine Homosexualität nicht länger verschweigst. Oft ist das der Ausgangspunkt für weit bessere und ehrlichere Freundschaften als vorher.

Und wenn nicht? Wenn jemand so geschockt und abgestoßen ist, daß er nichts mehr mit dir zu tun haben will? Das tut weh und doch weißt du dann immerhin: Er ist es, der auf dem falschen Dampfer ist. Es sind seine Probleme, mit denen er fertig werden muß. Sei nicht zu traurig, sondern suche dir Freunde, die dich so akzeptieren, wie du wirklich bist.

Der große Psycho-Test

Bist du Schwul?

(Nur für Männer)

1. Wie ist das Verhältnis zu deiner Mutter

Miserabel	1 Punkt
Recht gut	3 Punkte
Wir lieben uns und sind unzertrennlich	10 Punkte

2. Wie oft schaust du am Tag in den Spiegel?

Nie	1 Punkt
Ein- bis zweimal	2 Punkte
Jedesmal, wenn ich an einem vorbeikomme	7 Punkte

3. Was machst du, wenn dich jemand auf der Straße anpöbelt?

Ich laufe schnell weg	10 Punkte
Ich gucke ihn böse an	4 Punkte
Ich haue ihm eins in die Fresse	1 Punkt

4. Kannst du auf zwei Fingern pfeifen?

Ja	2 Punkte
Nein	8 Punkte

5. Wie hältst du eine Teetasse?

Keinen Finger abgespreizt	1 Punkt
1 Finger abgespreizt	5 Punkte
2 Finger abgespreizt	10 Punkte
3 Finger abgespreizt	15 Punkte
4 Finger abgespreizt	Wie machst du das? 20 Sonderpunkte!

6. Wie gehst du?

Wie John Wayne	1 Punkt
Wie Marilyn Monroe	15 Punkte

7. Wann warst du das letzte Mal in der Oper?

Gestern	15 Punkte
Letzte Woche	10 Punkte
Letzten Monat	5 Punkte
Was ist das, ‹Oper›?	0 Punkte

8. Wie oft wechselst du die Partner?

Ich bin absolut treu	1 Punkt
Einmal im Jahr	3 Punkte
Einmal im Monat	5 Punkte
täglich	25 Punkte
mehrmals täglich	Hast du überhaupt keine anderen Interessen? 50 Punkte

9. Gibst du viel Geld für Kleidung aus?

Fast mein ganzes Gehalt	15 Punkte
Ziemlich viel Geld	10 Punkte
Nur wenig	3 Punkte

Ergebnis

10 Punkte: Du hast geschummelt! Willst wohl nicht schwul sein, was? Das Mindestergebnis ist 11 Punkte.

11 Punkte: So was von heterosexuell! Tut das weh?

12–25 Punkte: Du bist heterosexuell. Tut mir leid. Aber wenn du dir etwas Mühe gibst, wer weiß...

26–50 Punkte: Unentschieden! Du weißt wohl nicht, was du willst?

51–100 Punkte: Du bist schwul, da ist jeder Irrtum ausgeschlossen. Übrigens: wie gefällt dir das Buch?

101–149 Punkte: Du hast das Schwulsein erfunden! War eine gute Idee!

150 Punkte: Mein Gott, so schwul kann doch gar keiner sein!

5. Kapitel

Soll man's den Eltern sagen? Soll man ihnen verkünden, daß man einer von denjenigen ist, vor denen sie einen immer bewahren wollten? Soll man ihren Zorn, ihre Abwehr, ihren Schmerz in Kauf nehmen?

«Es war für mich ganz wichtig, daß meine Eltern das wußten, weil ich es nicht fertigbringen würde, ihnen das zu verheimlichen. Es ist mir auch wichtig, mit ihnen über meine Homosexualität zu reden, so daß ihnen klar wird, was mit mir los ist. Mir hat es am Anfang ziemlich geholfen, mit ihnen darüber sprechen zu können, weil sie es relativ gut aufgenommen haben.» (Bernhard P., 17).

«Meine Mutter hätte gezetert, wie verdorben ich sei, daß das ‹unnormal› wäre und wie ich ihr das antun könne. Sie würde nie kapieren, daß ich als Lesbe glücklich bin und so leben möchte. Meinem Vater könnte ich es erst recht nicht sagen, der würde einen Tobsuchtsanfall kriegen und mich achtkantig vor die Tür setzen.» (Gabi B., 23)

«Warum ist es so wichtig, wenn Eltern alles über meine Beziehungen zu Männern wissen? Mein Vater ist tot und ich möchte meiner Mutter den Kummer ersparen. Sie ist sehr labil, und ich will Rücksicht auf sie nehmen. Die Belastung, es zu wissen, wäre für sie größer, als die Belastung für mich, wenn ich es verheimliche.» (Lutz T., 24)

«Mein Verhältnis zu meiner Mutter ist, seitdem sie weiß, daß ich schwul bin, viel besser und intensiver geworden. Ich kann mit ihr inzwischen unheimlich gut zum Beispiel auch über Sexualität reden, über ihre Ehe, und über meine Beziehungen zu Männern.» (Michael D., 19)

Vier Aussagen, begründet mit Erfahrungen, oder mit Befürchtungen. Michael und Bernhard sind gut damit gefahren, es ihren Eltern zu sagen. Gabi und Lutz halten es für unnötig oder zu riskant, den Eltern ihre Homosexualität zu offenbaren. Befragt man eine größere Gruppe von Schwulen und Lesben, ob ihre Eltern Bescheid wissen, dann ergibt sich folgendes Bild: bei den Lesben wissen 44 % der Mütter und 32 % der Väter, daß ihre Tochter homosexuell ist*. Bei den Schwulen sind es 39 % der Mütter und 21 % der Väter**. Über die Hälfte aller Homosexuellen beantwortet die oben gestellte Frage also mit nein.

Ich finde das schade. Offen homosexuell zu sein ist eine der besten Voraussetzungen für ein gesundes Selbstbewußtsein und die Chance, sich in seiner Haut wohl zu fühlen. Aber meine Meinung kennst du ja aus den vorausgegangenen Kapiteln, ich will hier die Argumente fürs Offensein nicht nochmals anführen. Und zum wirklich unbeschwerten Offensein gehört auch, daß deine Eltern informiert sind. Hinzu kommt, ob wir wollen oder nicht, daß die Meinung unserer Eltern für unser Selbstwertgefühl eine nicht zu unterschätzende Rolle spielt. Je mehr Kontakt wir zu ihnen haben, vor allem, solange wir noch bei ihnen wohnen, desto mehr betrifft uns das, was sie von uns denken. Es ist ungemein erleichternd, wenn das Geheimnis gelüftet ist – dann ist es ihr Problem, wie sie damit klarkommen. Wir können uns auf die Schultern klopfen und sagen: «Zumindest versucht hab ich es!»

Vielleicht bin ich deshalb so gegen das Versteckspiel bei den Eltern, weil ich selbst im Endeffekt positive Erfahrungen mit der Offenlegung meines Schwulseins gemacht habe. Als ich es meinen Eltern erzählte, wohnte ich noch bei ihnen. Ich hockte viel zu Hause, habe massenhaft Bücher gelesen, Musik gehört und so weiter. Ging ich mal zum Tanzen oder mit Freunden abends weg, dann war ich immer spätestens um 24 Uhr wieder daheim. Nie habe ich

meinen Eltern von meinen geheimen Sehnsüchten erzählt, die mir Tag und Nacht durch den Kopf schwirrten. Sexualität an sich war nicht tabu, aber außer einer grundsätzlichen bejahenden Einstellung war in unserer Familie der Sex nicht gerade ein übliches Gesprächsthema. Natürlich habe ich ihnen nichts davon erzählt, daß ich es im zarten Alter von fünfzehn Jahren mit einem Mann in einer nahegelegenen Badeanstalt getrieben habe. Und natürlich habe ich nichts davon gesagt, daß ich mir bei einer Fahrt nach Dänemark ein Heft mit Aktfotos von Männern mitgebracht hatte.

So ging das, bis ich neunzehn war. Meine Homosexualität hatte ich praktisch vier Jahre zwischengelagert, aber nun wollte ich mehr. Während meine Eltern weit weg im Urlaub waren, sagte ich mir: «Jetzt oder nie. Lieber schwul als gar nichts.» Ich ging in ein schwules Lokal, lernte dort Jörg kennen, blieb bei ihm über Nacht und schlief bei/mit ihm. Total happy, mich nun endlich zum Schwulsein durchgerungen zu haben, ließ ich mich von Jörg überzeugen, daß es besser sei, wenn ichs meinen Eltern sage. Ich hätte sonst auch nicht gewußt, wie ich ihnen anders erklären soll, daß ich samstag abends gegen 22 Uhr losdüse (vorher war in den Schwulbars nix los) und neuerdings über Nacht wegbleibe. Auch wollte ich nicht, daß sie es mal durch Zufall erfahren und dann traurig sind, weil ich es ihnen nicht anvertraut habe.

Zwei Tage später kamen sie aus dem Urlaub zurück, und gleich am ersten Abend habe ich es dann meiner Mutter erzählt. So ganz glauben wollte sie es zwar nicht, weil ich mich ja öfters mit Mädchen angefreundet hatte. Sie dachte, ich wäre wohl bi. Aber sie hat mich dann ganz fest in

*Schäfer/Schmidt, S. 38 unveröffentlichtes Manuskript, 1973

** Dannecker/Reiche, Der gewöhnliche Homosexuelle, Frankfurt 1974, S. 200.

die Arme geschlossen, und ich war froh, daß sie es wußte. Ein paar Tage später sprach sie mit meinem Vater darüber und hinterher wir alle zusammen. Es schien so, als ob sie vor allem Sorgen um meine Zukunft hätten. Ein Onkel von mir ist schwul, und der kommt damit überhaupt nicht klar. Ein total verpfuschtes Leben und nicht die mindeste Aussicht auf ein glückliches Schwulsein standen meinen Eltern als abschreckendes Beispiel vor Augen. Lange Diskussionen waren nötig, und viel Zeit verstrich, bis es dahin kam, wie es heute ist. Meine Eltern akzeptieren und respektieren meine Homosexualität, setzen mich in keiner Weise unter Druck, sondern unterstützen mich. Meine Freunde sind für sie nicht weniger akzeptabel als die Freundinnen meines Bruders. Unsere Gespräche sind viel offener geworden, vor allem über Sexualität und Beziehungen kann ich mit ihnen inzwischen frei und ohne Schwierigkeiten reden. Dies alles hat mir geholfen, zu meinem Schwulsein zu stehen. Meinem angeknacksten Selbstbewußtsein hat es wirklich gut getan, zu wissen, daß sie mich so lieb haben, wie ich bin. Ich weiß jetzt, daß ich mit allem zu ihnen kommen kann.

Leicht ist es trotzdem nicht gewesen, das kann ich versichern. Am Anfang haben meine Eltern ganz schön dran zu knacken gehabt. Als mich mal ein Freund besuchte, durfte der nicht bei mir im Zimmer schlafen, da mein Vater nicht wollte, daß ‹so was› in seiner Wohnung passiert. Wir mußten uns mit dem Gästezimmer im Keller begnügen. Ich glaube, heute würde er das ein wenig anders sehen. Trotz meiner guten Erfahrungen glaube ich nicht, daß es eine allgemeingültige Antwort gibt auf die Frage: Soll man oder soll man es

nicht den Eltern sagen. Das muß jeder für sich individuell beantworten. Wichtig ist dabei, was für Leute deine Eltern sind. Es gibt bestimmte Dinge, die man bei Eltern berücksichtigen muß, falls man es ihnen sagen will.

Fast alle Eltern haben einen Haufen Vorurteile über Homosexuelle, wie der Rest der Bevölkerung auch. Dieser ganze Mist kommt ihnen natürlich in den Sinn, wenn du von deinen homosexuellen Bedürfnissen erzählst: «Homosexualität ist unnatürlich», «Schwule sind krank», «Lesben haben nur noch nicht den richtigen Mann gefunden» und so weiter. Sind deine Eltern insgesamt eher vorurteilsfrei und begegnen selbst Fremden mit Interesse und Zuneigung, dann ist das eine gute Voraussetzung. Damit ist allerdings nicht garantiert, daß sie deine Nachricht mit Freuden aufnehmen – irgendwas von dem unwissenschaftlichen Quatsch, der so verbreitet wird, ist sicher hängengeblieben.

Der größte Teil der Eltern hat sowieso kaum Ahnung von Homosexualität. Ihr Wissen ist auf Grund der allgemeinen Tabuierung extrem gering. Ihr Bild setzt sich zusammen aus Vorstellungen über die ‹weibischen› Schwulen, aus Berichten über Verbrechen und Erpressungen von Homosexuellen sowie ein paar Ahnungen über schwulen Strich: «Meine Eltern hatten die Lesemappe abonniert, und da sind ja so Zeitschriften wie ‹Quick›, ‹Neue Revue›, ‹Praline› und ‹Bunte› drin. Mir lief es kalt den Rücken runter, wenn ich mir vorstellte, daß all die abscheulichen Sachen, die da zu lesen sind, ihr Wissen von Schwulen und Lesben darstellte! Und das alles, all die Vorurteile, Perversitäten und Gemeinheiten, übertrugen sie nun auf meine Person. Aber was hatten diese Lügen und schwachsinnigen Behauptungen mit mir und den Homosexuellen zu tun, die ich kannte?» (Helmut K., 19)

Die Mutter eines Schwulen berichtet ähnliches: «Ich könnte kaum sagen, daß ich auch nur das mindeste über Homosexuelle wußte. Höchstens das, was die Zeitungen schrieben. Ich habe nie darüber nachgedacht. Wir haben nie über so was gesprochen.» (Hilde S., 47)

Hier liegt eine der wesentlichen Schwierigkeiten. Homosexuelle sind nach Informationen der Eltern Kranke, Verbrecher oder Perverse. Kein Wunder, daß sie einen Schreck kriegen, sobald du ihnen offenbarst, daß sie so ein angebliches Monster großgezogen haben. Dazu kommt, Eltern glauben meist, gar keine Schwulen oder Lesben zu kennen: «Also eines ist sicher: meine Eltern hatten keine Ahnung, wie Homosexuelle aussehen! Wenn man sie gefragt hätte, ob sie jemals in ihrem ganzen Leben eine Lesbe getroffen haben, da wäre mit dem Brustton vollster Überzeugung gekommen: Nein, noch nie! Die waren so blind!» (Susanne B., 20)

Sicher, es gibt auch die, welche Homosexuelle kennen und genau zu wissen glauben, wie die sind. Indes entspricht dieses Wissen selten der Realität, weil sie nur die als lesbisch oder schwul wahrnehmen, die in ihr Klischee passen.

Und es gibt Eltern, die einige Homosexuelle näher kennen und nicht so ganz durch die gängigen Vorurteile beeinflußt sind. Das wäre natürlich eine weitere positive Bedingung für dein Vorhaben. Eine andere Schwierigkeit ist, das oft reichlich verklemmte Verhältnis der Älteren zu Sexualität generell und ihrer eigenen im besonderen. Unsere Eltern

sind zu einer Zeit aufgewachsen, in der man einfach nicht über das sprach, was sich im Bett abspielte. Sex gehörte nur in die Ehe und diente weniger der Lust als der Fortpflanzung. Diese Erziehung ist nur schwer abzuschütteln: «Ich finde den sexuellen Aspekt widerwärtig. Wenn ich an Homosexualität denke, dann denke ich an den sexuellen Aspekt. Es ist unnatürlich und ekelhaft. Mir dreht sich der Magen um, wenn ich mir vorstelle, daß mein Sohn so etwas Abscheuliches macht.» (Karin M., 52)

‹Ich kann nicht behaupten, ich sei angenehm berührt von der Tatsache, daß Regina lesbisch ist. Es tut mir leid, aber es geht nicht. Meine Generation sieht die Dinge anders, als man es heute tut. Ich weiß, es ist altmodisch, aber ich bin eben so. Es ist alles so neu für uns, für meinen Mann und mich. Wir mußten über diese Dinge nie nachdenken . . .» (Elke K., 60)

Du mußt in deine Überlegungen einbeziehen, wie deine Eltern über Sexualität denken. Das wird dir bekannt sein. Sie äußern gewiß manchmal ihre Meinung über ‹die heutige Moral› oder ähnliches. Ganz schlimm ist es, falls sie einerseits eine recht strenge Sexualmoral nach außen vertreten, aber insgeheim laufend gegen dieselbe verstoßen. Ein Vater, der regelmäßig in den Puff rennt, aber zu Hause mit erhobenem Zeigefinger Enthaltsamkeit von Jugendlichen fordert, wird dir arge Schwierigkeiten machen. Vielleicht hat er gar in der Pubertät selbst mit anderen Jungen Sex gehabt und verurteilt vor lauter Schuldgefühlen im nachhinein diese ‹Schandtaten› aufs energischste.

Glücklicherweise gibt es auch Eltern, die Sexualität für eine schöne Sache halten und nichts dagegen ha-

ben, daß ihre Kinder sie ebenfalls genießen können (doch, die gibts!). Solche Eltern werden dich und deine Bedürfnisse nach Zärtlichkeit auch dann eher akzeptieren, wenn sie einen vom gleichen Geschlecht ausgehenden Reiz nicht nachempfinden können. Eine Mutter, die ich kennenlernte, las sogar schwule Pornos, um mehr über Sexualität unter Männern zu erfahren.

Das dritte Problem sind – die Nachbarn. Es wird dir nichts Unbekanntes sein, daß sich Eltern bei allen möglichen und unmöglichen Dingen danach richten, was die Leute auf der Straße oder in der Nachbarschaft denken mögen: «Schrei nicht so laut, die Meiers nebenan gucken schon immer ganz komisch», oder: «In dem Aufzug kann man sich mit dir ja nicht mehr auf die Straße trauen!» Wir werden in ein Korsett gespannt, dessen Enge und Weite von der Meinung der Umwelt abhängt. Oder besser, von der erwarteten Meinung. Wenn nun die Nachbarn erführen, daß du homosexuell bist – nicht auszudenken! Deine Eltern befürchten, von den lieben Nächsten als erzieherische Versager angesehen zu werden. Genau das gleiche mit den Verwandten. Tante Lieselotte könnt euch alle aus dem Testament streichen. Ob unbegründet oder nicht, mit diesen Ängsten mußt du einfach rechnen und dich wohl auch auseinandersetzen.

Als ich mit meinen Eltern das erste Mal über mein Schwulsein sprach, war das Wichtigste für sie, was dadurch aus meinem weiteren Leben wird. Dies ist ein weiteres Problem, was bedacht werden muß. Die meisten Eltern möchten, daß es dir gut ergeht. Homosexualität bedeutet für sie ständige Diskriminierung, Ausgestoßensein aus der Gesellschaft, Einsamkeit im Alter:

«Als Eltern möchte man das Beste für sein Kind. Ich habe Angst, daß mein Sohn ausgelacht oder herumgestoßen wird. Homosexuelle haben so viele Probleme, und das Leben kann sehr schwer sein.» (Marianne S., 49)

Sie wollen uns vor den Problemen bewahren – und suchen die Rettung in der falschen Richtung. Sie denken, du brauchst bloß heterosexuell zu werden, und schon wird dein Leben leichter (als ob Heterosexualität an sich schon das große Los wäre!). Sie begreifen oft nicht, um wievieles unglücklicher das Leben eines Homosexuellen ist, der seine sexuellen Bedürfnisse unterdrückt und sich statt dessen zu heterosexuellen Beziehungen zwingen läßt. O. K., du verstehst, daß es ihnen um dein Wohlergehen geht und sie einige Zeit brauchen, um in Homosexualität auch etwas Positives zu entdecken, und sie müssen kapieren, daß du selbst am besten weißt, was für dich gut ist.

Und dann ist da noch die Sache mit der Nachkommenschaft:

«Die Zukunft sieht jetzt etwas anders aus. Wir sind sehr enttäuscht, weil wir uns so auf Enkelkinder gefreut haben. Dirk ist unser einziger Sohn, und wir wissen jetzt, daß wir niemals Großeltern sein werden.» (Margarete L., 54)

Für nicht wenige Eltern sind die kleinen Enkel, die Oma und Opa ein bißchen Sonnenschein ins Rentnerdasein bringen, fast lebensnotwendig. Ich finde, man darf niemandem diese Wünsche und Bedürfnisse absprechen. Ich kann die dahinterstehende Hoffnung auf Freude im Alter durchaus nachempfinden. Sie darf allerdings kein Grund sein, jetzt aus Rücksicht auf die Eltern zur Kinderproduktion zu schreiten. Wie bei allen anderen Sorgen und Gedanken ist es eben nötig, darüber zu reden und gemeinsam Lösungen zu suchen (z. B. 'ne Patenschaft oder so was). Alles zusammen zeigt: den Eltern zu erzählen, daß man schwul oder frau lesbisch ist, kann eine gehörige Kraftanstrengung bedeuten. Wie schlimm es ist, hängt ganz davon ab, was für Menschen deine Eltern sind. Einige geraten in Wut und schmeißen dich raus. Viele schlucken es, sind traurig und deprimiert, aber wollen nichts weiter damit zu tun haben. Nicht wenige Eltern jedoch akzeptieren die Homosexualität ihrer Kinder nach und nach.

Ich habe vorhin erzählt, welche Erfahrungen ich selbst gemacht habe. Weil diese nicht unbedingt repräsentativ sind, möchte ich ein paar weitere Beschreibungen von Schwulen zitieren, wie sie es ihren Eltern erzählt haben, und wie es ihnen erging.

Schlimm war es bei Mike:

«Bei mir ist das durch 'ne ganz komische Sache rausgekommen. Ich war neunzehn, da bin ich eines Abends mit 'ner Freundin in eine Discothek gegangen. Dazu hatte ich mich unheimlich toll zurechtgemacht, geschminkt und ganz ausgefreakt angezogen. Als ich abends die Schminke wieder abgemacht habe, hat mich meine Mutter dabei gesehen. «Wirst du jetzt Transvestit, oder was?» fragte sie. Da bin ich aber nicht drauf eingegangen, weil ich noch wieder weg wollte.

Ich bin dann erst am nächsten Tag mittags zurückgekommen. Meine Mutter war völlig aufgeregt und mein Vater faselte so ganz hintenrum was von ‹Leuten dieses Kalibers› und so. Es kam also raus, daß er vermutete, daß ich schwul sei. Meine Mutter hatte ihm wohl was erzählt, von der Schminke, und daß ich immer Broschen trage. Ich habe dann gesagt, warum er nicht offen

sagt, was er denkt, nämlich daß ich schwul bin. Darauf fing meine Mutter an zu heulen und mein Vater tobte durchs Zimmer: Das käme gar nicht in Frage, so was sei pervers und wenn das stimme, wäre ich nicht mehr sein Sohn. Ich meinte, nur, daß ich eben so sei und es auch bleiben wolle, worauf er vollends austickte und mir ins Gesicht schlug. Aus Wut und Schmerz fing ich auch an zu heulen. Es war absolut die Hölle!» (Mike R., 21)

Die Situation wurde von da an so unerträglich, daß Mike von zu Hause wegzog. Besser lief es in dem folgenden Fall:

«Ich habe es meinen Eltern erst gesagt, als ich schon in München studierte. Sie waren zu Besuch da und ich war gerade so verliebt und platzte einfach damit heraus. Zuerst saßen sie sprachlos da und guckten entgeistert aus der Wäsche. Dann brach meine Mutter das Schweigen: So was hätte sie sich schon gedacht und ob man was dagegen machen könne, es gäbe doch gute Psychiater. Ich antwortete, daß ich das nicht wolle, das hätte auch keinen Sinn. Nach und nach kamen dann die ganzen Hämmer raus: Das sei unnatürlich, eine Sünde und diene nicht der Fortpflanzung. Mein Vater meinte, man könne ihm einen nackten Mann auf den Bauch schnallen, da würde nichts ablaufen. Ich dachte, meine Ohren rollen sich ein, was die alles von sich gaben! Es war ein wahnsinniges Wortgefecht und wir alle waren hinterher total geschafft. Inzwischen hat sich ihre Einstellung aber geändert, weil wir viel darüber geredet haben.» (Bernd K., 23)

Im Endeffekt positiv, aber vor allem überraschend verlief es bei Heinz:

«Nachdem meine Freundschaft mit Roland in die Brüche gegangen war, wollte ich mit jemandem, dem wirklich an mir liegt, über meine augenblicklichen Gefühle sprechen. Was lag näher, als übers Wochenende zu meinen Eltern zu fahren? Zwei Tage lang versuchte ich, irgendeinen Anfang zu finden – vergeblich. Nie schien der ‹richtige› Moment da zu sein, um ihnen zu sagen: ‹Mir geht's dreckig, weil mein Freund mich verlassen hat.› Statt dessen gab ich vor, mir Sorgen um einen neuen Job zu machen. Resigniert reiste ich wieder ab.

Zwei Wochen später ging es mir schlechter denn je. Ich rief meine Mutter an und fing am Telefon an zu weinen. Sie fragte völlig verzweifelt:

‹Was ist los mit dir, Heinz? Vater und ich spüren doch, daß du Probleme hast! Was ist es?› Ich brachte es immer noch nicht raus. ‹Aber wir wollen dir doch so gern helfen! Wir sind vollkommen durcheinander, weil wir nicht wissen, wie.› Es gab eine lange Pause. Und dann meinte sie: ‹Darf ich dich etwas fragen?› Ohne auf eine Antwort zu warten, sagte sie: ‹Hast du Liebeskummer?› Ich gab zu, daß es genau das war. ‹Ist es wegen eines Jungen? Bist du homosexuell?›

Sie hatte es gewußt! Irgendwie muß sie gespürt haben, was in mir vorging. Meine Schwärmereien für

WENN DU DEINE MUTTER NOCH LIEB HAST, HÖRST DU SOFORT MIT DEM SCHWEINEKRAM AUF UND WIRST EIN RICHTIGER MANN WIE DEIN BRUDER!

Klassenkameraden hatten sie aufmerksam werden lassen. Später, wenn ich von meiner Wohngemeinschaft erzählte, fiel ihr auf, daß ich besonders oft einen Jungen in meiner WG erwähnte, den Roland. Schon damals versuchte sie mit versteckten Hinweisen, mich dazu zu bringen, ihr alles zu sagen. Aber ich Idiot hatte nichts geschnallt!

Noch am selben Abend fuhr ich zu ihnen raus. Sie holten mich am Bahnhof ab und wir lagen uns lange in den Armen. Ich erinnere mich noch genau daran, was mein Vater sagte: ‹Heinz, wir lieben dich noch genauso wie vorher, und wir sind froh, daß du uns vertraust.» (Heinz F., 23)

Drei sehr unterschiedliche Fälle, drei von Tausenden. Drei mögliche Ergebnisse des Versuchs, Eltern einzuweihen. Was glaubst du, wie werden deine Eltern reagieren? Werden sie dich anpöbeln und wie Mike einfach rausschmeißen? Werden sie erst geschockt sein, aber dich allmählich so akzeptieren, wie du bist? Oder werden sie von allem Anfang an auf deiner Seite stehen, wie die Eltern von Heinz?

Du wirst das selbst am besten wissen. Und wenn nicht so genau, dann mußt du eben abtesten, mußt eine Art Meinungsumfrage bei deinen Eltern starten. Erwähne mal, du würdest einen Schwulen kennen und der wäre dir sympathisch und nicht die Spur so, wie du es immer gehört hast. Oder berichte ihnen davon, daß du gelesen hast, Eltern hätten ihre Tochter aus dem Haus geworfen, weil sie lesbisch ist. Oder achte einfach mal bei den kritischen Punkten, über die ich oben schrieb, auf ihre Ansicht.

Solltest du anschließend sicher sein, daß deine Eltern dich lieber tot als schwul sähen, dann läßt du es tatsächlich besser. Sie verdienen dein Vertrauen nicht.

Falls du indes eine Chance siehst, dann laß sie dir nicht entgehen! Warte nicht, bis du zehn oder zwanzig Jahre Heimlichtuerei hinter dir hast. Sag es so früh wie möglich! Ich möchte noch einmal die Punkte zusammenfassen, die es nach meiner Meinung lohnt zu beachten:

Berücksichtige ihr geringes Wissen und ihre Vorurteile. Es ist gut, viele Informationen zu haben, die du an sie weitergeben kannst. Beschäftige dich mit möglichen Einwänden und Ängsten und versuche, Gegenargumente zu finden. Dabei kann dir dies Buch behilflich sein oder auch eines der Bücher und Schriften, die im Anhang aufgeführt sind. Eventuell bittest du jemanden, dem du vertraust, an dem Gespräch teilzunehmen – möglichst eine Person, der auch deine Eltern vertrauen.

Wähle den Zeitpunkt sorgfältig. Platz nicht damit während eines Streites heraus, weil dann deine Homosexualität zum Mittel wird, dich zu verletzen. Erzähle es auch besser nicht ausgerechnet dann, wenn sie deprimiert wegen einer anderen Sache sind. Schlecht ist auch eine Zeit, zu der du selbst hoffnungslos unglücklich bist. Sie könnten deine Gefühle als eine Konsequenz deiner sexuellen Vorliebe auffassen und nicht als das, was es wirklich ist: Trauer über Probleme mit einem Freund, Niedergeschlagenheit über den gesellschaftlichen Druck auf dich oder ähnliches. Wenn es dir gut geht, wenn du glücklich bist, dann wird sich diese Haltung viel eher auch auf deine Eltern übertragen. Dies ist natürlich kein Gesetz, wie man bei Heinz sehen kann.

Du mußt dich entscheiden, ob du es beiden Eltern gleichzeitig sagst oder erst nur einem von beiden.

Vielleicht bist du bei deiner Mutter sicherer, daß sie dich verstehen wird, und sprichst mit ihr zuerst. Dann kann sie deinen Vater sachte drauf vorbereiten, bis du es ihm ebenfalls sagst. Es nur einer Person zur Zeit zu sagen, hat zusätzlich den Vorteil, daß du dich nur mit einem Menschen auf einmal auseinanderzusetzen hast. Ein Bombardement mit Fragen von mehreren Seiten hält wohl kaum jemand aus. Es kann ja auch sein, daß du es nur einem Elternteil sagen willst, weil der andere kein Verständnis dafür hätte. Das ist immer noch besser, als es beiden zu verschweigen.

Versuche, möglichst selbstsicher aufzutreten. Ich weiß, daß ist eine kühne Forderung. Aber du willst sie schließlich nicht um Erlaubnis fragen, ob du homosexuell sein darfst, sondern sie informieren. Und das sollte nicht in ein Geständnis ausarten. Es gibt keinen Grund, dich schuldig zu fühlen, weil du schwul oder lesbisch bist!

Laß sie anschließend nicht einfach mit der Nachricht sitzen. Versuche, ihre Ängste und Bedenken ernst zu nehmen. Zeige ihnen, daß du deshalb mit ihnen darüber redest, weil du ein offenes Verhältnis zu ihnen haben möchtest. Gib ihnen Informationen, vernünftige Informationen über Homosexualität. Sag ihnen, es gehe dir nicht darum, ob sie etwas falsch gemacht hätten in deiner Erziehung. Du bist homosexuell und möchtest es bleiben. Und es ist völlig egal, warum du es bist.

Wie auch immer du es anstellst, in der Regel wirst du ziemlich viel Geduld und Verständnis brauchen. Wie lange hast du selbst doch gebraucht, bis du homosexuelle Gefühle bei dir akzeptiert hast! Es ist kaum zu erwarten, daß Eltern diesen Prozeß an einem Abend machen können – besonders diejenigen, die bisher über Sexualität kaum ein Wort verloren haben. Auch Eltern haben ein Coming Out, nur braucht das viel Zeit. Dies ist die eine Seite. Aber du hast auch ein Recht darauf, daß sie sich mit dir beschäftigen. Daß sie zumindest versuchen, dich zu verstehen. Eltern, die das nicht wollen, können unsere Rücksicht nicht auf ewig erwarten.

Eltern, die nichts weiter tun, als ebenso dumme wie gefährliche Sprüche rauszulassen, wie z. B. «Bei Adolf wäre so was nicht möglich gewesen», «Mit so einem mißratenen Sohn will ich nichts mehr zu tun ha-

ben», können nicht mit unserer Rücksicht rechnen. Jeder Versuch einer Annäherung wäre nur um den Preis der totalen Selbstaufgabe möglich. Zur Not mußt du ganz mit ihnen brechen. Eltern haben kein Recht, dein Leben kaputt zu machen, nur weil du etwas anderes willst als sie. Es ist dein Leben, und wenn sie nicht daran teilnehmen wollen und sich auch nicht bemühen es zu verstehen, dann ist das ihre Schuld.

Heutzutage schockt mich das nicht mehr.

Interview mit der Mutter eines Schwulen

Waren Sie schon mal mit Homosexualität konfrontiert, bevor Sie mitgekriegt haben, daß Ihr Sohn homosexuell ist?

Ja, ich war insofern damit konfrontiert, daß man das früher als Schweinerei bezeichnet hat. ‹So etwas› durfte nicht sein, das war nicht möglich. ‹So etwas› gab es einfach nicht. Ich kann mich an einen Fall in unserer weitläufigen Verwandtschaft erinnern. Das war ein Ehepaar, und plötzlich hieß es, ach herrje, der ist homosexuell! Die Ehe wurde schnellstens geschieden und alles war fürchterlich schlimm. Aber mehr habe ich in dieser Richtung eigentlich nicht erlebt. An sich habe ich mich damit auch nicht weiter befaßt. Warum auch? Man hörte schon mal die Witze, die sind ja allgemein bekannt. Dadurch wird es natürlich immer schlimmer, man wird immer mehr dagegen. Das ist das, was ich in der Jugend mitkriegte: es darf nicht sein, es wurde sogar bestraft, keiner durfte drüber reden, wenn er so jemanden kannte. Es wurde halt bestraft, die gingen ab innen Kahn, und damit war das eine ganz schlimme Sache. Kriminalität. So sind wir erzogen, und irgendwie bleibt ja von solchen Erziehungsmethoden doch was hängen.

Wie haben Sie damals über Homosexuelle gedacht?

Oberflächlich, nur oberflächlich. Eben als eine nicht normale Sache, so habe ich es immer gesehen. In der Kindheit oder Jugendzeit habe ich mir überhaupt keine Gedanken darüber gemacht. Man redet nicht drüber, deshalb war da auch nichts, was man zu bedenken hatte.

Sie wären auch damals nie auf die Idee gekommen, daß unter ihren Verwandten oder Bekannten jemand schwul oder lesbisch sein könnte?

Nein, nie! Geschweige denn, daß ich mal einen Sohn haben würde, der homosexuell ist.

Wann haben Sie das überhaupt zum erstenmal erfahren?

Wir waren mit der ganzen Familie in Urlaub. Michael war damals vierzehn Jahre alt. Unsere Tochter hatte bei ihm einen Zettel gefunden und kam mit

---

'So etwas' gab es einfach nicht

---

dem. Diesen Zettel hatte er an eine Freundin geschrieben, und darauf stand, daß er sich mehr zu Jungs hingezogen fühlt als zu Mädchen, die mal zu umarmen oder zu drücken.

Was war ihre Reaktion, als Sie den Zettel lasen?

Ich habe ihn meinem Mann gezeigt, wir haben uns angeguckt, und da liefen bei mir schon die Tränen, ist klar. Mein Mann wußte überhaupt nichts zu sagen. Nun sind wir aber immer mit Freunden zusammen im Urlaub, die sind beide Sprachheilpädagogen, haben also studiert, und psychologisch können sie einem doch ein bißchen helfen. Bei denen habe ich mich erst mal ausgeheult. Die haben uns aber gleich ganz konkret gesagt, damit müßt ihr leben, wenn es so ist. Es kann sich natürlich noch ändern, in dieser Phase sind die meisten Jungen und Mädchen ein bißchen so veranlagt, macht euch also nicht verrückt. Aber wenn es so ist, dann müßt ihr sehen, daß ihr damit fertig werdet, und das ist auch überhaupt kein Problem. So sagten die uns ganz spontan, und das hat uns unheimlich geholfen. Bloß, der Urlaub war trotzdem gelaufen.

Bei mir kam all das hoch, was ich durch meine Erziehung mitgekriegt habe

Weil der Schock so groß war?.
Bei mir kam halt all das hoch, was ich durch meine Erziehung mitgekriegt habe. Das ist ja eine kriminelle Handlung, so wie wir das gelernt haben bzw. wie wir gelebt haben. Wir wissen zwar, daß das jetzt straffrei ist, aber es ist in unseren Augen ja nicht normal, was man da großgezogen hat. Dann kam hinzu, daß ich mir Gedanken gemacht habe, wie das kommt, was ich falsch gemacht habe, wodurch das überhaupt zustande gekommen ist. Das mußten wir ja erst mal rauskriegen. Ich weiß heute, daß sich sogar die Wissenschaftler noch nicht einmal einig sind, woran das im Endeffekt liegt. Ich bin der Meinung, das liegt nicht an der Erziehung. Das habe ich mir heute abgeschminkt. Kann ich mir auch gar nicht vorstellen, daß ich ihn z. B. so verwöhnt hätte oder sonst was. Ich habe ihn genauso erzogen wie meine Tochter, da ist überhaupt nichts anders. Also, das laß ich mir nicht aufschwatzen, daß es an der Erziehung liegt.
Aber am meisten habe ich mir Sorgen darum gemacht, wie sich sein Leben nun verändert, ob er im Berufsleben sehr viele Schwierigkeiten bekommt, eben weil die Witze noch dauernd grassieren. Ich hör das ja in unserer Abteilung auch. Das ist eben unnormal, und es wird darüber gekichert. Ich möchte nicht, daß über mein Kind gelacht wird.
Haben Sie dann mit Michael darüber geredet?
Ja, wir haben mit ihm darüber geredet, und er hat bestätigt, was auf dem Zettel stand. Dann war das eigentlich für den Augenblick auch vorbei. Wir wollten das auch nicht so doll ausschmücken. Ein Kind mit vierzehn Jahren muß ja nicht unbedingt damit belastet werden, daß das Wahnsinnsprobleme sind. Es konnte sich ja auch noch zum anderen hinwenden, das war schließlich möglich.
Sie hatten also damals die starke Hoffnung, daß es vorübergeht?
Ja, die habe ich eigentlich bis heute nicht verloren. Ich weiß ja, daß es sich wohl nicht mehr ändert. Aber damals haben wir immer noch gesagt, das kann sich ändern, und haben gehofft und gehofft. Natürlich fand ich es schöner, weil es halt normaler ist, wenn er ein Mädchen mitbringen würde. Er hat später mal mit einem Mädchen geschlafen, und da habe ich natürlich wieder neue Hoffnung geschöpft. Aber es war wohl nicht so schön mit dem Mädchen. Obwohl, ich meine, wenn er vielleicht mal eine Frau kennenlernen würde, die das alles so bis ins Feinste macht, daß er das dann auch schön finden würde. Ich kann es mir eben nicht vorstellen, das ist es ja. So hat man

halt immer noch Hoffnung.
Wie ging es denn damals weiter?
Wir haben mit unseren Freunden besprochen, mal zu ‹Pro Familia› zu gehen,
wenn wir wieder zu Hause sind. Mal fragen, was man machen kann, wie wir
uns verhalten sollen. Dort sind wir auch gewesen, Micha, mein Mann und

Damals haben sie uns Elektroschocks empfohlen

ich. Aber die haben uns Vorschläge gemacht, daß man eventuell was mit
Elektroschocks machen könnte.
Wann war das?
Vor etwa fünf Jahren.
*Das ist sehr erstaunlich, weil es inzwischen von ‹Pro Familia› sogar eine Bera-
tungsstelle speziell für Homosexuelle gibt, die recht gut sein soll. Da hat wohl
in relativ kurzer Zeit ein ziemlicher Wandel stattgefunden.*
Damals haben die uns jedenfalls Elektroschocks empfohlen. Das wäre die
einzige Möglichkeit, davon vielleicht wieder wegzukommen.
*Sie haben also den Wunsch gehabt, davon wegzukommen, aber Sie haben
gesagt, nicht mit solchen Methoden.*
Nein, damit auf keinen Fall. Da waren wir uns beide einig, mein Mann und
ich, daß dadurch ein Mensch dann seelisch zugrunde geht.
Wir hatten ja diese Freunde, mit denen wir das damals alles besprochen haben, weil man halt Gesprächspartner haben muß und sich nicht alles allein
ausdenken kann. Die haben uns eine Diplompsychologin von der Pädagogi-
schen Hochschule vermittelt. Zu der ist Micha gegangen und hat ein paar
Sitzungen gemacht. Eigentlich mehr zur Aufklärung. Ist ja auch schon mal
was wert, nicht? Denn wir dachten damals, daß er vielleicht gar nicht so
richtig weiß, was Homosexualität ist. Ob das überhaupt das ist, was er empfindet und so weiter. Da war er ja auch noch viel jünger.
Mehr ist zu dem Zeitpunkt nicht passiert, oder?
Nein, wir haben dann eben abgewartet, was sich tut. Natürlich trägt man sich
als Eltern immer mit dem Gedanken herum, was werden soll, und überlegt,
Mensch, hoffentlich ändert sich das . Eine Zeitlang hatte ich den Eindruck,
daß sich keine Jugendlichen mehr meldeten, um ihn zu sprechen. Weder
Mädchen noch Jungen. In der Schule ist damals was durchgesickert. Ihm war

Ich möchte nicht, daß über mein Kind gelacht wird

das egal, er hat es dem mal gesagt und dem mal gesagt. Da war es natürlich
sofort überall rum. Das war eben auch das, wovor ich Angst hatte. Daß er
wegen seiner Homosexualität ausgestoßen wird. Das täte mir unheimlich
weh, wenn ich wüßte, er sitzt irgendwo alleine, nur aus diesem Grund, für
den keiner was kann, und wird verhänselt oder verlacht.
Denken Sie heute noch genauso?
Ich habe auch heute noch ein bißchen Angst, aber ich sage mir, es wird nicht
mehr bestraft und zumindest in den Großstädten auch mehr darüber gesprochen, dadurch ist es schon einfacher, als Homosexueller zu leben. Weil mehr

und mehr sagen, jawohl, ich bin auch so, gewöhnt sich die Umwelt vielleicht auf die Dauer daran. Es gibt ja sehr viele Homosexuelle – das wußte ich bis vor kurzem überhaupt nicht. Irgendwie ist das auch eine Sache der Gewohnheit. Ich habe einige Kolleginnen, die würden das absolut verstehen und sich überhaupt nichts dabei denken. Im Gegenteil: eine Kollegin hat schon immer, ohne daß sie das von uns weiß, gesagt, sie kenne einige Homosexuelle. Und das seien unheimlich nette Menschen, was glaubt ihr überhaupt, was die nett sein können, besser als alle anderen.

Wenn so mehr Leute denken, und wenn die Jungs das wissen und irgendwo einen festen Halt haben, dann werden sie ihr Leben auch meistern, glaube ich. Ich kenne beispielsweise ein männliches Pärchen. Die sind so vierzig,

Es gibt ja viele Homosexuelle - das wußte ich bis vor kurzem überhaupt nicht

fünfzig Jahre alt, haben sich ein Haus gekauft und wohnen völlig integriert in die Nachbarschaft. Also sieht man doch, daß es allmählich nicht mehr so schwer ist, wie es bisher gewesen ist.

Hinzu kam noch, daß ich vor 2 Jahren eine ziemlich schwere Operation an der Wirbelsäule hatte. In der Medizinischen Hochschule sah ich dann dies ganze Leid, was da täglich angeliefert wird. Bei der anschließenden Kur habe ich auch einiges an schlimmen, schlimmen Sachen gesehen: Menschen, die total verkrüppelt sind, Spastiker und was weiß ich alles. Da habe ich gedacht, was ist dein Problem doch so klein. Das ist ja keins. Das hat mir wieder ein bißchen Mut gemacht und die Gewißheit gegeben, daß ich gar nicht so falsch liege.

Ich sage mir jetzt, das ist sein Leben, und er wird es wohl schaffen. Schließlich ist auch sonst alles nicht leicht, Ehe oder Partnerschaft überhaupt. Deshalb finde ich es wichtig, daß er zu Hause nicht ausgestoßen wird. Also, das käme mir überhaupt nicht in den Sinn. Das ist mein Kind und ich möchte, daß es meinem Kind gut geht. Und warum soll ich ihm dabei nicht helfen? Das mach ich jetzt auch. Ich behandele ihn wie jeden anderen Menschen und so kommen wir beide damit fantastisch zurecht. Wir klönen öfters über alles mögliche. Auch über meine Probleme kann ich mit ihm reden. Ich mag Michael genauso wie meine Tochter. Ich möchte ihm die Gewißheit geben, daß er immer zu mir kommen kann, und ich glaube auch, daß er das weiß. Auch, wenn er mal Liebeskummer hat oder so. Das haben wir schon alles durch.

Wie ist es denn dazu gekommen, daß Sie jetzt so dazu stehen?

Mit siebzehn ist der Michael wieder gekommen und hat gesagt, daß er wohl doch schwul ist und sich nichts mehr ändern würde. Wir haben dann mehr-

Ich finde es wichtig, daß er zu Hause nicht ausgestoßen wird

fach darüber geredet, um uns gegenseitig besser zu verstehen. Das ist bei Michael und mir auch gelungen. Er hat Verständnis für meine Gedanken und Sorgen, und ich akzeptiere das jetzt.

Haben Sie mal mit anderen Eltern homosexueller Kinder Kontakt gehabt?

Nein, bis jetzt noch nicht.

Es gab doch hier in Hannover mal ein Elterntreffen. Da waren Sie also nicht?
Nein.

Es gibt ja teilweise Eltern, vor allem alleinstehende Mütter, die mit ihren Kindern auf die Straße gehen und nach außen das Recht vertreten, daß ihre Kinder so sind, wie sie sind.

Das würde ich nicht tun. Es ist halt so, und das muß man verstehen. Ich kann Michael nur bitten, dafür Verständnis zu haben . Dafür weiß er auch, daß ich mir Mühe gebe, ihn zu verstehen. Daß ich seine Homosexualität zwar nicht himmelhoch jauchzend begrüße, aber daß ich ihm seine Freiheit genauso lasse wie meiner Tochter.

Was würden Sie Eltern raten, die homosexuelle Kinder haben?

Wenn Eltern die Gewißheit haben, daß ihr Kind homosexuell ist, dann müssen sie versuchen, damit zu leben. Ich würde es niemals einem Kind austreiben wollen, mit welchen Mitteln auch immer. Denn das bringt sicherlich seelische Schäden mit sich.

Was könnte dabei behilflich sein, damit zu leben?

Mir haben Gespräche mit Freunden sehr geholfen. Nicht nur mit unseren dicksten Freunden, sondern auch mit anderen. Selbst Leute, die ich nicht so eingeschätzt hätte, daß sie es akzeptieren, selbst die haben dann gesagt, ja wieso, ich sehe das aber nicht so schlimm, wie du das jetzt hier ausmalst. Das hätte ich von denen überhaupt nicht erwartet. Ich habe mich lange Zeit damit befaßt und eben auch viel mit meinem Kind darüber geredet. Früher wäre ich rot geworden, wenn ich das Wort ‹homosexuell› nur gelesen hätte! Heutzutage schockt mich das nicht mehr. Mein Kind ist ja sonst nicht kaputt. Der ist ja

Mir haben Gespräche mit Freunden sehr geholfen

völlig in Ordnung. Und ich finde, daß es doch unheimlich viel wert ist, wenn ein Mensch so gefestigt ist. Darin möchte ich ihn unterstützen und ihm mitgeben, daß er zu Hause immer alles abladen kann.

Daß er also von Ihrer Seite eine grundsätzliche Sicherheit hat, ein grundlegendes Vertrauen.

Nur das kann man als Eltern einem Kind mitgeben. Alles andere muß es sowieso selber bewältigen.

Ich danke Ihnen sehr herzlich für das Gespräch.

6. Kapitel

Vorurteile, Lügen und Zerrbilder

die Welt der Homosexuellen in den Augen der Heteros

Du kennst sicher die Situation: Da sitzen mehrere Leute zusammen, am Stammtisch oder in der Arbeitspause und ziehen über die ‹warmen Brüder›, ‹kessen Väter› und ‹Hundertfünfundsiebziger› her. Einer schlägt mit sinnlich gehauchtem «Ach, Duuu ...» die Hand locker nach vorn, ein anderer geht mit wackelndem Hintern zum Klo – und jeder weiß, wer das sein soll.

Überhaupt wissen Heterosexuelle ganz genau Bescheid über Homosexuelle. Lesben sind Walküren mit kurzem Haar, die Männer hassen, weil sie keinen abgekriegt haben. Schwule sind weibische Schönlinge, die jedem an die Hose gehen, und noch viele andere Stories existieren über uns. Da stellt sich doch die Frage, woher dieser ganze Unfug eigentlich stammt?

Nun, ein Teil sind ‹überlieferte› Gossengerüchte, weitergegeben von einer Generation an die nächste. Meist steckt jedoch die ‹wohlbegründete› Meinung von Wissenschaftlern, Politikern, Ärzten, Richtern und Lehrern dahinter, garniert mit sensationslüsternen Aufputschartikeln aus der Boulevard-Presse. Die Masse der Bevölkerung erwartet, daß die sogenannten Autoritäten wissen, wovon sie reden. Außerdem ist es einfacher – und ungefährlicher –, zu glauben, was allgemein gesagt wird, anstatt selbst denken zu müssen. Wir selbst als Schwule und Lesben sitzen mancher der angeblich wissenschaftlichen Behauptungen auf und es ist gut, sich ein wenig mit Argumenten zu wappnen, um den ganzen Unwahrheiten und Vorurteilen etwas entgegensetzen zu können. Da ist erst einmal die breite Palette von Theorien über die Entstehung von Homosexualität. Schauen wir uns deshalb die verschiedenen Vorstellungen mal im einzelnen an. Heterosexuelle zerbrechen sich ständig den Kopf darüber, wie Homosexualität entsteht. Warum eigentlich? Welcher Hetero kommt denn auf die Idee, sich selbst zu fragen, warum er heterosexuell geworden ist? Hast Du etwa mal in einer Illustrierten über die These gelesen, Heterosexualität sei milieubedingt? Nein, bestimmt nicht. Es ist eben normal, daß ein Mann auf Frauen spitz ist und nicht auf Männer. Das entsprechende gilt für Frauen. Wir Schwule und Lesben haben uns zu rechtfertigen für unsere ‹ausgefallenen› Bedürfnisse, haben den ‹Sonderfall› Homosexualität zu erklären. Solange der ‹Sonderfall› im Brennpunkt der Betrachtung steht, wird das ‹Normale› nicht hinterfragt. Das ist der eine Grund für die Suche nach Ursachen der Homosexualität. Der zweite, weitaus wichtigere, lautet so: Wüßte man, wie Homosexualität entsteht, dann gäbe es bestimmt bald auch Mittel und Wege, die Entstehung zu verhindern. Oder Lesben und Schwule nachträglich umzupolen! Wozu das nütze sein könnte, steht im nächsten Kapitel.

Selbstbewußte Homosexuelle interessiert es deshalb nicht die Bohne, warum sie so geworden sind. Wir sind halt so, basta! Wie Menschen überhaupt dazu kommen, das eine oder das andere Geschlecht zu bevorzugen, ist eine so komplizierte Sache, daß es bisher einfach keine richtige Theorie gibt. Wer seine Homosexualität akzeptiert hat, fragt deshalb nicht nach der Ursache, sondern was man/frau draus machen kann. Wer uns heterosexuell machen will, behandelt Homosexualität als etwas Schlechtes, das es wegzumachen gilt. Wir halten schwul- und lesbischsein für schön und denken nicht daran, den ‹Normalen› zuliebe unsere Neigungen als ‹Sünde›, ‹Zeichen der Unreife›, ‹Folge unsittlichen Lebenswandels› oder als ‹Krankheit› zu verstehen. Viele Wissenschaftler behaupten allerdings das Gegenteil. Darf ich vorstellen: dies ist Prof. Dr. Dr. Theodor Sperrmüll. Er hat in langen intensiven Versuchen mit

Ratten entdeckt, warum es Homosexuelle gibt.

HOMOSEXUALITÄT
IST EINE
HORMONSTÖRUNG!

Diese Theorie lautet so: Schwule haben vor der Geburt zu wenig Männlichkeitshormone abgekriegt und Lesben mehr als nötig. Sie können später nicht anders, als hinter dem falschen Geschlecht herzusein. Heterosexuelle haben natürlich exakt die richtige Portion Hormone abgekriegt.
Homosexualität ist gleichsam ein Ausrutscher der Natur, ein angeborenes Leiden wie z. B. Farbenblindheit oder ein verkrüppelter Arm. Sexuelles Verhalten würde nach dieser Theorie so wie bei Tieren stattfinden (diese Auffassung stützt sich ja auch auf Tierversuche), blind unseren Instinkten gehorchend, folgen wir vorprogrammierten Verhaltensweisen. Dabei unterscheidet sich der Mensch gerade in diesem Punkt deutlich vom Tier. Ein Großteil des Verhaltens von Menschen ist Ergebnis eines Lernprozesses und das

Ausgeliefertsein gegenüber den Instinkten ist denkbar gering. An den Hormonen kann es deshalb nicht liegen, wenn wir Menschen des gleichen Geschlechts sexuell bevorzugen. Nebenbei gesagt empfinde ich es als Unverschämtheit, meine Zärtlichkeitsbedürfnisse und sexuellen Beziehungen zu anderen Männern mit dem mechanischen Sexualverhalten von Ratten gleichsetzen zu lassen.
Ein Kollege von Herrn Sperrmüll wartet mit einer etwas abgewandelten Erkenntnis auf:

HOMOSEXUALITÄT
IST ERBLICH.

Was im ersten Fall die Hormonstörung war, ist nun die Erbkrankheit – vom Ansatz somit dasselbe. Diese Theorie ist hingegen noch leichter zu widerlegen. Sollte Homosexualität tatsächlich erblich sein, dann müßten Kinder von Lesben oder Schwulen – da gibt's 'ne ganze Menge! – mindestens deutlich öfter ebenfalls schwul oder lesbisch werden. Das ist nicht der Fall. Andererseits sind die Eltern von Homosexuellen fast alle nicht gleichgeschlechtlich veranlagt. Kein Wunder, nich? Erblichkeit können wir als Ursache damit gleichfalls streichen.
Nun kommt ein anderer Wissenschaftler zu Wort, der statt des Körpers die Seele von Homosexuellen

für krank hält, Psychiater Privat-
dozent Dr. Neurosensucher:

passiv, und Männer, bleibt bloß
mackerhaft, sonst werden eure Kinder andersrum.

> SCHWULE HATTEN
> EINEN SCHWACHEN VATER
> UND EINE HERRSCH-
> SÜCHTIGE MUTTER.

Solche Psychiater wie jener Dr.
Neurosensucher sind ständig bemüht, den Menschen zu sagen, wie
man sich richtig verhält. Falls ihnen
deine Art zu leben nicht gefällt,
dann bist du für sie krank. Sollte
dein Vater sanftmütig, herzlich und
zurückhaltend sein – also ‹unmänn-
lich› – und deine Mutter zu allem
Überdruß selbstbewußt und aktiv –
also ‹unweiblich› –, dann ist das nach
der Meinung von Dr. Neurosensucher krankhaft. Wer sich nicht an die
vorgegebenen Rollen hält, muß einfach krank sein. Und was kann dabei
an Kindern überhaupt rauskom-
men? Erraten, wieder was Krankes.
Zum Beispiel eine Lesbe oder ein
Schwuler. Oder noch was Schlim-
meres.
Merkst du, wie durch die Hintertür
das alte Rollenklischee als ‹gesundes› Verhalten definiert wird?
Gleichzeitig wird Eltern vermittelt,
daß sie es in der Hand hätten, ob ihre
Kinder homosexuell würden oder
nicht. Also Frauen, bleibt hübsch

Erstaunlicherweise, jedenfalls für
unseren klugen Psychiater, haben
Schwule und Lesben zum großen
Teil Geschwister, die nicht homosexuell sind. Dabei wurden sie von
derselben Mutter und demselben
Vater aufgezogen. Wie kommt das,
wenn die Theorie stimmen würde?
Das zweite Problem für Dr. Neurosensucher sind diejenigen von uns,
die dominierende Väter und einge-
schüchterte Mütter haben. Oder nur
ein Elternteil. Geschickt, wie sie
sind, erfinden in diesem Fall die
Psychiater neue Erklärungen. Mal
ist es die fehlende Mutter, mal der
fehlende Vater, hier die allzu große
Mutterliebe, dort die fehlende Mutterliebe. Der Phantasie sind keine
Grenzen gesetzt. Aber sollen wir das
wirklich unbedingt noch ernstneh-
men? Wenn Dr. Neurosensucher
wirklich unbedingt wissen muß, wie
wir homosexuell wurden, ist das sein
Problem, finde ich. Er sollte deswegen vielleicht mal einen Psychologen
konsultieren ...

94

Hören wir als nächstes, was Freddy Schürzenjäger meint:

Freddy ist zwar kein Wissenschaftler, aber das weiß schließlich jedes

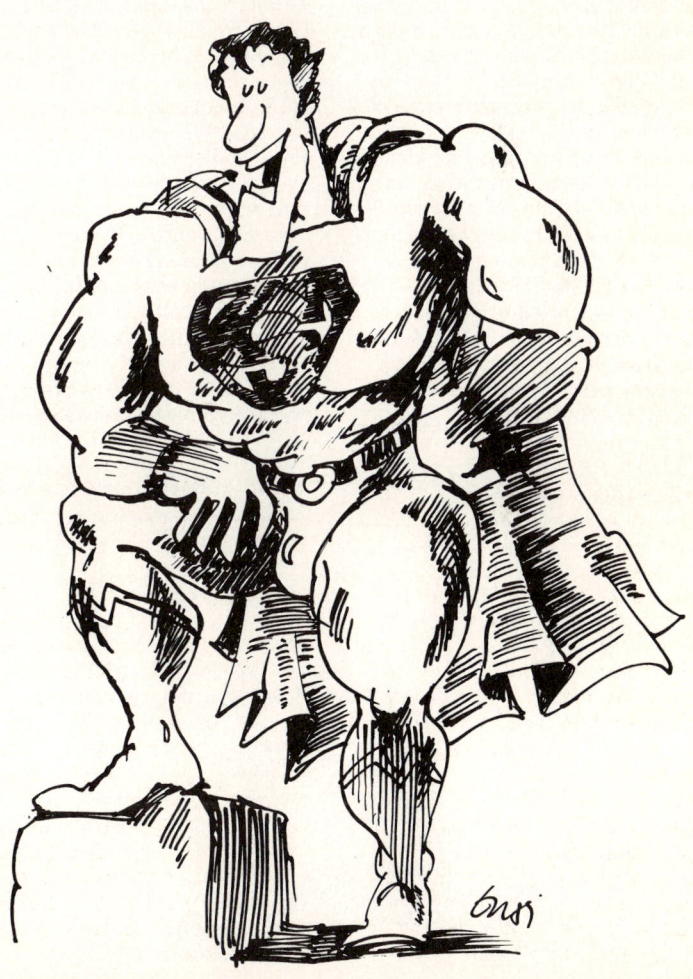

LESBEN HABEN BLOSS NICHT DEN RICHTIGEN ABGEKRIEGT!

Kind, daß da nur der richtige Mann kommen muß, oder?

Dies Vorurteil ist so dumm, daß sich kaum ein Wissenschaftler trauen würde, so was zu behaupten. Aber unzählige heterosexuelle Männer, ausgestattet mit einem von Wissenschaftlern gestützten falschen Bild von weiblicher Sexualität, glauben steif und fest an diese Lüge. Sie denken, jede Frau brauche einen Mann. Sie glauben, ohne ihren Wunderstab laufe nichts. Diese typisch männliche Überheblichkeit will sich nicht mit der Wahrheit abfinden, daß es Frauen gibt, die nicht im mindesten an Sex mit Männern interessiert sind. Lesbischsein bedeutet eine ganz klar positive Entscheidung für Beziehungen zu Frauen. Warum sonst werden viele Frauen lesbisch, obwohl sie jahrelang die Segnungen männlicher Sexualität erfahren haben?

Damit wollen wir den Reigen der Behauptungen über die Entstehung von Homosexualität abschließen. Obwohl, gewissermaßen gehört auch diese Ansicht dazu:

Herr Müller, Vater von sechs Kindern, glaubt demnach, seine Sexualität sei natürlich: «Die Natur hat Mann und Frau füreinander geschaffen. Allein die Geschlechtsorgane! Sie passen genau zusammen. Warum sonst gibt es zwei verschiedene Geschlechter, wenn die Natur es nicht so gewollt hätte?» Gegen Homosexualität hat er ein weiteres Argument parat: «Was wäre, wenn alle so wären? Wir würden aussterben!»

Das letztere ist natürlich hanebüchener Quatsch. Man kann doch nicht gegen etwas sein, nur weil es schlimme Konsequenzen hätte, wenn alle so wären. Wenn alle Menschen Schriftsteller wären, würden wir verhungern, weil nichts Eßbares produziert würde. Wenn alle Menschen in München wohnen würden, müßten wir in mehreren Schichten gestapelt liegen und würden bald im Chaos kaputtgehen. Sollte deshalb verboten werden, Schriftsteller zu werden oder in München zu leben?

Nicht ganz so einfach ist es mit dem ersten Argument. Immerhin stimmt

HOMOSEXUALITÄT IST UNNATÜRLICH

es, daß die Geschlechtsorgane von Mann und Frau wie füreinander geschaffen zusammenpassen. Müssen sie auch, denn sonst wäre eine Zeugung von Kindern sehr schwierig (sieht man mal von der künstlichen Befruchtung ab). Zeugung ist allerdings nur ein relativ seltener Vorgang im Leben eines Menschen. Im allgemeinen haben auch Heterosexuelle schlichtweg aus Spaß an der Sache miteinander Sex. Nur wer die Fortpflanzung als einzigen Zweck der Sexualität ansieht, kann behaupten, allein der heterosexuelle Koitus (= Penis in Scheide) sei ‹natürlich›. Dann wäre aber alles andere zwischen Mann und Frau gleichermaßen ‹unnatürlich›, vom Petting bis zur ‹Französichen Liebe›. Wir wissen nicht, ob Herr Müller eine derart auf Fortpflanzung eingeschränkte Sexualität bevorzugt, die Natur indes hat den Menschen die Lust an der Sexualität mitgegeben, und wir sollten sie in vollen Zügen genießen. Das ist natürlich. Vielleicht sieht Herr Müller das mit der Lust am Sex auch gar nicht so eng, sondern bezieht seine Behauptung einzig auf die Tatsache, daß es sich bei Homosexualität um gleichgeschlechtliche Partner handelt. Hier müssen wir wiederholen, was wir schon bei der These, Homosexualität sei hormonell bedingt, gesagt haben: Menschliche Verhaltensweisen haben sicher eine Naturbasis, aber der Mensch ist zum größten Teil in seinen Bedürfnissen und Eigenschaften von der Umwelt geprägt. Ob jemand am liebsten nachm Mittagsschläfchen bumst oder die Vorliebe hat, dabei an rauschende Wälder zu denken, ob einer nur mit mindestens vier, fünf anderen Leuten zusammen Spaß an Sexualität hat oder vorzugsweise allein – das alles sind Gewohnheiten, die wenig mit einer generellen ‹Natur des Menschen› zu tun haben.

Mit einer angeblichen ‹Natur des Menschen› wird lediglich das als Norm abgesichert, was gesellschaftlich erwünscht ist. In anderen Kulturen als der unsrigen ist anderes erwünscht, und prompt ist dort dieses andere ‹natürlich›. Bei den Griechen hatten viele Männer sexuelle Beziehungen zu Jungen. Für sie war das ‹natürlich›. Bei den Lepschas in Indien ist Geschlechtsverkehr zwischen erwachsenen Männern und Mädchen ab 6 Jahren üblich und wird als ‹natürlich› empfunden.[*] Fast in allen von Völkerkundlern untersuchten Volksstämmen ist es gang und gäbe, kleinen Kindern die Geschlechtsorgane zu streicheln, um sie zu beruhigen und ihnen Lust zu bereiten.

Die Arapesh auf Neuguinea halten es für ‹natürlich›, daß Männer und Frauen gleichermaßen ein Verhalten an den Tag legen, welches bei uns als weiblich verstanden wird: friedfertig, hilfreich und verständnisvoll gegenüber den Bedürfnissen anderer Menschen.[**] Die Mundugumor, ebenfalls ein Stamm auf Neuguinea, halten es für ‹natürlich›, wenn Frauen und Männer rücksichtslos und gewalttätig sind. Bei einem dritten Volk, den Tschambuli, sind sogar die Rollen von Mann und Frau vertauscht. Dort entspricht es der ‹Natur› der Frau, sachlich und aktiv zu sein, während die ‹Natur› der Männer Passivität, Zartgefühl und Mütterlichkeit ist. Und nun halt dich fest. Denn jetzt kommt die größte Überraschung für uns Mitglieder einer Hetero-Welt: das Geschlechtsle-

[*] Schorsch: Sexuelle Deviationen, in: Therapie sexueller Störungen, Stuttgart 1975, S. 50

[**] Margaret Mead: Geschlecht und Temperament, München 1970, S. 249

ben der Marind-Anim auf Neuguinea war ausschließlich homosexuell, sowohl bei Männern als auch bei Frauen. Die einmal im Jahr stattfindende Paarung zwischen Frauen und Männern diente lediglich dem Zeugen von Nachkommen. Dieser heterosexuelle Geschlechtsverkehr war für die Marind-Anim eine so ekelerregende Abartigkeit, daß die Männer mit schöner Regelmäßigkeit impotent waren. Die Marind-Anim waren der Ansicht, daß kein Mann je heterosexuelle Bedürfnisse haben könnte und keine Frau auch nur das geringste Verlangen nach Sex mit einem Mann. Man brachte bei der jährlichen Paarung den Göttern Menschenopfer, damit die Männer potent würden und beide Geschlechter den Ekel vor dem anderen überwinden könnten. Homosexualität war für sie das ‹Natürlichste› auf der Welt.*

Wer da immer noch von *einer* Natur des Menschen redet, ist entweder entsetzlich dumm oder er verbirgt bestimmte Absichten dahinter. Unter anderem die Unterdrückung von Homosexualität.

Da wir gerade bei der ‹Natürlichkeit› von Frauen-und Männer-Rollen sind, können wir gleich eine weitere Auffassung mit berücksichtigen:

* Ernest Bornemann: Lexikon der Liebe, Frankfurt/M./Berlin/Wien, S. 591f

Hätte dieser Prototyp von einem Mann gesagt: Schwule sind weiblich, dann hätte ich ihm teilweise zugestimmt. Ein großer Teil der Schwulen (allerdings auch mancher Hetero-Mann) ist nicht so männlich, wie es von Männern in unserer Gesellschaft verlangt wird. Das hatten wir im ersten Kapitel festgestellt: schon im Kindesalter weicht ein Großteil der Schwulen und Lesben vom ‹normalen› Jungen- oder Mädchenverhalten ab. Dies bleibt in der Regel auch später so. Was ist daran eigentlich schlecht? Ich finde es hervorragend, daß viele schwule Männer längst nicht so mackerhaft sind wie die meisten Hetero-Männer. Frauen erklären oft ihre guten Beziehungen zu Schwulen damit, daß diese sensibler und einfühlsamer als ‹normale› Männer seien. Das bedeutet, sie sind nach herkömmlichen Definitionen ‹weiblicher›. Wir sollten froh sein darüber. Trotzdem lehnen dreiviertel aller Schwulen weibliches Verhalten bei Schwulen ab,* in mancher Kontaktanzeige steht extra, daß feminine Schwule erst gar nicht zu antworten brauchen («Tunten zwecklos»). Das Idealbild homosexueller Männer ist der ‹Mann›, wobei es jedem überlassen bleibt, wen er als Tunte definiert und wen nicht. Sich selbst sehen demgemäß nur wenige als Tunte: «Eine Tunte, das ist stets der andere; nämlich derjenige, der im Moment . . . die Norm stärker verletzt . . .»** Folglich bestimmt der Grad der Angepaßtheit an das Männlichkeits-Idealbild und die Rollennormen unserer Gesellschaft die Kategorien, nach denen Schwule andere Homosexuelle als Tunten einordnen. War-

um lehnen homosexuelle wie heterosexuelle Männer Tunten ab? Feminine Schwule verwirklichen etwas, was sich ein ‹normaler› Mann genauso wie die gerne ‹normal› sein wollenden Schwulen nicht eingestehen mag: die Ablehnung einer genormten Männerrolle und die Übernahme eines eher passiven Verhaltens. Ein ‹richtiger› Mann darf sich nicht gehenlassen, muß aktiv sein usw. Möchten täten die meisten schon, nur trauen tun sie sich nicht. Und so laden sie ihren Frust auf denen ab, die sich doch trauen. Alle, die die Diktatur der Geschlechterrollen durchbrechen, ob schwul oder nicht, bekommen das zu spüren.

Tunten werden freilich nicht nur wegen ihres ‹unmännlichen› Verhaltens angegriffen. Sie repräsentieren für die breite Bevölkerung *die* Homosexuellen. Wie sagte doch der Supermann oben: «Alle Schwulen sind weibisch.» Also, wer sich als Mann weiblich verhält, ist schwul – logisch! Deshalb kriegen die Tunten und mit ihnen ‹unmännliche› Heterosexuelle all die Aggressionen zu spüren, die für die Homosexuellen generell gemeint sind. Tunten werden folglich auch deshalb verspottet, imitiert und verprügelt, weil sie ihr Schwulsein nicht verbergen. Besser angepaßte Schwule werden sich hüten, mit einer Tunte auf der Straße gesehen zu werden – es könnte ihr mühsam aufrecht erhaltenes Hetero-Image zerstören. Gleichzeitig dient die allgemeine Verachtung dazu, in jedem Mann große Angst davor zu erzeugen, bloß nicht zu ‹weiblich› zu wirken – man könnte ihn ja für schwul halten. Genauso muß eine Frau, die sich aktiv für ihre Rechte einsetzt, damit rechnen, als Lesbe angesehen zu werden. Du siehst, die öffentliche Meinung sorgt hervorragend dafür, jede Frau und jeden Mann in den vorgeschrie-

* Dannecker/Reiche: Der gewöhnliche Homosexuelle, Frankfurt/M. 1974, S. 352
** Dannecker/Reiche, ebd., S. 354

benen Bahnen zu halten. Das festgefahrene Rollenschema-Denken zeigt sich auch in dem, was Nora Normhüter von sich gibt:

BEI SCHWULEN SPIELT IMMER EINER DIE FRAU UND EINER DEN MANN.

So hätten sie es wohl gern, damit wir wenigstens in dieser Hinsicht in den gewohnten Schablonen bleiben. Frau Normhüter und einer Menge anderer Leute ist das übliche Mann-FrauSchema so nachhaltig eingebleut worden, daß sie einfach nicht rauskönnen – selbst dann nicht, wenn es sich um Lesben oder Schwule handelt. Begegnet ihnen mal ein homosexuelles Paar, das diese Rollenverteilung praktiziert, dann fühlen sie sich bestätigt: Es ist wie in einer Ehe. Bei den anderen sind sie total verwirrt: «Also bei Herrn Bauer und seinem Freund, da ist das ganz klar. Herr Bauer arbeitet und sein Freund führt den Haushalt. Aber bei Ihnen, da kennt man sich ja gar nicht mehr aus! Mal kocht der eine, mal der andere. Und putzen tun Sie auch zusammen. Wer ist denn jetzt der Mann im Haus?»
Von Ausnahmen mal abgesehen, haben lesbische und schwule Bezie-

hungen es nicht nötig, die heterosexuelle Ehe mit ihrer Rollenverteilung zu kopieren. Das ist doch gerade die große Chance, wenn zwei Männer oder zwei Frauen zusammen sind!
Eine andere Lebensweisheit erfahren wir von Herta Besenstiel. Sie meint:

LESBEN HASSEN MÄNNE UND SCHWULE EKELN SICH VOR FRAUEN.

Was sie nicht sagen, Frau Besenstiel! Dieser Blödsinn beruht auf der gleichen Vorstellung, die Freddy Schürzenjäger weiter oben von sich gab. Für viele Heterosexuelle ist die Zuneigung zum eigenen Geschlecht nur in Verbindung mit Haß auf das andere Geschlecht möglich. In Wirklichkeit ist es so: Schwule sind schwul, nicht weil sie sich vor Frauen ekeln, sondern weil sie Männer lieben. Lesben sind lesbisch, weil sie Frauen lieben und nicht, weil sie Männer hassen. Das ist das eine.
Selbstverständlich gibt es Schwule, die sich vor Frauen ekeln, genauso wie es Schwule gibt, die durchaus Frauen sexuell anziehend finden. Selbstverständlich gibt es Lesben, die unglaublich sauer sind auf Männer. Das hängt vor allem damit zu-

sammen, daß Lesben oftmals von Typen à la Freddy Schürzenjäger belästigt werden. Diese Männer meinen, eine Lesbe ‹wieder auf den richtigen Weg bringen› zu können, wenn sie über sie herfallen. Daß so ein mieses Mackerverhalten Haßgefühle produziert, ist wohl leicht zu verstehen. In gleicher Weise bekommen Lesben wie jede Frau in unserer Gesellschaft zu spüren, welch geringschätzige Meinung die meisten Männer von Frauen haben. Ist da Haß auf diese Männer verwunderlich?

Auch eine Form von Überheblichkeit ist in dem Vorurteil enthalten, das Klaus Keusch von sich gibt:

Ganz schön eingebildet, der Herr Keusch – als ob Homosexuelle ihre Partner nie auswählen würden, als ob ihnen jedes Individuum des gleichen Geschlechts recht wäre, hetero- oder homosexuell. So ein Unfug! Wir suchen uns unsere Partner ebenso sehr bzw. ebenso wenig aus, wie es unter Heterosexuellen Brauch ist. ‹Normale› Männer und Frauen sind dabei weniger in unserem Blickfeld. Ein heterosexueller Mann mag zwar lieb sein und sexuell anziehend – solange er nicht selbst homosexuelle Bedürfnisse hat, bleibt jede Beziehung zu ihm für einen Schwulen auf die Dauer frustrierend. Ich selbst habe einmal in meinem Leben versucht, einen Hetero-Mann ‹rumzukriegen,› in den ich verknallt war. Wir schliefen mehrmals – das war auch sein Wunsch – miteinander, doch es hat nix genützt. Wenig später hatte er wieder eine Freundin und meinte, er wäre wohl doch nicht schwul.

Ähnliches müssen Lesben erfahren, die eine vielleicht sehr intensive Freundschaft mit einer Hetero-Frau haben und immer wieder auf Ängste vor und geringe Bedürfnisse nach gemeinsamer Sexualität stoßen. Denkbar ist sicherlich, daß wir gerne manchen Mann oder manche Frau homosexuell machen würden, weil wir sie mögen und gerne eine Beziehung mit ihnen hätten. Leider funktioniert das meistens nicht, d. h. es klappt ausschließlich dann, wenn sie in Wirklichkeit versteckte oder verdrängte Homosexuelle sind. Es gibt eben keine Verführung zur Homosexualität. Anderenfalls ist es kaum erklärlich, warum so viele Heterosexuelle homosexuelle Erfahrungen gehabt haben (teilweise jahrelang und einigermaßen häufig, wie z. B. Strichjungen) und doch heterosexuell bleiben.

Apropos Verführung. Es ist ja eigentlich genau umgekehrt: Alle Welt setzt sich dafür ein, jede/n Heranwachsende/n zur Heterosexualität zu verführen, vor allem uns Schwule und Lesben. Was verspricht man uns nicht alles, falls wir ‹normal› werden! Glück, finanzielle Vorteile, Anerkennung und seelische Gesundheit sollen uns die Heterosexualität schmackhaft machen. Vergeblich – noch so große Verführungskünste machen aus uns keine Heterosexuellen. Wie sollte es da umgekehrt hinhauen, bei den lächerlichen Mitteln, die uns zur Verfügung stehen? Welche geheimnisvollen Anziehungskräfte vermutet man da bei uns, wenn allein schon der bloße körperliche Kontakt mit einem Homosexuellen schwul machen soll? Homosexualität muß unglaublich attraktiv sein …

Diese Dame, mit bürgerlichem Namen Traute Treuwiegold, hält viel von langen Beziehungen. Im Grunde ist eine Beziehung für sie nur dann etwas wert, wenn sie lebenslang dauert. Frau Treuwiegolds Vorbild ist die Ehe. Nun gut, das ist die allgemein verbreitete Beziehungsform bei Heterosexuellen. Fraglich ist allerdings, ob die Dauer wirklich so ein wichtiges Gütezeichen ist. Sollten wir nicht vielmehr danach fragen, wie gut die Beziehung ist, wieviel Zufriedenheit und Geborgenheit, wieviel Möglichkeiten persönlicher Entfaltung sie bietet? Dauer als wichtigstes Kriterium einer Beziehung läßt unberücksichtigt, daß oftmals irgendwelche Zwänge zwei Menschen beieinander bleiben lassen, die sich eigentlich nichts mehr zu sagen haben und mehr unter der Beziehung leiden als sie genießen: kirchliche Verbote und gesellschaftliche Diskriminierung von Scheidungen, das Vorhandensein von Kindern, die Angst vor dem Alleinsein, finanzielle Abhängigkeit usw.

Dauer an sich ist meiner Meinung nach deshalb nicht im mindesten positiv. Trotzdem wünscht sich wohl jeder von uns – ob hetero- oder homosexuell – eine engere Beziehung zu einem oder mehreren Menschen. Dieser Wunsch wird uns ja auch von klein auf eingeimpft. Nur so könnten wir glücklich werden. Aber lassen wir mal die Gründe für dies Bedürfnis beiseite. Tatsache ist der Wunsch nach dauerhaften Beziehungen auch bei Homosexuellen.

Stimmt es denn überhaupt, daß Homosexuelle ständig ihre Partner wechseln und keine längeren Beziehungen haben? Diese Behauptung ist eine pure Erfindung. Alle bisher gemachten Untersuchungen ergeben, daß fast alle, die sich als schwul oder lesbisch verstehen, fest befreundet sind oder es zumindest mal waren. An diesem Punkt sollte jedoch zwischen männlichen und weiblichen Homosexuellen unterschieden werden. Weibliche Homosexuelle sind zu einem größeren Prozentsatz fest befreundet, ihre Beziehungen dauern länger und sie sind im großen und ganzen treuer als männliche Homosexuelle.* Wie kommt das?

Lesben werden wie alle anderen Frauen dazu erzogen, treu zu sein, verständnisvoll auf die Bedürfnisse anderer einzugehen und sich nur in der Rolle als Partnerin wohlzufühlen. Weil die Frau als Ehefrau, Hausfrau und Mutter gebraucht wird, zerstört man jegliche eigenständige Persönlichkeitsentwicklung bei Mädchen, so daß sie am Ende ihre einzige Existenzmöglichkeit in der Fürsorge und Arbeit für eine andere Person – in der Regel einen Mann - erwarten. Diejenigen Lesben, die schon als Kinder die Mädchenrolle ablehnten, mögen sich ein Stück weit von dieser Vorstellung emanzipiert haben, völlig entrinnen können auch sie ihr nicht. Positiv gewendet bedeutet das: Lesben bringen in großem Ausmaß jene Eigenschaften mit in eine Beziehung, die diese dauerhaft machen können – weniger Konkurrenzdenken, dafür Geduld und Einfühlungsvermögen. Für die meisten besteht außerdem kaum das Bedürfnis nach sexuellen Erlebnissen ohne Liebe, folglich gibt es weniger Seitensprünge.

Schwule dagegen sind halt Männer. Und als solche erzogen: Männer dürfen ruhig sexuelle Beziehungen zu wechselnden Partnerinnen haben, ohne dafür schief angesehen zu werden. Ganz im Gegenteil gilt es in

* vgl. Schäfer, Schmidt, Unveröffentlichtes Manuskript, 1973 S. 53, S. 79, S. 69; Dannecker/Reiche, ebd., S. 165, S. 167. S. 178

Stammtischrunden als ausgesprochen bewunderungswürdig, mit den neuesten Eroberungen zu prahlen. Viele Weiber – viel Ehr. So will es die Doppelmoral.

Männer erzieht man zur Konkurrenz untereinander, zu Rücksichtslosigkeit und Entdeckergeist. Einfühlungsvermögen brauchen sie nicht, dafür hat in der Ehe die Frau zu sorgen. Im Berufsleben würde es nur stören. Treffen nun zwei Männer aufeinander, dann geht die übliche Rechnung nicht auf. Es ist keine Frau als Partnerin mit den entsprechenden notwendigen Eigenschaften da, sondern ein Mann, der ebenfalls auf Partnerschaft mit Frauen trainiert wurde. Es ist eigentlich eher ein Wunder, wenn zwischen Männern überhaupt längere Beziehungen hinhauen. Hierfür dürfte vorwiegend die mangelhafte ‹Männlichkeit› verantwortlich sein, die homosexuellen Männern ein gewisses Maß an ‹weiblichen› Verhaltensweisen erlaubt.

Festzuhalten bleibt: Schwule sind – wie alle Männer – schneller bereit, Beziehungen abzubrechen und neue aufzunehmen. Einzig auf sie trifft in gewisser Weise die Aussage zu, daß Homosexuelle weniger lange Freundschaften haben. Wird das auch in Zukunft so bleiben?

Ich meine, nein. Die meisten Schwulen wollen längere Freundschaften. Dazu müßte sich indessen einiges ändern. Solange Schwule gezwungen sind, sich vorwiegend in Bars, Parks und Toiletten kennenlernen, wo die gegenseitige sexuelle Anziehung einziger Auslöser für das Kennenlernen ist, solange werden Beziehungen wieder abgebrochen, wenn diese Anziehung nachläßt. Solange Schwule auf Grund der gesellschaftlichen Ächtung wenig Selbstvertrauen und damit gleichzeitig wenig Respekt vor anderen Schwulen haben, gehen Freundschaften zwischen ihnen leicht kaputt. Und so lange die Gesellschaft homosexuelle Beziehungen nicht akzeptiert, solange bleibt es eine beinahe übermenschliche Anstrengung, derartige Beziehungen über einen längeren Zeitraum aufrecht zu erhalten.

Wenden wir uns zum Abschluß des Kapitels zwei Meinungen zu, die scheinbar für Homosexuelle Stellung beziehen und doch falsch und diskriminierend sind. Da ist erst einmal Friedhelm Travolta:

Wo IST DAS PROBLEM? WIR SIND DOCH ALLE BISEXUELL.

Little Travolta meint also, uns Schwulen und Lesben damit einen Gefallen zu tun, wenn er alle Menschen kurzerhand für bisexuell erklärt. Er hat natürlich schon mal mit einem Mann geschlafen und findet auch gar nichts dabei. Was regen sich die Homosexuellen überhaupt so auf? Friedhelm Travolta tut so, als ob es keine Diskriminierung von Homosexualität gäbe, als ob die Mehrheit der Menschen nicht ausschließlich heterosexuelle Beziehungen hätte. Als ob es den meisten egal sei, welches Geschlecht der Partner hat.

Lassen wir doch die Tatsachen sprechen! Die meisten bevorzugen deutlich das eine oder das andere Geschlecht für sexuelle und engere Beziehungen. Wer wie Friedhelm Travolta normalerweise mit Frauen schläft und dann mal mit einem Mann, der wird heutzutage kaum angemacht deswegen. Er hat schließlich bewiesen, daß er es ‹richtig› kann – da gesteht man ihm ein zeitweises Ausflippen zum anderen Ufer zu. Die ganze Wucht gesellschaftlicher Anti-Homosexualität bekommt nur der zu spüren, der sich nicht gleichzeitig heterosexuell rechtfertigt. Bisexualität ist die gesellschaftlich anerkannte Form der Homosexualität.

Wer behauptet: «Wir sind doch alle mehr oder weniger schwul», gibt vor, uns zu unterstützen, und tut so, als ob alle Menschen gleich seien. Das Problem mit der Homosexualität besteht jedoch nicht darin, daß die einen mehr und die anderen weniger schwul bzw. lesbisch sind, sondern das Hetero- oder Bisexualität akzeptiert wird und Homosexualität nicht! Es ist idiotisch, zu glauben, alle Menschen hätten die gleichen sexuellen Bedürfnisse. Und es ist kriminell, wegen der bestehenden Ungleichheit einen Teil zu unterdrücken.

Wer behauptet: «Wir sind doch alle bisexuell», fordert damit gleichzeitig von Schwulen, sich gefälligst nicht so anzustellen und auch mal mit einer Frau zu schlafen. Desgleichen bei Lesben. So wird durch die Hintertür der gesellschaftliche Zwang zur He-

terosexualität wieder eingeführt. Nein danke, auf solche Unterstützung können wir verzichten. Wer homosexuell ist, muß als Homosexueller akzeptiert werden – nicht als Bisexueller!

Gerade weil wir so wenig über die Entstehung sexueller Vorlieben wissen, ist durchaus offen, ob unter anderen Bedingungen alle Menschen tatsächlich bisexuell sein könnten oder ob es weiterhin die starre Verteilung von heute gibt. Schön wäre es natürlich, wenn es nicht mehr auf das Geschlecht eines Menschen ankommt, sondern wir zu Männern und Frauen offene und liebevolle Beziehungen haben können. Nur heute ist das nicht möglich. Ich jedenfalls sehe es nicht als ein für mich tatsächlich zu verwirklichendes Ziel an, nun auf Krampf sexuelle Beziehungen zu Frauen aufzunehmen, solange ich nicht wirklich ein grundlegendes Interesse daran habe. Ich finde, es gibt zur Zeit wichtigere Ziele. Hier kommt schließlich noch eine selbsternannte ‹Homo-Freundin›, Doro Dekadent:

HOMOS SIND WAHNSINNIG FASZINIEREND.

Eine beliebte Ansicht, die Frau Dekadent da vorträgt. Ähnliche Fassungen lauten: «Homosexuelle sind künstlerisch besonders begabt» oder: «Sie haben viel mehr Geschmack.» Dies wird speziell dann erwähnt, wenn negativ über uns hergezogen wird, und soll uns verteidigen. Die Grundaussage lautet schlicht: «Homosexuelle sind was Besonderes.» Klingt eigentlich nicht mehr so eindeutig positiv, nicht! Immerhin wird mit der Aussage, wir seien etwas Besonderes (nämlich im Sinne von ‹entartet›, ‹abweichend› oder ‹pervers›», unsere Ausgrenzung begründet. Sicher sind Homosexuelle was Besonderes. Aber nicht, weil sie homosexuell sind, sondern weil sie unterdrückt werden. Sollen wir etwa stolz darauf sein, daß wir fehlendes Akzeptiertwerden mit erhöhter künstlerischer oder wissenschaftlicher Leistung ersetzen? Daß wir nach tagtäglicher Unterdrückung unserer Bedürfnisse in den Bars und auf Feten mal gehörig auf die Pauke hauen – mehr oder weniger als Ventil für aufgestaute Wünsche? Daß wir die Nähe zu Kunst und Kultur suchen, weil dort eine Art Freiraum existiert, in dem wir ein wenig ungestörter homosexuell sein dürfen? Daß wir durch die Identifikation mit berühmten Homosexuellen unser eigenes Minderwertigkeitsgefühl zu verdecken versuchen?

Also, ich bin darauf nicht stolz. All diese ‹Besonderheiten› sind einzig Folge der Unterdrückung, unter der wir leiden. Die würde ich allerdings lieber heute als morgen abgeschafft sehen. Dafür verzichte ich gerne auf meine Faszination für Doro Dekadent!

PS: Kennst du schon das Neueste aus den Bastelkellern heterobesessener ‹Wissenschaftler›? «Laute Musik macht Mäuse schwul», dies wollen türkische Forscher herausgefunden haben. Sie warnen deshalb die Jugend der Welt vor lauten Discos und phonstarken Popkonzerten, weil, man kann ja nie wissen ... Ich hoffe, sie haben recht mit ihrer These, dann gäbe es bei unseren musikbegeisterten Jugendlichen immer mehr Homosexuelle. Toll!

Was spricht gegen Homosexualität ?

eben nix!

S T E F A N, 22

Noch vor drei Jahren kannte ich Schwule nur von Horrormeldungen aus der Zeitung: «Motiv Eifersucht – Blutbad zwischen Homosexuellen!» oder «Mann versteckte 16 Knaben zerhackt in seiner Tiefkühltruhe» (BILD war dabei!). Nicht anders in Spielfilmen: Da zogen sich häßliche Männer Frauenkleider an und versuchten, unschuldige, gutaussehende Hetero-Männer zu verführen.

Heute weiß ich es besser. In der Realität sind die Schwulen die geil Aussehenden und nicht umgekehrt . . .

Aufgewachsen bin ich auf einem richtigen Bilderbuch-Bauernhof, wo die Welt noch in Ordnung ist. Unser Dorf ist eine Ansammlung von mehreren Häusern rechts und links von der Bundesstraße, wo die Autos mit 70 km/h hindurchbrettern dürfen.

Mein Vater ist Maurer, meine Mutter Hausfrau. Außerdem habe ich eine fünf Jahre ältere Schwester. Weder in meiner Verwandtschaft noch im Freundeskreis meiner Eltern gibt es Schwule. Meine Eltern haben mal was von einer Lesbe erzählt, die sie über Bekannte kennengelernt haben. Die Frau war zwischen 40 und 50 Jahre alt. Man erzählte sich, sie habe keinen Mann abbekommen und sei deshalb lesbisch geworden. Aus rein taktischen Gründen sozusagen. Kennengelernt habe ich sie aber nie.

Schon als Kind hatte ich eine besondere Abneigung gegenüber Fußball. Das hat sich bis heute nicht geändert: Der Sportteil der Zeitung fliegt ungelesen direkt in den Altpapiercontainer, und Sportsendungen werden mit großer Begeisterung wegge«zapp»t. Dafür kann ich mich an ein anderes Interesse sehr gut erinnern, als ich etwa 6 Jahre alt war. In unserem zwanzigbändigen Lexikon gab es eine Menge Bilder, die ich sehr gern angeguckt habe. Ich weiß noch, daß beim Stichwort «Barock» ein Rubens-Gemälde abgebildet war, «Raub der Tochter des Leukippos» hieß es. Zwei nackte rundliche «Rubens»-Frauen wurden von zwei halbnackten, muskulösen Männern auf die Pferde der Männer gezerrt. Dieses Bild habe ich mir öfter ganz lange angeguckt und mich richtig in die Geschichte hineinversetzt. Die beiden Männer sahen so toll aus. Sie strahlten Schönheit und Stärke aus. Und sie waren wahnsinnig geil. Das konnte ich damals natürlich nicht mit diesen Worten beschreiben. Aber so ein kribbliges, glückliches Gefühl hatte ich damals im Magen, wenn ich mir dieses Bild anguckte.

Schon in der Grundschule machte das Schimpfwort «schwul» auf dem Pausenhof seine Runden.

«Schwul» war das Schlimmste, was man zu einem Jungen sagen konnte,

das war so eine Art Superlativ von «schwach» oder «Weich-Ei». Was das Wort wirklich bedeutet, das habe ich erst später in der «Bravo» herausgefunden.

In der vierten Klasse kam ein neuer Junge in unsere Klasse, der Markus. Eigentlich kam er aus Bremen, aber seine Eltern hatten ihn und seinen Bruder auf ein Internat geschickt, das in der Nähe von unserem Dorf war.

Mit Markus habe ich mich von Anfang an gut verstanden. Wir haben mit anderen zusammen in der Pause gespielt oder haben im Sportunterricht zu zweit Übungen gemacht. Ich fand ihn richtig toll. Er sah nicht nur toll aus, sondern war auch total nett. Ich glaube, damals habe ich mich ein bißchen in Markus verliebt. Dabei hatte ich überhaupt nicht das Gefühl, das sei unnormal. Oder verboten. Leider ist Markus im folgenden Jahr auf die Realschule gekommen, ich aufs Gymnasium. Von da an haben wir uns aus den Augen verloren und uns höchstens mal im Schulbus wiedergesehen. Ich war traurig, aber ändern konnte ich es ja nicht.

Ansonsten kam ich mit Mädchen viel besser zurecht als mit Jungen.

Meine zwei «dicken» Freunde waren Matthias und Nils. Aber mein bester Freund war eine «Sie»: Claudia.

Sie war ein Jahr älter als ich, ging auf die gleiche Grundschule und war außerdem die Tochter der besten Freunde meiner Eltern. So eine beste Freundin hatte ich immer, bis in die Oberstufe hinein. Ich kam einfach mit Mädchen gut zurecht.

Auf dem Gymnasium blieb es dabei: Ich fand Jungen interessanter und schöner. Nur jetzt kriegte ich plötzlich Angst, daß mit mir etwas nicht stimmt!

In der siebten Klasse kamen mir die ersten Vermutungen, daß ich schwul sein könnte. Ich fand nämlich Fotos von halbnackten Models, die in Zeitschriften abgedruckt waren, geil. Auch die Unterhosen-Seiten im «Otto»-Katalog haben mich angemacht. In meiner Phantasie stellte ich mir vor, mit ihnen Sex zu machen.

Wegen dieser Vorstellungen und Sehnsüchte habe ich mir richtig Vorwürfe gemacht. Ich gab mir selbst die Schuld, daß ich solche Fotos toll finde. Irgendwann mußte ich damit angefangen haben, solche Fotos anzugucken, und dabei auf den Geschmack gekommen sein. Um keinen Preis auf der Welt wollte ich schwul sein. Tröstlich war nur, daß in der «Bravo» Dr. Sommer und seine Kollegen schrieben, es handele sich häufig nur um eine Phase, die von alleine vorübergeht. Schließlich war ich erst 14 Jahre alt.

Ich wollte aber nicht nur warten, sondern nachhelfen. Meine Hoffnung war, wenn ich was mit Mädchen anfange, dann würde ich auch irgendwann Mädchen geil finden.

Also probierte ich es mit einer Freundin. Sie ging auf die gleiche Schule wie ich, und wir waren über zwei Jahre zusammen. Es war eine sehr schöne Zeit, ich war auch verliebt in sie, aber alles spielte sich auf rein platonischer Ebene ab. Denn Sex, sei es Petting oder gar miteinander schlafen, hat mich nie interessiert.

Eines Tages, wir waren schon fast zwei Jahre zusammen, mußte sie sich in meiner Gegenwart zum Tennistraining umziehen. Während ich ihr irgendwas erzählte, fing sie an, sich auszuziehen. Im gleichen Augenblick drehte ich mich mit dem Rücken zu ihr und erzählte weiter. Eigentlich hätte ich es ja toll finden müssen, sie nackt zu sehen, aber es hat mich überhaupt nicht interessiert. Kurz darauf habe ich mit ihr Schluß gemacht.

Dieser Mißerfolg meiner ersten (Hetero-)Freundschaft hat mich aus der Bahn geworfen. Da kamen sie wieder, meine Befürchtungen, daß ich doch schwul bin.

Es fing eine schreckliche Zeit an. Ich war mittlerweile in der 10. Klasse.

Ständig war das Gefühl da, etwas würde mit mir nicht stimmen.

Dabei wehrte ich mich mit Händen und Füßen dagegen, so zu sein, wie ich fühlte. Es war fürchterlich. In der Oberstufe habe ich mich ganz aufs Lernen und auf die Schule konzentriert und suchte Bestätigung in Leistung und guten Noten.

Das Thema «Schwul-Sein» habe ich verdrängt. Ich fing an, eine Protesthaltung einzunehmen, ließ mir meine Haare länger wachsen und habe mich auch ganz anders angezogen als vorher. An unserer Schule nannten wir das «fucked-up». Man trug lilagefärbte Halstücher, T-Shirts im Batik-Look und braune Camel-Stiefel. Gleichzeitig fing ich an, mich für Musik aus den 60ern zu interessieren, hörte «Velvet Underground», die «Doors» und die frühen Platten von «Pink Floyd». Das alles verhalf mir zu einer besonderen Identität. Ich war allerdings nicht ich selbst.

Es ging eben alles irgendwie weiter. Nach dem Abitur fing ich sofort mit dem Zivildienst an. Erst kurz vorm Ende meiner Zivi-Zeit kam etwas dazwischen, was alles veränderte.

Im «STERN» gab es eine Titelgeschichte über Schwule: «Warum Männer Männer lieben».

Auf dem Cover sah man zwei nackte Männer, die sich ganz fest umarmten. Diesen Artikel habe ich bestimmt fünfmal durchgelesen. Ich war ganz durcheinander und hatte gleichzeitig das Gefühl, daß mir der Bericht un-

heimlich viel geben konnte. Es ging darin um Schwule, die von ihrem Coming-Out erzählten. Es stand auch etwas darüber drin, wie Homosexualität vielleicht entsteht. Vielleicht am wichtigsten war die Grundaussage des Artikels: Schwul-Sein ist nichts, wofür man sich schämen muß.
Es waren auch die Fotos, die mir Mut machten. Da waren Paare abgebildet, die ganz «normal» aussahen. Und es waren auch Paare dabei, die ganz toll und erotisch aussahen. Bis dahin hatte ich gedacht, daß Schwule nur ältere Männer im Trenchcoat à la «Wenn du mitkommst, zeige ich dir was Schönes» sind oder die Frauenkleider tragen.

Ich saß auf einer Parkbank und wußte plötzlich: Ja, ich bin auch schwul, und das ist überhaupt nicht schlimm.

Das war im August 1991. Kurz darauf kam im Fernsehen ein Film, in dem es um Schwule ging: «Coming-Out». Er handelt von einem Lehrer in Ost-Berlin, der so ganz allmählich begreift, daß er schwul ist. Diesen Film habe ich heimlich auf Video aufgenommen, ohne meinen Eltern davon zu erzählen. Sie hätten sonst sofort geahnt, was mit mir los ist. Und weil sie schlecht über Schwule dachten, hätten sie alles Mögliche versucht, um zu verhindern, daß ich irgendwann schwul leben kann. Wenig später lief dann «Maurice» im ZDF. Den habe ich auch heimlich aufgezeichnet.
Winter '91 habe ich schließlich meine erste schwule Zeitung gekauft. Das war allerdings reines Glück: Eigentlich wollte ich mir am Bahnhofskiosk einer anderen Stadt nur eine Tageszeitung kaufen. Und wie ich da anstand, um zu bezahlen, fiel mein Blick auf «magnus», der da zwischen all den anderen Illustrierten lag. Ich habe ein Exemplar mit pochendem Herz unter die Tageszeitung geschoben, damit das kein anderer sieht, und dann schnell bezahlt. Ich konnte es gar nicht abwarten, bis ich zu Hause war, um die Zeitschrift zu lesen. Im «magnus», das ist so eine Art «Emma» für Schwule, habe ich dann auch erfahren, daß es in größeren Städten Discos und Kneipen gibt, wo man andere Schwule kennenlernen kann. Daraufhin beschloß ich, in Hamburg zu studieren.
Eigentlich wollte ich nach Berlin, weil da am meisten los zu sein schien. Außerdem wäre ich da von meinen Eltern noch weiter weg gewesen. Aber leider machte mir die Wohnungsnot einen Strich durch die Rechnung – es gab keine bezahlbaren Zimmer in Berlin. In Hamburg klappte es im Sommersemester 1992 mit dem Studienplatz und einem Zimmer in einer Wohngemeinschaft.
Ich hatte vom «Magnus-Hirschfeld-Centrum» in Hamburg gelesen, einem Kommunikationszentrum für Lesben und Schwule in Hamburg-Winterhude. Der Name kam mir allerdings ziemlich mysteriös vor, ich dachte, hoffentlich ist das keine Sekte.
Dort gab es eine Beratungsstelle, bei der ich angerufen habe. Das hat zwar ein bißchen Mut gekostet, aber ich war froh, als ich es gemacht hatte. In der Beratungsstelle erfuhr ich, wo ich andere Schwule kennenlernen kann, wel-

che Discos es gibt, wie man sich vor Gewalt gegen Schwule und vor AIDS schützen kann.

In dem Zentrum gab es auch eine Jugendgruppe, zu der ich gegangen bin und wo ich zum ersten Mal Schwule in meinem Alter kennenlernte. Anfangs war ich reichlich enttäuscht.

Ich hatte das Gefühl, alle meine Vorurteile über Schwule werden bestätigt: Sie waren albern, zum Teil tuntig, überdreht und chaotisch.

Ich sah fast gar keine gemeinsamen Interessen. Fast drei Wochen habe ich mich nicht mehr hingetraut. Aber ich hatte auch keinen Mut, allein in die schwule Szene zu gehen, habe also in den sauren Apfel gebissen und bin wieder hingegangen.

Wir sind zusammen in schwule Cafés gegangen, haben zusammen Videos geguckt und haben auch politische Aktionen gemacht. In der Jugendgruppe habe ich auch meinen ersten Freund kennengelernt: Lars. Er ist mir gleich aufgefallen. Lars war der niedlichste aus der Gruppe. Er hatte kurze Haare, freche Augen und einen geilen Knackarsch. Und er war unheimlich witzig.

Es war an einem Abend im «Camelot», einer Lesben- und Schwulendisco in der Nähe der Reeperbahn. Wir hatten uns schon den ganzen Abend unterhalten und viele Gemeinsamkeiten festgestellt. In der Disco ist es dann passiert: Er stand vor mir, lächelte mich an, und wir begannen, uns zu küssen. Ich hatte ein wahnsinniges Glücksgefühl. Es war genau das, was ich wollte.

Wir waren nicht sehr lange zusammen. Aber fürs erste Mal – immerhin. Wir treffen uns trotzdem immer noch und unternehmen etwas gemeinsam.

Heute bin ich nicht mehr in der Jugendgruppe, sondern mache bei «Pink Channel» mit. Das ist ein schwules Radiomagazin in Hamburg, das zur Zeit einmal in der Woche auf dem «Offenen Kanal» gesendet wird. Dort habe ich auch meinen jetzigen Freund kennengelernt, mit dem ich seit fast anderthalb Jahren zusammen bin.

Meine Eltern sind tief geschockt, daß ich schwul bin. Zwei Tage nach der «Aktion Standesamt», bei der über 100 schwule und lesbische Paare die Standesämter gestürmt haben, habe ich es ihnen beim Abendessen gesagt. Mein Vater stand irgendwann vom Tisch auf und wollte nichts mehr darüber wissen. Meine Mutter machte sich schreckliche Sorgen, daß ich irgendwann an AIDS sterben würde. Nach einer halben Stunde mußte ich los zum Zug, und ich war froh, so schnell wie möglich von zu Hause weg zu können.

Die folgende Zeit war schrecklich und hat mich sehr belastet. Unser Verhältnis hat sich damals sehr verschlechtert. Aber vielleicht brauchen sie nur etwas Zeit, und es gibt sich alles. Sie sind bisher absolut die einzigen, die nicht mit meinem Schwulsein zurecht kommen. In Hamburg mache ich aus meinem Schwulsein kein Geheimnis und genieße es, mich nicht mehr verstecken zu müssen.

7. Kapitel

Wie Homosexuelle diskriminiert werden ~ und warum

«Ich bin schwul und bekenne mich dazu», stand auf dem Briefumschlag. Da weigerte sich die Post, ihn zu befördern. Begründung: Die Außenseite verstoße «erkennbar gegen das öffentliche Wohl oder die Sittlichkeit». BRD 1986. Zwei Jahre vorher wurde übrigens beschlossen, keine Briefmarke mit dem Bildnis des homosexuellen Schriftstellers Oscar Wilde herzustellen, da Briefmarken mit den Gefühlen der Mehrheit übereinstimmen müßten. BRD 1984.

Mit der Diskriminierung ist das so eine Sache. Manchmal spürt man sie nicht. Denkt schon fast, es gibt sie kaum noch. Ja, es hat sich was verändert bei uns. Schwule und Lesben werden sicher nicht mehr so offen benachteiligt wie früher. Etliche junge Homosexuelle treffen auf so viel unverkrampfte Anteilnahme und positive Resonanz, daß sie nicht an Diskriminierung glauben wollen. Doch soweit sind wir noch nicht! In diesem Kapitel möchte ich ein paar ganz aktuelle Fälle (fast alle aus 1986) berichten, und anschließend

erläutern, warum das alles passiert. [*] Ganz oben in der Hitliste steht natürlich AIDS. Und weil bisher vorwiegend Schwule erkrankt sind, kriegen wir's alle ab. Da wird in Berlin ein 17jähriger Homosexueller während seiner Probezeit als Küchenhelfer bei McDonald's gekündigt. Begründung: AIDS-Gefahr und möglicher Kundenverlust. Ein AIDS-infizierter Krankenpfleger wird von einer Versicherungsvertreterin, die ihm keine Police andrehen konnte, wochenlang mit Drohbriefen bombardiert: «Du schwule, AIDS-verseuchte Sau, dich zeig ich an!» Zusätzlich petzt sie noch bei seinem Vorgesetzten, daß er infiziert ist. Im Münchner Gesundheitsamt möchte man am liebsten alle Schwulen einmal im Monat auf AIDS untersuchen. Jedenfalls erklärt eine dort leitend tätige Frau mit dem

* Die meisten Fälle stammen aus dem Archiv der ZEH/Zentrale Erfassung Homosexuellendiskriminierung in Hannover (c/o HSH, Postfach 4722 3000 Hannover 1).

schönen Namen Löffelholz von Colberg: «Regelmäßige Untersuchungen von Personen mit häufig wechselndem Geschlechtsverkehr (sie meint wohl wechselnde Partner, Anm. Th.G.) können keinesfalls als Diskriminierung gewertet werden, es handelt sich vielmehr um notwendige Schutzmaßnahmen ... im wohlverstandenen Interesse der Volksgesundheit.» Ja, ja.

Diese Frau Löffelholz (sie heißt wirklich so!) ist nun beileibe keine Ausnahme in der Ärzteschaft. Was einige aus dieser Zunft an Bockmist im Kopf haben, offenbart sich im September 1984 nach einem Artikel über Homosexuelle im «Deutschen Ärzteblatt». Ein Dr. Dr. med. Werner Freitag aus Reckershausen schreibt in seinem Leserbrief: «Eine unbestreitbar abartige Minderheit möchte unter dem Deckmantel von Toleranz, Liberalität ihre schamlose Zügellosigkeit vertuschen. Homosexuelle Praktiken dürften bei jedem gesunden Menschen Ekel und Abscheu hervorrufen...»

Ein anderer Arzt versteigt sich zu folgender Geiferei: «Die gesund empfindende Bevölkerung lehnt diese Abartigkeit ... mit Widerwillen ab. In der Geschichte hat ... die Zunahme perverser Verhaltensweisen parallel zu wachsender Suchtanfälligkeit, Kriminalität und Kinderfeindlichkeit stets den Niedergang der betroffenen Gesellschaft einge-

TJA, KOLLEGE MÜLLERMANN, MIR IST HEUTE ZU OHREN GEKOMMEN, ASS SIE SICH DES ÖFTEREN IHREN CHÜLERINNEN UNSITTLICH GENÄHERT HABEN...

... DAS REINIGT SIE NATÜRLICH VON DEM SCHLIMMEN VERDACHT, ALS SCHWULER LEHRER ZU GELTEN!

Jch habe Angst! Jch werde Lehrer

leitet. Insoweit individuelle Behandlung nicht den gewünschten Erfolg zeitigt, gebietet es die Verantwortung, widernatürliche Verhaltensweisen als solche anzusprechen und notfalls aus der Gesellschaft zu extegrieren.»

Falls du das letzte Wort nicht kennen solltest – kein Wunder, das gibt's nämlich gar nicht! Wahrscheinlich meint er das Gegenteil von «integrieren», er will uns also «ausgliedern». So ähnlich haben es die Nazis auch am Anfang genannt...

Und die kamen ohne AIDS aus. Wie die Bundeswehr. Im fränkischen Weiden schreit der Musterungsarzt einen schwulen Wehrpflichtigen an, bei der Bundeswehr werde man ihn schon «bi» machen. Außerdem gäbe es ja in München eine Klinik für psychisch Kranke, wo ihm solche Gedanken notfalls ausgeprügelt werden könnten.

Fast komisch wirkt hingegen der nächste Fall, wenn er nicht eine massive Diskriminierung darstellen würde: Unteroffizier Wolfram S. soll einen schlafenden Soldaten mit einem Kuß geweckt haben! Pfui! Dies muß so wehrkraftzersetzende Folgen gehabt haben, daß S. dafür 4 Monate (!) ins Gefängnis muß und anschließend aus der Bundeswehr entlassen wird.

Bei der Wohnungssuche gibt es Mitte der 80er Jahre recht wenig Fälle von Diskriminierung, aber so was wie Eva K. (27) kann man schon noch erleben: «Meine Freundin hat eine sehr schöne große Wohnung. Als wir ein halbes Jahr zusammen waren, wollte ich gern zu ihr ziehen, aber der Vermieter hat es verboten. Es wären schon Klagen von Nachbarn gekommen, weil meine Freundin und ich auch in der Öffentlichkeit nichts verheimlichen und uns schon mal mit Kuß an der Tür verabschieden. Der Vermieter behauptet, daß sowieso generell nicht untervermietet werden dürfe. Dabei wohnen mindestens drei heterosexuelle Paare seit Jahren im selben Wohnblock ganz offiziell zusammen.» Was für Hetero-Paare selbstverständlich ist, gilt eben für Lesben noch lange nicht immer.

Aber wie gesagt, meist geht das inzwischen gut. Sogar in den Kirchen scheint sich einiges anzubahnen, wenn da nicht immer noch ein paar recht einflußreiche Oberste uns den Hirtenstab zwischen die Beine schmeißen würden. Etwa der Paderborner Erzbischof Degenhardt. Er kramte 1984 all die überholten Vorurteile aus der Mottenkiste, um uns eins reinzuwürgen: «Homosexualität kann entstehen aus falscher Erziehung, aus mangelnder sexueller Reife, durch schlechte Beispiele und Verführung, aber auch durch eine krankhafte, abnorme Veranlagung...» Homosexuelle Beziehungen sind eine «schwer sündhafte Verirrung». Wer hier wohl etwas verirrt ist...

Ende '86 äußern sich gar alle katholischen Bischöfe miteinander zur Homosexualität: Sie sei «objektiv ungeordnet» (was 'n das?), bedrohe «Leben und Wohlfahrt einer großen Zahl von Menschen ernsthaft» und sei «unmoralisch». Ihre Empfehlung für Homosexuelle: «ein keusches Leben führen». Mit viel Energie sorgen die hochgeistigen Männer also dafür, daß weiterhin Gläubige in schwere Zweifel und Gewissensbisse getrieben werden. Das soll christlich sein?

Auch die Medien leisten sich immer noch peinliche Ausrutscher. Ist ein Mörder zufällig schwul, dann meldet dpa eben: «Homosexueller Angeklagter erwürgte eine 82jährige Rentnerin.» (Geschehen am

18. 12. 84.) Was der Mord mit seiner Veranlagung zu tun hat, kann dpa nicht erklären. Homosexualität und Kriminalität werden so lange durcheinandergewürfelt, bis sie als Einheit erscheinen. Am nächsten Tag wird dann die Meldung womöglich von BILD weiter aufbereitet: «Die heißen Nächte des homosexuellen Mörders» oder «Mutter des Homo-Mörders: Womit habe ich das verdient?»

BRAVO antwortet einem 14jährigen Jungen in Heft 47/86: «Vielleicht hast du nur noch nicht das richtige Mädchen kennengelernt.» Und Didi Hallervorden (oder wie die Spaßmacher der Nation auch alle heißen) schafft keine Show ohne Schwulenverarschung.

Öfter zeigt sich Diskriminierung im Fernsehen aber im Verschweigen oder Verbieten. ZDF-Intendant Stolte will beispielsweise das kritische Jugendmagazin DIREKT abschaffen, nachdem in einer Sendung Schauspieler in der Rolle AIDS-kranker Homosexueller den Jugendlichen schilderten, wie man beim Sex eine Ansteckung verhindert. Dies «verstoße gegen Jugendschutzvorschriften».

Oder wie findest du das: In der Fernsehsendung «3 nach 9» meint Bremens Polizeipräsident Diekmann 1985: «Wenn Schwulsein zur Pflicht wird, dann wandere ich aus!» Was sollen wir denn sagen, wo doch bei uns Heterosexualität Pflicht ist? Ist es bei solchen Vorgesetzten ein Wunder, wenn ein Kripobeamter nach dem Mord eines Strichers am schwulen Taxifahrer S. vor Gericht sagt, dieser «habe sich alles selbst zuzuschreiben, ein Homosexueller muß mit so was rechnen»? Ja, wo leben wir denn? Sind Schwule Freiwild?

Und wenn Gruppen versuchen, sich

zu wehren, dann geht's weiter: Ein Flugblatt der schwullesbischen Jugendgruppe Hannover, das diese im Sommer '86 in der Stadt verteilt hatte, wird anonym an sie zurückgeschickt – «verziert» mit Sprüchen wie «Arschficker, Kinderverführer, Säue, Gesindel, ihr Schmutzfinken, bald wird mit euch Schluß gemacht!»

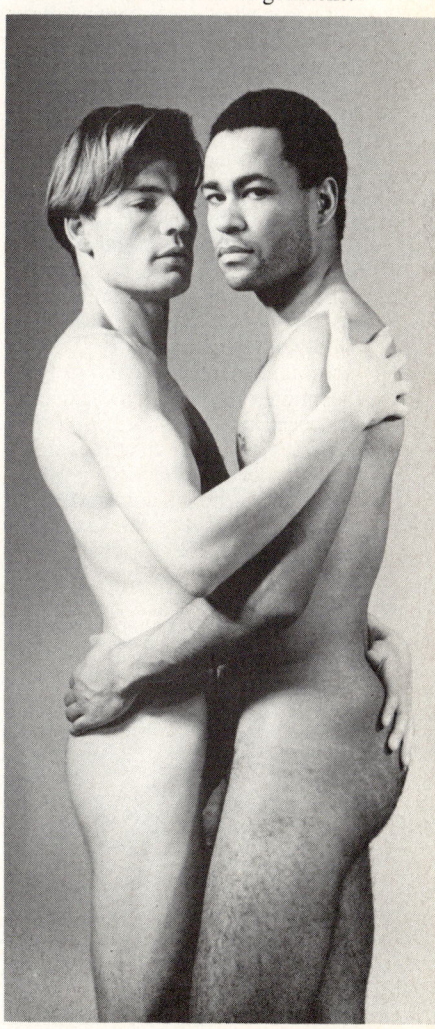

Politiker drücken sich «feiner» aus. Der Düsseldorfer SPD-Ratsherr Farrenkopf lehnt einen Antrag auf finanzielle Unterstützung des Schwulen- und Lesbentreffs «Café Rosa Mond» ab: «Krankhafte Menschen brauchen andere Hilfe.» Vielleicht polizeiliche, oder warum beobachtete ein Polizeibeamter das Geburtstagsfest der Schwulengruppe Kaufbeuren am 19. 7. 86 auf einer Leiter stehend, durch ein Fenster von außen? Es hilft nichts, das Recht auf seiner Seite zu haben, man muß auch mit der Polizei rechnen... Dieselbe Gruppe muß sich übrigens heimlich treffen, weil weder der Stadtjugendring noch die Kirche mit «solchen Leuten» zusammenarbeiten will!

Soll ich noch weitererzählen, oder hast du schon genug? Der größte Klops kommt nämlich noch: Der Homosexuellenparagraph 175. Seit Jahrhunderten wird Homosexualität strafrechtlich verfolgt. Ob im christlich-fränkischen Recht des 9. Jahrhunderts oder im preußischen Strafgesetzbuch, 1871 bei der Reichsgründung übernommen – stets drohte für die gleichgeschlechtliche Liebe eine empfindliche Strafe. Flammentod für Homosexuelle lautete das Urteil im Mittelalter und lange Zuchthausstrafe stand auf dieses «Vergehen» im Deutschen Reich. Brutaler Höhepunkt in der Neuzeit jedoch war die Herrschaft der Nazis. Sie verschärften 1935 den alten § 175 und warfen -zigtausende von Schwule und auch Lesben in Zuchthaus und KZ.

Erst 1969, vierundzwanzig Jahre nach Kriegsende, wird die im Nationalsozialismus entstandene Verschärfung des § 175 zurückgenommen und die Strafbarkeit von Homosexualität bei Erwachsenen beseitigt. Aus «Liberalität» – nicht etwa, weil die Politiker unser Treiben in Ordnung finden. Ganz im Gegenteil! Noch am 1. 11. 86 macht die Bundesregierung klar, daß sie die Verbrechen der Nazis an Schwulen und Lesben für rechtens hält: «Die Bestrafung homosexueller Betätigung in einem nach den strafrechtlichen Vorschriften durchgeführten Strafverfahren... (ist) weder NS-Unrecht noch rechtsstaatswidrig.» Wohl auch deshalb existiert der Paragraph weiter. Eine endgültige Abschaffung macht keine der großen Parteien mit. Originalton CDU-

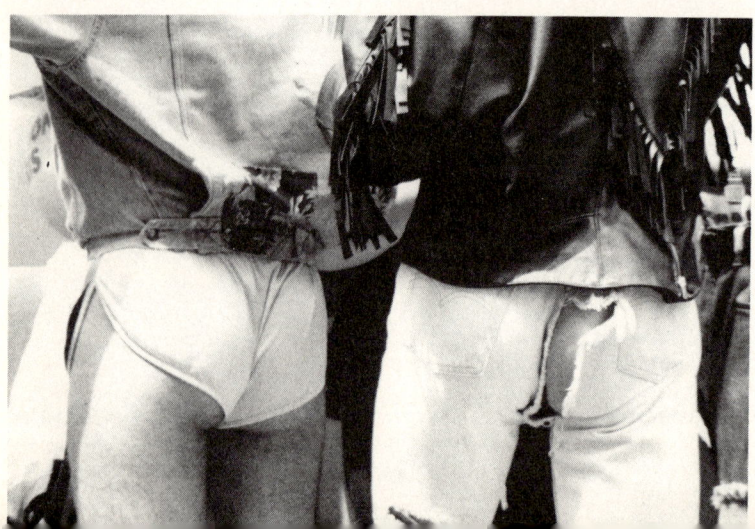

175

Die Geschichte eines Paragraphen

Verbranntwerden bei lebendigem Leib oder Versenken im Moor – so wurde Homosexualität bei einigen germanischen Volksstämmen bestraft. Sogar noch in der CCC (Constitution Criminalis Carolina), die 1533 während der Regentschaft Kaiser Karls V. allgemeines Reichsgesetz wurde, hieß es im Artikel 141: *Straff der unkeusch, so wider die natur geschicht.*
*So eyn mensch mit einem vihe, man mit man, weib mit weib unkeusch treyben, die haben auch das leben verwürckt und mann soll sie der gemeynen gewohnheit nach mit dem feur vom leben zum tod richten.**

Den Begriff ‹Homosexualität› gibt es damals noch nicht, er wird erst im 19. Jahrhundert geprägt. Man faßt alles – Homosexualität bei Frauen und Männern sowie Verkehr mit Tieren – unter dem Begriff ‹Unkeuschheit wider die Natur› oder kürzer ‹Sodomie› zusammen. Letzteres nach der Stadt Sodom, die laut Bibel wegen des unzüchtigen Lebenswandels der Bewohner in Schutt und Asche gelegt worden war.
Erst 1794 schafft Friedrich der Große in Preußen die Todesstrafe für Sodomie ab. Man oder frau landet statt dessen für Jahre im Zuchthaus. Bayern und die rheinischen Staaten zeigen sich weitaus sexualfreundlicher: In Bayern wird 1813 ein Entwurf Feuerbachs für ein Strafgesetzbuch verabschiedet, der Sodomie über-

* vgl. G. Bleibtreu-Ehrenberg: Tabu Homosexualität, Frankfurt 1978, S. 297

haupt nicht mehr bestraft, und etwa zur gleichen Zeit wird im Rheinland mit der Einführung des ‹Code Napoléon› die Sodomie straffrei. Lediglich Westfalen und Preußen bleiben als ‹Hüter deutscher Moral› hart und schicken Schwule, Lesben und ‹Tierliebhaber› weiter in den Knast.

1851 dann passiert es: bei der Neufassung des preußischen Gesetzbuches wird aus der bisher für beide Geschlechter geltenden Sodomie-Bestrafung die ‹widernatürliche Unzucht zwischen Personen männlichen Geschlechts›. Zwar wurde weibliche Homosexualität sowieso nur in seltensten Fällen verfolgt (und dies mag der Grund dafür sein, daß Lesben bei der Neufassung des Gesetzes schlichtweg vergessen wurden), aber erst mit dieser Umformulierung endet formal die strafrechtliche Verfolgung lesbischer Frauen auf preußischem Boden.
Bei der Gründung des Deutschen Reiches im Jahre 1871 wird eine Vereinheitlichung der unterschiedlichen Strafrechte notwendig. Preußen hat dabei einen so starken Einfluß, daß im neuen ‹Deutschen Strafrecht› praktisch die alte preußische Fassung des ‹Unzucht›-Paragraphen übernommen wird. Er lautet:

§ 175   Die widernatürliche Unzucht, welche zwischen Personen männlichen Geschlechts oder von Menschen mit Tieren begangen wird, ist mit Gefängnis zu bestrafen. Auch kann auf Verlust der bürgerlichen Ehrenrechte erkannt werden. Bayern, Württemberg, Hannover, Braunschweig und Baden fügen sich zähneknirschend in den sittenstrengen Kurs der Preußen. Allerdings ist dieses Gesetz von Anfang an heftig umstritten. Schon 1869 wendet sich eine Ärztekommission gegen die Strafbarkeit der einfachen Homosexualität. Die Gerichte legen den § 175 in der Regel so eng aus, daß nur ‹beischlafähnliche Handlungen› (= Analverkehr) darunter fallen.

Diesen Paragraphen endgültig zu beseitigen, hat sich das 1897 unter Führung von Dr. Magnus Hirschfeld gebildete ‹Wissenschaftlich-Humanitäre Komitee› (WHK) zum Ziel gesetzt. Eine Eingabe an den Reichstag wird erstellt, 6000 Unterschriften gesammelt und das Ganze dem Parlament durch August Bebel (SPD) präsentiert – ohne den gewünschten Erfolg. Im Gegenteil: 1907 bezichtigt der Publizist Harden den Freund und Berater Kaiser Wilhelms II., Fürst Eulenburg, der Homosexualität. Der Skandal und der daraus folgende Prozeß lösen eine Verfolgungswelle von Homosexuellen aus. 1912 wird gar eine Wieder-Einbeziehung von Lesben in den § 175 im Reichstag beantragt, scheitert aber am heftigen Protest von Sozialisten und Frauenorganisationen.

1918. Die Republik wird ausgerufen und neue Hoffnungen tauchen auf. Doch der § 175 bleibt auf Drängen der (katholischen) Zentrums-Partei bestehen. Unermüdlich arbeitet das WHK weiter. Es startet 1922 einen erneuten Vorstoß, diesmal mit mehr Erfolg. Die SPD fordert auf ihrem Kieler Parteitag (1927) die Abschaffung des Paragraphen, und am 16. Oktober 1929 beschließt der Strafrechtsausschuß des Reichstags mit den Stimmen aller SPD- und KPD-Abgeordneten, die Streichung des § 175 zu empfehlen. Die Homosexuellen und das ‹Wissenschaftlich-

Humanitäre Komitee› feiern das Ergebnis ihrer langjährigen Bemühungen begeistert – aber zu früh. Es kommt nicht mehr zur Verabschiedung im Reichstag.

Nach der ‹Machtergreifung› behalten die Nazis anfangs die alte Praxis zum § 175 bei. Erst Mitte 1934 ändert sich das: im Juni läßt Hitler unter dem Vorwand homosexueller Entartung die SA zerschlagen und ihre Führer (u. a. Röhm) niedermetzeln. Was anfänglich dazu dient, eine unliebsame Gruppe innerhalb der Partei auszuschalten, wächst bald zu einer beispiellosen Hetzkampagne gegen Homosexuelle heran.

Ein Jahr danach wird auf dem Nürnberger Parteitag der NSDAP zusammen mit der Rassengesetzgebung der neue § 175 verkündet. Jegliche homosexuelle Handlung zwischen Männern ist ab jetzt strafbar, schon ein Kuß kann zur Anklage führen. Hinzu kommt der § 175 a, welcher Homosexualität in Zusammenhang mit Prostitution, Mißbrauch von Abhängigkeit und Gewaltanwendung mit Zuchthaus bis zu zehn Jahren bestraft. Tausende von Homosexuellen werden verhaftet, ins Zuchthaus gesteckt, anschließend in die Konzentrationslager verfrachtet und dort entweder zu Tode geschunden oder sofort umgebracht.

Nach dem Zusammenbruch des Faschismus und der Bildung zweier deutscher Staaten entwickelt sich auch das Strafrecht unterschiedlich. Während in der DDR die Nazi-Fassung des § 175 nach einem Beschluß des Obersten Gerichts vom 23. 3. 1950 außer Kraft gesetzt und wieder nach der alten Version geurteilt wird, denkt die regierende CDU in der Bundesrepublik überhaupt nicht daran, gleichzuziehen. So bleibt die Verschärfung der Nazis noch fast 25 Jahre gültig, da sie nach Meinung des Bundesverfassungsgerichts vom 10. Mai 1957 kein «typisch nationalsozialistisches Gedankengut» darstellt. Homosexuelle KZ-Häftlinge erhalten folgerichtig keine Entschädigung – im Gegensatz zu ihren heterosexuellen Mitgefangenen.

Bis 1969 werden also Schwule in der BRD härter bestraft als vor 1935! Erst die Große Koalition zwischen SPD und CDU entschärft im Zuge ihrer Reformpolitik den § 175 und schafft den § 175a ab. Homosexualität zwischen Männern über einundzwanzig Jahren wird straffrei. Von 1973 an gilt dann der Paragraph in seiner letzten Fassung: Er droht jedem «Mann über 18 Jahre, der sexuelle Handlungen an einem Mann unter achtzehn Jahren vornimmt oder von einem Mann unter achtzehn Jahren an sich vornehmen läßt», mit Freiheitsstrafe bis zu fünf Jahren oder mit Geldstrafe[1].

In der früheren DDR ist man immer einen Schritt voraus, was die Entkriminalisierung von Homosexualität angeht. Wie oben schon gesagt, wird die Nazi-Fassung nach 1950 nicht mehr angewandt, sondern die alte Version aus der Zeit vor 1934. 1968 wird dann der schwule Verkehr zwischen Erwachsenen straffrei – ein Jahr früher als in der BRD. Der § 175 wird durch den § 151 ersetzt, der eine «Schutzalter»-Grenze von 18 Jahren einführt. In den 80er Jahren rührt sich jedoch auch gegen diesen neuen Schwulen-Paragraphen immer heftiger der Widerstand, sowohl von seiten der kirchlichen und staatlichen Gruppen als auch von Wissenschaftlern. Schließlich, am 14. Dezember 1988, wird der 151 gekippt – und damit gibt es in der DDR kein Sondergesetz mehr für Homosexuelle. Der § 149 sieht jetzt für jeden, ob hetero oder schwul, eine Strafe vor, wenn er / sie mit Jugendlichen unter 16 Jahren Geschlechtsverkehr hat. Doch knapp zwei Jahre später tritt die DDR der Bundesrepublik bei. Wie beim § 218 (Schwangerschaftsabbruch) besteht die Gefahr, daß «West»-Recht übernommen wird und die kurze «Sonderparagraphfreie» Zeit schon wieder zu Ende geht.

Da läuft am 19. Dezember 1990 eine Meldung über den Ticker der Nachrichten-Agenturen: «§ 175 wird abgeschafft!» Fast unbemerkt von der Öffentlichkeit, und natürlich verschämt diskret, haben sich die Koalitionspartner der soeben neu gewählten Bundesregierung darauf geeinigt, den zwei Jahre vorher erfolgten DDR-Schritt nachzuvollziehen. Künftig sollen in der gesamten neuen Bundesrepublik «einheitliche Schutzvorschriften» für Jugendliche unter 16 Jahren gelten. Der Kampf der Schwulengruppen und vieler Wissenschaftler hat es gebracht: Schwulsein verschwindet endlich aus dem deutschen Strafgesetzbuch!

1 nach Beck: Strafgesetzbuch, 18. Auflage, 1978, S. 111

Staatssekretär Benno Ehrhard: «Finger weg vom Hosenlatz der Kinder! Die sexuelle Entwicklung junger Menschen muß behutsam erfolgen, sonst können schlimme seelische Schäden entstehen.» Parteifreund Prof. Dr. Karl-Heinz Hornues beweist, daß auch angeblich gebildete Leute kräftig einen an der Klatsche haben können: «Kinder dürfen nicht Freiwild für lüsterne Erwachsene sein und deren raffinierten Verführungskünsten ohne Schutz durch das Strafrecht ausgeliefert werden.» Auch für Johannes Rau kommt «eine solche Änderung des Sexualstrafrechts unter keinen Umständen in Frage». Wohlgemerkt – und die Herren wissen das! – es geht hier nicht um Kinder, sondern um Jugendliche ab 18 (siehe 11. Kapitel)! Der § 175 trifft zwar Lesben nicht, aber es gibt noch genügend andere Möglichkeiten, sie zu treffen. Etwa, indem Gerichte das Sorgerecht für ihre Kinder dem Vater zusprechen. Mit der Begründung: «Die weitere Entwicklung des Kindes dürfte beim Vater, bei dessen Leben im Rahmen der üblichen gesellschaftlichen Normen, überschaubarer und ruhiger verlaufen als bei der Mutter.» Oder ein Gericht mischt sich in Beziehungen ein. So geschehen in Berlin 1985, wo auf Anklage der Mutter einer 17jährigen verboten wird, ihre 27jährige Freundin zu treffen. Begründung: Homosexualität sei eine Fehlentwicklung. Der Freundin wird Zwangsgeld von DM 300 angedroht, sollte sie wieder Kontakt mit der Tochter aufnehmen. Besonders Lesbengruppen, ihre Kneipen oder Buchläden sind Zielscheibe männlicher und nur zu oft faschistischer Übergriffe. Der Frauenbuchladen «Nora» in Bonn zum Beispiel erhielt 1984 ein Nazi-Flugblatt zugeschickt, auf dem u. a.

stand: «Eine Lesbe macht noch keinen Frühling, 100 Lesben aber bringen einen über den kalten Winter! Im Ofen ist genug Platz!» In Wuppertal bedrohten zur selben Zeit zwei Neonazis mit Briefen das Frauencafé «Dröppel(fe)mina»: «Deutschland erwache, Lesben verreckt! Am 26. 10. brennt die ‹Dröppel(fe)mina›!»

Dazu kommt, daß Lesben eben schon als Frauen mit Diskriminierung fertig werden müssen. Frau sein und Lesbe, bedeutet Schläge von zwei Seiten ertragen. Als nichtverheiratete Frauen trifft sie ein Arbeitsplatzverlust besonders hart, im traditionellen Sexualkunde-Unterricht wird sie nicht nur als Homosexuelle verunglimpft, sondern kriegt obendrein ein schwachsinniges Bild von weiblicher Sexualität geboten. Dies alles ist vielleicht die Ursache dafür, daß viele Lesben den Schritt ins homosexuelle Leben mit schier unglaublichen Ängsten tun. Wer schon an der Unterdrückung als Frau zu knacken hat, setzt sich ungern weiteren Repressionen aus! Konsequenz: Die eigene Homosexualität vor sich selbst zu verstecken. Das ist die gemeinste Auswirkung der gesamten staatlichen sowie gesellschaftlichen Unterdrückung: die Selbstunterdrückung! Vorurteil über Vorurteil, Spott und Lügen – all die großen und kleinen Angriffe der Umwelt auf Homosexualität, sie bleiben nicht ohne Auswirkung auf unser Selbstwertgefühl. Klammheimlich, ohne daß es uns richtig bewußt wird, übernehmen wir mit dem Hineinwachsen in die Gesellschaft die herrschenden Normen, Bauen sie ein in unser Weltbild, verinnerlichen sie. Am Ende denken wir über Homosexualität genauso wie jedermann. Selbstunterdrückung sagt: «Irgendwie bin

ich ja auch pervers!» Selbstunterdrückung sagt: «Ich bin es nicht
wert, als Mitglied dieser Gesellschaft akzeptiert zu werden.»Selbstunterdrückung bringt uns dahin zu
schweigen – man könnte uns ja hassen, wenn es bekannt würde!
Selbstunterdrückung ist es, sich zu
verstecken, anstatt für das Recht auf
ein homosexuelles Leben zu kämpfen. Die allerschlimmste Form der
Selbstunterdrückung ist es, zu sagen
– und zu glauben –: «Ich werde gar
nicht unterdrückt.»
Viele Homosexuelle denken so und
fügen sich in die Nischen, die ihnen
unser ‹liberaler› Staat läßt. Sie fragen
natürlich auch niemals, *warum* sie so
leben. Warum man uns das Leben so
wahnsinnig schwer macht. Wieso will
man uns nicht am Arbeitsplatz lassen? Wozu werden die Lügen und
Halbwahrheiten über uns erzählt?
Weshalb verdammt uns die Kirche?
Was versprachen sich die Nazis von
unserer totalen Vernichtung?
So viele Fragen – doch es muß eine
Antwort darauf geben! Vielleicht
begreifen wir im Moment nicht bis
ins letzte die Gründe, aber vieles wird
immer klarer, je genauer wir Zu-
sammenhänge aufspüren, geschicht-
liche Entwicklungen analysieren
und Tatsachen sammeln.
Unterdrückung von Homosexualität
hat ganz gewiß mehrere Gründe. Ich
will nicht untersuchen, warum Frau
Meier etwas gegen ihren schwulen
Kollegen hat, oder wieso Herr
Schmidt seine lesbische Nachbarin
so ekelhaft findet. Das mag individuelle Ursachen haben, womöglich auf
der psychologischen Ebene. Oder
sie sind einfach vollgepfropft mit
Vorurteilen. Uninteressant finde ich
gleichfalls, ob Homosexuellen-Dis-
kriminierung irgendwas mit dump-
fem Glauben oder mystischen Bräu-
chen zu tun hat. Glauben läßt sich

schüren, Bräuche können unterdrückt werden oder gefördert.
Wichtig erscheint mir einzig die Frage, *warum* bestimmte Vorurteile geschaffen oder gefördert werden,
welche Interessen von Staat und Kirche dahinterstehen, wenn sie Homosexualität verdammen. Das sind
gewiß keine psychologischen Motive
oder gar Unwissenheit – dahinter
stecken handfeste wirtschaftliche
und politische Gründe!
Die Hauptursache liegt darin, daß
Schwule oder Lesben, wenn sie miteinander ins Bett steigen, dies nur
tun, weil sie Spaß daran haben. Kinder können dabei nicht gezeugt werden. Man kann also Homosexualität
als eine Form von Lust-Sexualität
bezeichnen, deren einziger Zweck es
ist, den Beteiligten Genuß zu bereiten. Dem steht die Fortpflanzungssexualität gegenüber, deren Zweck
es ist, Kinder zu produzieren. Heterosexueller Geschlechtsverkehr
kann somit Lustsexualität und Fortpflanzungssexualität gleichzeitig
sein oder auch nur eins von beidem –
je nachdem, wie die ‹Beteiligten›
empfinden, was sie miteinander machen. Wichtig für das Verständnis der
Homosexuellen-Verfolgung ist die
Unterscheidung zwischen Fortpflanzungssexualität und all den anderen
Formen der Sexualität, die man/frau
aus Spaß an der Sache betreibt.
Im Mittelalter gab es, davon zeugen
viele Bilder und Geschichten, ein
recht freies sexuelles Leben in Europa. Es wurde nackt geschlafen, in
großen Badehäusern tummelten sich
Männer, Frauen und Kinder völlig
ungezwungen, über Sexualität wurde offen gesprochen, und sie wurde
mehr oder weniger offen praktiziert.*

* Vgl. Ussel: Sexualunterdrückung,
Reinbek 1970, S. 56 ff

Mit dem Beginn der Neuzeit (etwa um 1400 n. Chr.) setzte eine Entwicklung ein, die Sexualität total auf die Ehe beschränkt, Nacktheit zum Tabu erklärt, und Abtreibungen ebenso wie Homosexualität mit dem Tode bestraft. In dieser Zeit wurde in Europa (und über die folgende Kolonialisierung auf dem gesamten Erdball) eine allgemeine Sexualunterdrückung eingeläutet, deren Auswirkungen wir noch heute spüren. Unterdrückung von Homosexualität ist nur in diesem Zusammenhang zu verstehen. Wie aber kam es zu diesem Umschwung?

Betrachten wir die Bevölkerungsentwicklung in Europa zwischen 700 v. Chr. und heute, dann fällt folgendes auf: bis etwa 1300 n. Chr. stieg die Bevölkerungszahl stetig bis auf 73 Millionen an, dann sank sie rapide um etwa ein Drittel bis zum Beginn des 15. Jahrhunderts. Von da ab ging es in immer rasanterem Anstieg bergauf: 69 Millionen um 1500, 90 Millionen um 1600, 115 Millionen um 1700, 187 Millionen um 1800 und schließlich 423 Millionen um 1900. [*]

Es gab also im 14. und 15. Jahrhundert eine starke ‹Entvölkerung›. Das lag nun nicht daran, daß viele ausgewandert sind, sondern an dem abnehmenden Fortpflanzungstrend der Menschen in Europa. Zusätzlich starben überproportional viele Menschen. Nach einer Blüte der Landwirtschaft über mehrere Jahrhunderte brachte eine ‹kleine Eiszeit› und die Erschöpfung der Böden wirtschaftliche Not. Die Pest raffte Tausende und Abertausende weg. Adel, Kirche und die in ihren Diensten stehenden Gelehrten zerbrachen sich den Kopf, wie man den katastrophalen Bevölkerungsrückgang

stoppen und umkehren könnte.
Denn für ihre Kriege und die Arbeit auf ihrem Landbesitz brauchten sie Menschen in Hülle und Fülle. Fehlten die Arbeiter auf den Feldern, dann konnten die keine Abgaben zahlen, und das Land lag nutzlos brach. Fehlten die Soldaten, dann konnten Fürsten und Kaiser keine Kriege führen. Verringerten sich die Schäfchen von Mutter Kirche, dann sah es für deren Finanzen und Einflußmöglichkeiten nicht gerade berauschend aus.

Alle haben 'HOLOCAUST' gesehen
Tausende haben erschüttert den WDR angerufen
aber
das KZ-Schicksal der Homosexuellen hat in der Diskussion keine Rolle gespielt —
obwohl wir wissen
daß gerade die Gefangenen mit 'Rosa Winkeln' entsetzlich litten und die Überlebenden bis heute keine Rehabilitierung und Wiedergutmachung erreichten!
BETEILIGT EUCH

* nach Heinsohn, Knieper, Steiger: Menschenproduktion, Frankfurt a. M. 1979, S. 40

In der Vergangenheit hatten die Herrscher schon einmal mit dem Problem des Menschenmangels zu kämpfen: Auch im Römischen Reich war die wirtschaftliche Krise einhergegangen mit einer Schrumpfung der Bevölkerungszahl um über 50 %. Menschenmangel war in den ersten dreihundert Jahren unserer Zeitrechnung zum zentralen Problem römischer Herrschaft geworden. Dagegen setzte Kaiser Augustus (63 v. Chr.–14 n. Chr., das ist der mit der ersten historisch überlieferten Volkszählung, bei der Maria und Josef zwecks Erfassung auf Reise gehen mußten und unterwegs der kleine Jesus das Licht der Welt erblickte) staatliche Maßnahmen zur Ankurbelung der Geburtenrate. Während die Ehe bis dahin als Privatsache galt, versuchte Augustus nun, eine Ehepflicht durchzusetzen. Davon wurden nur diejenigen befreit, die schon mehrere Kinder ‹produziert› hatten. Der Zweck war klar: Förderung der Fortpflanzungssexualität. Aus dem gleichen Grund wurden auch außereheliche sexuelle Beziehungen (die man eher aus Spaß pflegte, als um Kinder zu zeugen) verboten.

Spätere Kaiser versuchten diese Maßnahmen zu ergänzen: So verbot Kaiser Konstantin 318 die Kindestötung, zu jener Zeit eines der üblichen Mittel zur ‹Verhütung›, und fünfzig Jahre später Kaiser Valentin die Homosexualität (mit Todesstrafen bei Zuwiderhandlung). Homosexualität dient nur der Lust der Beteiligten und läßt sich nicht für die Menschenproduktion verwerten. Deshalb mußte sie ebenso bekämpft werden wie alles andere, was ein Wiederanwachsen der Bevölkerung behindern könnte.

Nicht nur mit Gesetzen versuchten die römischen Kaiser der Lage Herr zu werden. Sie entdeckten, daß die bis ins dritte Jahrhundert unserer Zeitrechnung so arg geschmähten Christen (man pflegte sie den Löwen vorzuwerfen) in Fragen der Sexualmoral genau den benötigten Standpunkt vertraten: «Gehet hin und mehret euch!» Christliche Sexualität war rein auf Fortpflanzung programmiert und verdammte alle ‹nutzlosen› Formen als Unzucht (Onanie, Homosexualität, Promiskuität usw.). Das Christentum wurde 391 n. Chr. zur Staatsreligion bestimmt – und so war der zweite Hebel zur Ankurbelung der Menschenproduktion, die ideologische Rechtfertigung, vorhanden. Christliche Fortpflanzungsmoral wurde zum staatlichen Familiengesetz.

Es dauerte sehr lange, bis diese bevölkerungspolitischen Maßnahmen griffen. Erst im 8. Jahrhundert kam es mit dem Aufstieg des Feudalismus zum erneuten Bevölkerungswachstum. Ganz im Sinne der christlichen und staatlichen Moral: Sex nur in der Ehe und dabei fleißig Kinder produzieren. Weil das so gut klappte, wurde von den Herrschenden mit der Zeit nicht mehr ganz so genau auf die Einhaltung der propagierten Sexualmoral gepocht, so daß sich im Laufe der nächsten Jahrhunderte die schon beschriebene relativ freie Sexualität des Mittelalters entwickeln konnte. Weil die Bauern aus wirtschaftlichen Gründen selbst an reichem Kindersegen interessiert waren, konnte der Druck von oben nachlassen. Vorehelicher Geschlechtsverkehr war gang und gäbe, es entwickelte sich ein vielfältiges Wissen über Verhütungs- und Abtreibungsmöglichkeiten.

Womit wir historisch wieder an dem Punkt wären, wo die Krise des 14. Jahrhunderts die sprudelnde Quelle der Menschenproduktion jäh unterbrach und Fürsten, Kaiser und Kirche nach dem Beispiel des Römischen Reiches die Schraube der Sexualunterdrückung wieder anzogen. Und diesmal wesentlich fester und effektiver. Sie begannen einen in der Geschichte der Menschheit bis dahin beispiellosen Kampf gegen alles, was Bevölkerungswachstum verhinderte: Abtreibung, heimliche Kindestötung, Verhütung- und natürlich auch Homosexualität.

Eines der abscheulichsten Kapitel dieses Kampfes sind die sogenannten Hexenverfolgungen. Viele Frauen, die als Hexen bezeichnet und verfolgt wurden, waren eigentlich Hebammen, die sowohl über Geburtshilfe als auch über Schwangerschaftverhütung eine Menge Wissen angesammelt hatten. Diesen ‹Hexen-Hebammen› warf Papst Innozent VIII. im Jahre 1484 vor, «die Geburten der Weiber . . . umkommen (zu) machen». * Es zeigte sich sehr klar, was die Kirche an den Hexen so verdammte: ihr Wissen um Verhütung von Nachkommenschaft. Mit den Hexen, die auf dem Scheiterhaufen verbrannten, verschwand auch das Wissen um Möglichkeiten, Sexualität ohne Fortpflanzung genießen zu können.

In gleicher Weise wie die Hebammen-Hexen wurden die Homosexuellen landauf, landab gejagt und zum Tode verurteilt. Sie repräsentierten eben eine bevölkerungspolitisch ‹nutzlose› Sexualität und mußten für die Durchsetzung der Fortpflanzungsmoral sterben. Nicht selten wurden Hexen, die wegen Abtreibung verurteilt waren, zusammen mit Homosexuellen auf einem Scheiterhaufen verbrannt!

* Heinsohn, Knieper, Steiger: Menschenproduktion, Frankfurt a. M. 1979, S. 58

Karl V. regelte schließlich Mitte des 16. Jahrhunderts die Ankurbelung der Menschenproduktion mit Gesetzen, die in seinem Riesenreich (er war König von Spanien und röm.-dt. Kaiser) Abtreibung und Homosexualität mit dem Tode bestraften. Wer sich überhaupt noch sexuell betätigen wollte, mußte dies in der Ehe tun. Da Abtreibung verboten und Verhütungsmittel inzwischen kaum noch bekannt waren, stieg die Bevölkerungszahl langsam wieder an. Nachdem mit dem Scheiterhaufen den Menschen eingehämmert worden war, daß Sexualität zum Kinderzeugen da sei, wurden die brutaleren Methoden Ende des 17. Jahrhunderts durch ‹humanere› ersetzt. Eine Personal-Polizei («Die erste Pflicht der Polizey geht auf die Erhaltung und Vermehrung der Bürger selbsten», J. H. Jung in ‹Lehrbuch der Staats-Polizey Wissenschaft›, Leipzig 1788, S. 17) sorgte für Sitte und Anstand, bekämpfte ‹Unzucht› und ‹Sittenlosigkeit› im Volk.

Mit brutalem Mord ist dafür gesorgt worden, daß Empfängnisverhütung beinahe unmöglich wurde, und sexuelle Bedürfnisse an die einzig vermehrungsfähige Heterosexualität geknüpft wurden. In den folgenden Jahrhunderten wurde durch das aufstrebende ‹Bürgertum› jede, aber auch jede nur erdenkliche andere Form der Sexualität diffamiert. Lust oder Sinnlichkeit wurde als ‹unmoralisch› bezeichnet. Man hatte Sex zu haben, um sich zu vermehren – nicht um Spaß zu haben. Raffinierte Liebesspiele galten als ‹verwerflich›, denn zur Fortpflanzung genügte gelegentliche sexuelle Betätigung. Selbstbefriedigung wurde in langdauernden Anti-Onanier-Kampagnen wie eine Seuche bekämpft. Aus den Ideologieküchen jener Zeit rüh-

IHR HOMOSEXUELLEN WISST DOCH GAR NICHT, WAS ES HEISST, MIT EINER FRAU ZUSAMMEN-ZULEBEN, DIE MAN LIEBT, DIE...

ABER, LIEBLING...

QUATSCH GEFÄLLIGST NICHT DA-ZWISCHEN, WENN DU NICHT GEFRAGT BIST!!!

ren die Lügen über Rückenmarksschwund, Impotenz, Haarausfall usw. als Folgen von Selbstbefriedigung. Sexualität schlechthin wurde immer stärker als ‹widerwärtig› und ‹unsittlich› bezeichnet. Frauen sprach man bald ganz die Möglichkeit ab, Lust beim Sex zu empfinden. Man redete ihnen statt dessen ein, sie würden ihre Befriedigung in der Aufzucht von Kindern finden. Am Ende dieses jahrhundertelangen Prozesses war die Sexualunterdrückung perfekt: sexuelle Aufklärung, Anbieten von Verhütungsmitteln, Abtreibung, der Verkauf erotischer Schriften, Sexualität bei Kindern und Jugendlichen, Homosexualität – alle nicht zur Fortpflanzung führenden Formen sexueller Betätigung waren verboten und streng verfolgt.

Weil die Herrschenden Menschenmaterial für Kriege und für die Produktion brauchten, setzten sie kaltblütig die Maschinerie der Sexualunterdrückung in Kraft – und sie wirkt bis heute. Die Nazis verfolgten Homosexualität und Abtreibung aus denselben bevölkerungspolitischen Gründen wie Kaiser und Kirche des späteren Mittelalters oder die Herrscher im Römischen Reich. Die Nationalsozialisten errichteten eine ‹Reichszentrale zur Bekämpfung der Homosexualität und der Abtreibung›. Die Bezeichnung macht das Ziel dieser ‹Bekämpfung› schon sehr deutlich.

Und wie sieht es heute aus? Sicher, es werden keine Hexen mehr verbrannt, und vorehelicher Geschlechtsverkehr wird nicht mehr bestraft. Aber sexuelle Aufklärung Jugendlicher wird immer noch (oder wieder?) mit Zensur geahndet, die Kirchen und die großen Parteien halten die Ehe weiterhin für die einzig rechtmäßige Voraussetzung se-

xueller Beziehungen. Und an der Diskriminierung der Homosexualität sieht man das Verhältnis der Herrschenden zu einer Sexualität, die keine Kinderproduktion mit sich bringt. Neben den sich christlich nennenden Parteien ist es in unseren Tagen vor allem die Kirche, die Ehe und Familie als gottgewollte Institutionen mit Zähnen und Klauen verteidigen. Gott habe den Menschen befohlen, sich fortzupflanzen, und Homosexuelle würden dieses göttliche Gebot mißachten. So zumindest argumentiert die evangelische Kirche, als sie 1981 ihren schwulen Hilfspastor Klaus Brinker rauswarf. Homosexualität führt nicht zur Kinderproduktion – und deshalb werden wir Schwulen und Lesben von Staat und Kirche verfolgt. Aber es gibt noch weitere Gründe für die Diskriminierung.

Hinzu kommt nämlich, daß Homosexuelle schon immer gern als Sündenböcke eingesetzt wurden, um das Volk von den wirklichen Ursachen ihrer Probleme abzulenken oder in Katastrophenfällen einfach ein Ziel für die ohnmächtige Wut der Bevölkerung zu bieten. Bei den Nazis waren die Juden die Haupt-Sündenböcke. Sie waren angeblich an allem schuld: an der Wirtschaftkrise, an der angeblichen Bedrohung durchs Ausland usw. Sie wurden als schmierige, fette Männer dargestellt, so daß es ziemlich leicht war, ihnen üble Absichten unterzuschieben. Ein gutes Beispiel für Homosexuelle als Sündenböcke findet sich auch in der Zeit des römischen Kaisers Justinian (527–565 n. Chr.). Als während seiner Herrschaft in Byzanz (Ostrom) häufig schwerste Erdbeben auftraten, die von Pestepedemien und Hungersnöten gefolgt waren, drohten Volksaufstände gegen den Kaiser und seine Stellvertreter. Da kam Justinian die rettende Idee: War nicht in der Bibel von einem großen Erdbeben die Rede, durch

welches Gott die Stadt Sodom für die dort vorherrschende ‹widernatürliche Unzucht› strafte. Damit waren die Sündenböcke für das Elend gefunden – diejenigen, die Sodomie (= Homosexualität) betrieben. Der Herrscher war von der Verantwortung frei, und er hatte gleichzeitig einen weiteren triftigen Grund für die Unterdrückung der bevölkerungspolitisch schädlichen Homosexualität – zwei Fliegen mit einer Klappe. Im Mittelalter geschah dasselbe mit den Hexen. Ihnen wurde die Verantwortung für Seuchen, Mißernten und plötzliche Todesfälle zugeschoben. Wiederum finden wir das Sündenbock-Phänomen gepaart mit der Ankurbelung von Menschenproduktion.

Wenn heute Schwule als schmierige alte Männer diffamiert werden, Lesben als herbe Mannweiber, Ausländer als arbeitsscheues Pack und Zigeuner als gewissenlose Strauchdiebe, dann dient das ein und demselben Zweck: weiterhin als Sündenböcke jederzeit einsetzbar zu sein. Einen dritten Grund für die Diskriminierung von Homosexualität habe ich schon in Kapitel 6 erwähnt: Män-

ner und Frauen, Alte und Junge sollen auf diese Weise ‹auf Linie› gebracht werden. Solange Homosexualität diskriminiert wird, kann jedem Mann panische Angst damit eingejagt werden, daß er aus der Rolle fallen könnte, sobald er seine vorgeschriebene Aufgabe als Kinderproduzent nicht erfüllt. Solange Homosexuelle verfolgt werden, können Frauen mit der Androhung des Etiketts ‹lesbisch› daran gehindert werden, aktiv ihre Interessen zu vertreten.

Homosexuelle halten sich nicht an die vorgegebene Norm. Abweichler gefährden jedoch die Ziele der Herrschenden, bringen die ‹Ordnung› in Gefahr, die zur Aufrechterhaltung der Herrschaft (wenige oben – viele unten) gebraucht wird. Abweichungen dürfen möglichst überhaupt nicht zur Diskussion stehen, um die wahren Absichten der Ausrichtung z. B. von Sexualität auf Ehe und Familie zu verschleiern. Familien haben für die Herrschenden ja nicht nur bevölkerungspolitische Vorteile. Als sehr wesentliches Moment kommt hinzu, daß die Kinder in der Familie gut das Einfügen in eine Rangordnung üben können – oben Vater und Mutter, unten die Kinder, die zu gehorchen haben. Sind die Kinder erst erwachsen, dann haben sie gelernt, sich unterzuordnen. So wird Herrschaft abgesichert.*

Es ist hoffentlich deutlich geworden, daß Diskriminierung und Unterdrückung von Homosexualität immer einem politischen Zweck dient. Daß sie niemals nur die Schwulen

* sehr ausführlich beschreibt dies D. Haensch in ‹Repressive Familienpolitik›, Reinbek, 1969

und Lesben allein betraf und daß sie stets dafür eingesetzt wurde, gegen die Interessen der Bevölkerung die Interessen der Herrschenden durchzusetzen – ob es Kaiser, Fürsten oder Nazis waren, oder ob es Kirche und Staat unserer Zeit sind.

Gegen diese Unterdrückung aus politischen Gründen hat sich im Verlauf der letzten 100 Jahre Widerstand geregt. Wie dieser Widerstand begann und was mittlerweilen daraus geworden ist, davon handelt das nächste Kapitel.

8. Kapitel

SCHWULEN- & LESBEN BEWEGUNG

★★★ ★

Wow! Schon an der U-Bahn-Haltestelle stehen haufenweise Männer und Frauen in Paaren oder Gruppen, manche bunt gekleidet, einige in knackigen Jeans und engen T-Shirts. Der Mann neben mir hat eine Regenbogen-Fahne dabei – das Symbol der amerikanischen Schwulen- und Lesben-Bewegung. Die Bahn kommt, und los geht's in die Innenstadt von San Francisco – zur «Lesbian-Gay Freedom Day Parade». Es ist phantastisches Wetter an diesem 24. Juni 1990, und wir schaukeln mit einer Bahn voller fröhlich lachender Schwuler und Lesben hinunter in die City. Am Civic Center finden wir nur mit Mühe eine Lücke in den Massen am Straßenrand. Heteros müssen sich merkwürdig fühlen heute in San Francisco – sie sind klar in der Minderheit!

Vorne weg bei der Parade 150 Lesben auf schweren Motorrädern, und dann folgen unter dem Jubel der Umstehenden eine Gruppe nach der anderen: Schwule, Ärzte, lesbische Mütter, stolze Eltern von Homosexuellen, Cowboys, Feuerwehrmänner, AIDS-Selbsthilfe-Organisationen usw. Mehr als vier Stunden dauert die Parade, und danach wird bis in den Abend auf dem Civic Center gefeiert. Über 350 000 sind in diesem Jahr dabei – wahrlich umwerfend! Noch nie habe ich soooo viele Lesben und Schwule auf einem Haufen gesehen. Ein merkwürdiges Gefühl, wenn man sonst in der Minderheit ist. Das war aber weiß Gott nicht immer so. Noch vor 20 Jahren hätte kein Mensch so was für möglich gehalten. Schließlich hat alles ganz klein angefangen, vor über 100 Jahren – und zwar in Deutschland.[1] In der «Heldenstadt» Leipzig.

Dort erscheint 1984 eine ‹Social-juristische Studie über mannmänn-

---

1 Vgl. dazu auch Kap. 7, denn die Geschichte der Homosexuellen-Verfolgung ist zugleich auch die Geschichte unserer Gegenwehr.

131

liche Geschlechtsliebe›. Autor: Numa Numantius. Das ist natürlich ein Pseudonym, und dahinter steckt der Würzburger Assessor Karl Heinrich Ulrichs. Selbst schwul,

„Vindex."

Social-juriſtiſche Studien

über

mannmännliche Geſchlechtsliebe.

Erſte Schrift über mannmännliche Liebe.

Nachweis,

I. daß ſie ebenſowenig Verfolgung verdient, als die Liebe
   zu Weibern;

II. daß ſie ſchon nach den beſtehenden Geſetzen Deutſchland's
    geſetzlich nicht verfolgt werden kann.

„Gieb mir, wo ich ſtehe: und euer
„Syſtem der Verfolgung hebe ich aus
„ſeinen Angeln."
N. Num.

fordert er, daß Homo- und Heterosexualität als gleichwertige Formen menschlichen Verhaltens anerkannt werden. Ein unglaublich kühnes Verlangen in jener Zeit!
Ulrichs ist der erste, der die Unterdrückung von Homosexualität mit wissenschaftlichen Mitteln an den Pranger stellt und Widerstand ankündigt: «Bisher waren wir eine zerstreute Schar wehrloser Schwächlinge, verfolgt und zerfleischt, um im Bilde zu reden, von drei grimmigen Drachen, dem wutgeschwollenen Haß, dem schwarzen Verrat und der giftspeienden Schande, vor ihnen Heil suchend in jämmerlicher Flucht und in Schlupfwinkeln ... Wir haben uns ermannt! Von nun an werden wir unseren Verfolgern Aug' in Auge gegenüberstehen. Wir halten ihnen Stand. *Wir wollen nicht länger verfolgt sein! Wir wollen uns nicht mehr verfolgen lassen! Wir wollen nicht!»* *
Helle Aufregung und einen handfesten Skandal löst sein Auftreten

beim Deutschen Juristentag in München 1867 aus. Zu einer Zeit, in der ‹delikate Angelegenheiten› nur lateinisch ausgedrückt werden dürfen, wagt es Ulrichs, das Verpönte beim Namen zu nennen und Straffreiheit für gleichgeschlechtliche Liebe zu fordern. «Aufhören! Aufhören!» schallt es ihm aus den Reihen der sonst so vornehmen Rechtsgelehrten entgegen. Er kann seinen Vortrag nicht beenden. Tumultartige Szenen zwingen ihn, zu schweigen. Es geht so weit, daß er gewalttätige Angriffe befürchten muß. Aber er hat einen mutigen Anfang gemacht, der Funke hat gezündet.
Immer mehr Wissenschaftler wagen sich jetzt auch an das Thema. Angespornt von dem Schritt Ulrichs' an die Öffenlichkeit, werden weitere Homosexuelle aktiv. Ende des letzten Jahrhunderts erscheint die erste Zeitschrift für ‹Urninge› (so nennen sich Homosexuelle damals): «Der Eigene». Mehr noch: die erste Homosexuellen-Vereinigung der Welt entsteht. Magnus Hirschfeld (Spitznahme ‹Tante Magnesia›) gründet 1897 das Wissenschaftlich-Humanitäre Komitee (WHK), dessen Hauptziel es ist, den § 175 zu stürzen. Das Komitee gibt von 1899 bis 1923 ein ‹Jahrbuch für sexuelle Zwischenstufen› heraus, in dem die neuesten Forschungsergebnisse zur Homosexualität veröffentlicht werden. Ulrichs' Schriften werden neu aufgelegt, da Hirschfeld speziell die darin vertretenen Thesen unterstützt, wonach die Neigung zum gleichen Geschlecht angeboren sei. Schwule und Lesben seien quasi ein ‹drittes Geschlecht›, Männer mit weiblichem Sexualempfinden und Frauen mit männlichem.

* aus «Das Naturrätsel der Urningsliebe», zit. in J. S. Hohmann ‹Der unterdrückte Sexus›, Lollar, 1977, S. 382

Eine Petition zur Abschaffung des §
175, unterschrieben von über sechs-
tausend Persönlichkeiten des öffentlichen Lebens, scheitert 1898 im
Reichstag. Zu den Unterzeichnern
zählen neben vielen anderen bekannten Personen August Bebel,
Käthe Kollwitz, Albert Einstein,
Herrmann Hesse und Heinrich Zil-
le. Trotz des vorläufigen Mißerfol-
ges wächst das WHK ernorm. 1905
zählen rund fünftausend männliche
und weibliche Homosexuelle zu seinen Mitgliedern, und mit der Zeit
werden Geschäftsstellen in vielen
deutschen Städten sowie in Öster-
reich, England, Holland und den
USA eingerichtet. Weitere Gruppierungen entstehen (Bund für Menschenrechte, Gemeinschaft der Eigenen), die Bewegung nimmt unge-
ahnte Ausmaße an. So hat der Bund
für Menschenrechte, ein eher gesel-
liger Verein, zeitweilig über vierzig-
tausend Mitglieder. Etwa dreißig
Zeitschriften erscheinen vorüberge-
hend oder regelmäßig, dabei auch
spezielle Lesbenblätter (‹Die Freundin›). ‹Die Insel›, das ‹Magazin der
Ehelosen›, erreicht eine Spitzenauf-
lage von einhundertfünfzigtausend
Exemplaren – selbst für die heutige
Zeit eine ungeheuer hohe Anzahl!
Um es genau zu nehmen: diese Entwicklung vollzieht sich hauptsächlich in den Jahren der Weimarer Republik. In dieser Zeit fällt ebenfalls
die Ausdehnung der Aufgaben des
WHK. Es kümmert sich nicht mehr
nur um Schwule und Lesben, sondern bemüht sich, insgesamt Sexualaufklärung zu betreiben. Im 1919
von Hirschfeld gegründeten ‹Institut
für Sexualforschung› werden Kurse
und Aufklärungsvorträge gehalten.
Wer weiß in der damaligen Zeit
schon genauer über Verhütung oder
sexuelle Probleme Bescheid? Besonders Arbeiter strömen in Scharen
zu den volkstümlich gehaltenen Kur-
sen und Frage-Abenden. Die zunächst für die Straffreiheit der Homosexualität kämpfende Bewegung
erweitert sich allmählich zu einer se-
xualreformerischen Strömung, deren
Ziele völlige rechtliche Gleichstellung der Frau, Freigabe von Verhütungsmitteln und Abtreibung,
Gleichstellung unehelicher mit ehe-
lichen Kindern, Sexualaufklärung
und – selbstredend – die Straflosig-
keit der Homosexualität sind.
Kassel, 1923. Die erste Homose-
xuellen-Demonstration überhaupt
findet statt. Dreihundert Teilneh-

Dr. Magnus Hirſchfeld.

Fort mit §175!

Der erſte Vorkämpfer des dritten Geſchlechts.

mer fordern die Abschaffung des §
175. Es sieht so aus, als ob dieses
Ziel in greifbare Nähe gerückt sei.
Beeindruckt durch die unermüdli-
che Tätigkeit des WHK, des Bundes
für Menschenrechte und eine breite
Publikationstätigkeit, stimmt der
Strafrechtsausschuß des Reichstages
am 16. Oktober 1929 für eine Streichung des Paragraphen. Besonders
die Vertreter der Kommunistischen

Partei unterstützen schon lange diese Forderung, bestätigt durch die Abschaffung des Homosexuellen-Paragraphen in der Sowjetunion gleich nach der Revolution.

Aber die politische Entwicklung in den folgenden Jahren verhinderte die Streichung.

Bereits im Jahre 1920 haben faschistische Studenten Hirschfeld in München zusammengeschlagen, und nun lassen Angriffe im nationalsozialistischen Hetzblatt ‹Der Stürmer› auf den «Perversitäts-Oberbonzen» Hirschfeld Schlimmes von der NSDAP erwarten. Es kommt nicht mehr zur Behandlung des § 175 vor dem gesamten Parlament, und am 30. Januar 1933 wird mit der ‹Machtergreifung› der Faschisten die Hoffnung endgültig zunichte gemacht.

Im März 1933 verbieten die Nazis alle Homosexuellen-Organisationen und deren Zeitschriften. Das ‹Institut für Sexualforschung› wird zerschlagen, die Bücher des WHK und anderer Organisationen landen in den Flammen der Bücherverbrennungen. Attentate auf einzelne bekannte Schwule passieren, manche werden auf offener Straße erschlagen. Andere landen im Gefängnis oder werden ins Konzentrationslager gesteckt. Der Berliner Polizeipräsident Levetzow läßt die Homosexuellen-Lokale schließen. Aber noch hat die wirkliche Stunde der unbarmherzigen Vernichtung nicht geschlagen. Noch steht an der Spitze der nazistischen SA (Sturmabteilung) der homosexuelle Röhm, ein enger Freund des Führers. Er veranlaßt Hitler, die Schließung der Lokale rückgängig zu machen.

Der Umschwung kommt Mitte 1934. Röhm bemüht sich um den Ausbau seiner Macht und wird so für Hitler zum Konkurrenten. Daß Röhm schwul ist, wird plötzlich von der NSDAP selbst unerhört aufgebauscht und neben angeblichen Putschplänen zum Anlaß seiner Ermordung. Erst jetzt geht es den Homosexuellen im Nazi-Reich wirklich an den Kragen und zigtausende werden bis 1945 nach den neuen Paragraphen 175 oder 175 a angeklagt, verurteilt und nach Abbüßen der Strafe ins Konzentrationslager gebracht. Sind es 1932 noch knapp eintausend Verurteilungen nach § 175, so steigt diese Zahl gegen Ende der dreißiger Jahre auf fünfundzwanzigtausend in einem Dreijahreszeitraum.

Tausende und Abertausende von Schwulen und Lesben landen im KZ, gekennzeichnet durch den Rosa Winkel, ein auf dem Kopf stehendes Dreieck. Sie sind selbst im Konzentrationslager die am stärksten Verachteten, die letzten in der Lagerhierarchie. Kaum einer überlebt das Ende der Nazi-Herrschaft. Mit der systematischen Vernichtung der Homosexuellen verschwindet auch die Erinnerung an die Taten der ersten Vorkämpfer für eine homosexuelle Emanzipation. Die erste Schwulen- und Lesbenbewegung ist zertrümmert, ist total ausgeblutet.

So total haben die Nationalsozialisten aufgeräumt, daß es fast fünfundzwanzig Jahre dauert, bis sich in Deutschland wieder Ansätze einer Homosexuellen-Bewegung zeigen. Jetzt regt sich erst mal woanders etwas: in den USA. Dort haben sich in den Fünfzigern und Sechzigern jahrelang ehrenwerte Damen und Herren in wohlanständiger Weise für die Belange der ‹Homophilen› eingesetzt. Das Wort ‹homosexuell› kam ihnen nicht über die Lippen, weil es zu deutlich klarmachte, daß es dabei um sexuelles Verhalten ging. Und von dem Geruch des Sexuellen wollte man wegkommen, sich als der liebe Nächste präsentieren, der nur halt ein ganz klein wenig anders liebt, aber sonst braver Amerikaner ist. Bittschriften an die Regierung und Privatgespräche mit Politikern sollten etwas ändern an der miesen Situation, in der die meisten amerikanischen Lesben und Schwulen leben müssen. Das Ergebnis ist gleich null. Die betulichen Aktivitäten der ‹Mattachine Society› (Schwule) und der ‹Daughters of Bilitis› (Lesben) bewirken kaum etwas.

In den USA ist Mitte der sechziger Jahre mit Studentenrevolte und Anti-Vietnamkrieg-Bewegung ein neuer politischer Stil ausgebrochen: riesige Demonstrationen für Frieden und Freiheit, gewalttätige Aktionen gegen Polizeiwillkür und Machtmißbrauch von Politikern, Diskussionen an den Universitäten, Kampf der Schwarzen gegen ihre Unterdrückung. Diese beeindruckt offenbar etliche Homosexuelle derart, daß sie zum erstenmal entschieden zurückschlagen.

Wir schreiben den 28. Juni 1969, frühmorgens. Ort: New York, Christopher Street. In der Bar ‹Stonewall Inn› herrscht das übliche Gedränge: vorwiegend junge Homosexuelle, die nicht in die feineren Schwulenbars reingelassen werden, viele Tunten und Fummeltrinen (Männer in Frauenkleidern), die ebenfalls nur hier geduldet sind. Außerdem eine Menge obdachloser Jugendlicher, welche sich mit drei Dollar Eintritt für eine Nacht ein Dach über dem Kopf erkaufen.

Es ist kurz nach Mitternacht. Plötzlich quietschen Bremsen vor der Tür, Polizisten springen aus ihren Wagen und stürmen in das ‹Stonewall›. Der einzige Ausgang wird besetzt, Ausweise werden kontrolliert – eine Razzia wie so viele, die alltäglich stattfinden. Normalerweise verdrücken sich die Barbesucher bei solchen Überfällen schleunigst. Doch diesmal kommt es anders! Während nach und nach die gefilzten Schwulen aus der Bar kommen, sammelt sich eine Menge auf der Straße. Einzelne mutige Tunten – immer dankbar für großes Publikum – erklimmen Treppenabsätze und Laternenpfähle: «Hallo Leute, kommt rüber, hier gibt's mal wieder richtige Kerle zu sehen!» Die Christopher Street ist eine stark von Schwulen und Lesben besuchte Gegend, und so wächst die Menge rasch an. Alle wollen sehen, was da passiert. Vereinzelt sind Rufe zu hören: «Bullen raus!», aber sonst ist die Stimmung noch allgemein friedlich.

Auf einmal jagen drei weitere Polizeiautos und ein Mannschaftswagen herbei, stoppen inmitten der Menge, Uniformierte springen heraus, greifen sich fünf Leute und stoßen sie in den Mannschaftswagen. Schlagartig verwandelt sich die Stimmung. Pfiffe gellen durch die Straßen, die Menschenmenge umringt die Wagen, versucht die Verhafteten zu befreien. Die Polizisten, völlig verblüfft angesichts des Widerstandes, verlieren die Fassung, flüchten in die Wagen und preschen davon.

Inzwischen befinden sich etwa vier- bis fünfhundert Schwule und Lesben auf der Straße vor dem ‹Stonewall›. Polizisten machen einen erneuten Versuch, sich durchzusetzen und schnappen sich eine Lesbe. Als diese sich verzweifelt wehrt, schmeißt sich ein besonders fetter Polizeibeamter auf die am Boden liegende Frau. Ihre Schreie lassen die Wut der Umherstehenden noch mehr wachsen. Es wird versucht, den Polizisten wegzuziehen und die Lesbe zu befreien. Flaschen fliegen und Steine. Das ‹Stonewall› ist unterdessen leer geworden, und die von der Wucht des Angriffs überraschten Polizisten ziehen sich dorthin zurück. Die schwere Tür wird geschlossen und verbarrikadiert. Draußen steigt der Zorn der Menge. An den Fenstern der Bar wird gerüttelt, und Ziegelsteine fliegen gegen die Tür. Jahre- und jahrzehntelange Demütigungen und Beschimpfungen zeigen ihre Auswirkung: wer lange getreten wird, tritt eines Tages zurück.

Auf der Straße vor der Bar setzt sich immer mehr der Gedanke durch: «Jetzt ist Schluß. Wir haben es satt. Wir müssen uns wehren!» Jemand greift sich einen Mülleimer und schleudert ihn gegen ein Fenster des ‹Stonewall›. Es zerbricht mit einem hellen Klirren. Ein paar machen sich an Parkuhren zu schaffen und versuchen, sie aus der Verankerung zu lösen. Bei einer Uhr gelingt es, und das Ding wird als Rammbock benutzt, um die Tür einzudrücken. «Stürmt das Stonewall!» schallt es vielstimmig über den Platz. Dem konzentrierten Ansturm kann die altersschwache Tür nicht standhalten – sie wird aufgestoßen. Drinnen drohen die Polizisten mit der Waffe in der Hand: «Wir knallen den ersten motherfucker ab; der durch die Tür kommt!» Jedoch macht sich

nach dieser Ankündigung nicht Angst breit, sondern ein Sturm der Empörung bricht aus. «Benzin her! Röstet die Bullen!» schreien welche, und tatsächlich treibt jemand einen Benzinkanister auf. Die Flüssigkeit wird durch das eingeschlagene Fenster ins Innere des ‹Stonewall› geschüttet und angezündet. Gierig fressen sich die Flammen voran. In das Knistern des Feuers mischen sich von ferne die Sirenen einer nahenden Polizeiverstärkung. Blaulicht blitzt auf, und kurz darauf ist der Platz voll von wild um sich knüppelnden Polizisten. Die im ‹Stonewall› Eingeschlossenen werden unversehrt geborgen, während die Demonstranten angesichts der großen Anzahl von Polizisten das Weite suchen.

Nur fünfundvierzig Minuten hat es gedauert, und doch wird diese dreiviertel Stunde zum Ausgangspunkt einer weltweiten Schwulen- und Lesbenbewegung. Wie ein Lauffeuer verbreitet sich die Meldung: «Wir haben uns gewehrt! Gemeinsam sind wir stark!» Ungläubiges Staunen steht den meisten Homosexuellen ins Gesicht geschrieben, als sie davon hören. Kann es wirklich wahr sein? Wir, die wir immer gekuscht haben, die selbst ihren offenen Feinden gegenüber stets ein ‹Tu-mir-nichts›-Lächeln präsentiert haben, wir prügeln uns mit Bullen? Nicht zu fassen! «Es wurde aber auch Zeit» – das ist dennoch die durchgängige Meinung. Am nächsten Morgen und die ganze kommende Woche sammeln sich Schwule und Lesben in der Christopher Street und rufen: «Schluß mit der Unterdrückung! GAY POWER!» (gay = schwul bzw. lesbisch; power = Macht). Wieder und wieder gibt es Auseinandersetzungen mit der Polizei, bis diese mit massivem Aufgebot für Ruhe und Ordnung sorgt.

Die konservativen Homophilen-Organisationen sind schockiert. Es nützt nichts, sie werden zu Statisten in der folgenden Entwicklung. Sie müssen ihre Führung abgeben an entschlossenere Kräfte, die lautstark fordern: «Kommt raus aus den Verstecken, rein in die Straßen!» Und dies geschieht bald aufs neue. Am Sonntag, den 27. Juli 1969 ziehen rund vierhundert Lesben und Schwule durch die Straßen von New York. «Wir wollen keine Toleranz, verdammt noch mal! Wir wollen Respekt! Wir haben die Schnauze voll, uns in schummrigen Bars hinter Mafia-Türstehern zu verstecken. Wir werden dahin gehen, wo die Heteros auch hingehen, und all das miteinander machen, was andere auch tun. Und wenn ihnen das nicht paßt, well, fuck them! Heteros brauchen sich für nichts zu schämen, was sie in der Öffentlichkeit machen, ebensowenig brauchen wir es. Jetzt ist Schluß mit Bitten und Betteln!» Ein neues Bewußtsein ist geboren: Gay Pride – schwuler Stolz. Noch in der Woche nach den Stonewall-Ereignissen wird die ‹Gay Liberation Front› (GLF) gegründet. Der Name ist abgeleitet von der ‹Nationalen Befreiungsfront Vietnams› und drückt eine enge Verbundenheit mit dem Kampf des vietnamesischen Volkes gegen die USA aus. Dasselbe gilt für die Parole ‹Gay Power› – be-

kanntlich ist die Parole der Schwarzen Amerikas in jenen Jahren ‹Black Power›. Die GLF sieht sich als Teil einer großen Bewegung gegen Unterdrückung an, Unterdrückung von Schwarzen, von Frauen, von Indianern und von Hippies.
Untergruppen bilden sich, die Öffentlichkeitsarbeit, Straßentheater, Medienarbeit und so weiter übernehmen. Die erste New Yorker Schwulenzeitung erscheint. Parteien-Vertreter werden öffentlich zu ihrer Haltung den Homosexuellen gegenüber befragt, Zeitungsredaktionen wegen diskriminierender Artikel gestürmt. Bei einer festlichen Veranstaltung in der berühmten Radio Music Hall drängen sich einige Schwule ans Mikrofon, als gerade Oberbürgermeister Lindsey eine Rede hält. Gleichzeitig schmeißen die anderen vom Balkon aus Hunderte von Flugblättern auf das er-

lauchte Publikum. Ein andermal dringen welche in das Büro des Oberbürgermeisters ein, ketten sich mit Handschellen an dessen Schreibtisch, um auf ihre Forderungen aufmerksam zu machen. Sie müssen erst losgesägt werden, bevor die Polizei sie verhaften kann.
Weitere Gruppen entstehen, der Zulauf ist gewaltig. Im Juni 1970,

zum ersten Jahrestag der Vorfälle im ‹Stonewall›, demonstrieren fünftausend homosexuelle Männer und Frauen in New York. Sie fordern alle Schwulen und Lesben auf, das Versteckspiel aufzugeben und offen für das Recht auf Homosexualität einzutreten. Nach diesem zweiten großen öffentlichen Auftreten entwickelt sich die Schwulen- und Lesbenbewegung immer stärker. Im Juni 1971 gibt es schon über einhundert homosexuelle Aktionsgruppen in den USA. Die Gruppen sind nicht nur Kampforganisationen, sondern bieten auch eine bis dahin ungekannte Möglichkeit, sich gegenseitig besser kennenzulernen. Es wird gefeiert, in Selbsterfahrungsgruppen über die persönlichen Probleme gesprochen und erstmals auf eine Art und Weise Kontakt zu anderen Homosexuellen aufgenommen, die offener und vertrauensvoller ist als sonst üblich in der Subkultur.

Die folgenden zwanzig Jahre bis zu den unglaublichen Demonstrationen im Juni 1990 verzeichnen ein ständiges Auf und Ab. Schwere Kämpfe, erfreuliche Siege und bittere Niederlagen wechseln sich ab – aber am Ende ist man doch einen Schritt nach vorne gekommen. 1974 zum Beispiel streicht die US-Psychiater-Vereinigung Homosexualität aus ihrer offiziellen Liste der Krankheiten und bestätigt damit, daß Schwulsein was sehr Gesundes sein kann. Großfirmen wie IBM, die Bank of America und die American Airlines erklären offen, Homosexuelle hätten bei ihnen keine beruflichen Nachteile zu befürchten. Und in 39 Städten werden Anti-Diskriminierungsgesetze verabschiedet – Homosexuelle zu benachteiligen wird verboten.

Ein großer Rückschlag erfolgt 1977. Die Schwulen und Lesben haben sich weit herausgewagt, nun wollen die Konservativen nicht länger stillhalten. In mehreren Orten kippen sie mit Hilfe von Volksentscheiden die mühsam erkämpften Anti-Diskriminierungsgesetze. An vorderster Front steht eine ehemalige Miss Amerika, Anita Bryant: «Wissen Sie, warum Kalifornien eine Dürre hatte? Weil Städte Südkaliforniens ein Gesetz zum Schutze Homosexueller machten. Dies ist Gottes Art, eine Zivilisation zu strafen, die gegenüber Homosexualität tolerant ist.»[2] Derartigen Schwachsinn von sich gebend (und er ist noch nicht mal neu, wie du im vorigen Kapitel lesen konntest), reist die Mutter von vier Kindern mit der Bibel in der Hand und Schaum vor dem Mund durchs Land, um ihre Kinder und überhaupt das gesamte Amerika von der Sünde der Homosexualität zu befreien.

Ein riesiges Gewirr von konservativen bis ultra-rechten Gruppierungen kämpft mit ihr: Ku-Klux-Klan, die am liebsten alle Schwarzen aufhängen möchten, die ‹Nationalsozialistische Partei der Weißen› (NSWPP) und all die anderen Organisationen, die einen unermüdlichen Kampf gegen «Unsittlichkeit, Frauenbefreiung und Kommunismus» führen. Endlich scheint ihre Stunde gekommen, die Schwulen wieder zurück in die Heimlichkeit zu treiben. Einige Zeit sieht es so aus, als ob dies wirklich gelingt. Aber dann überwinden die Homosexuellen ihren ersten Schock und wehren sich. Demonstrationen überall. Die damals weltbekannte Sängerin Joan Baez verkündet, sie fühle sich zu Frauen genauso wie zu Männern hingezogen. Eine der größten Frauenorganisationen der

2 Miami Magazine, 5/77

USA, die NOW, ruft zum Widerstand gegen die Konservativen auf. Und Anita Bryant kriegt von Schwulen während einer Pressekonferenz eine saftige Bananencreme-Torte ins Gesicht geklatscht.

Der 26. Juni 1977 wird schließlich zum Beweis, wie Niederlagen zu Siegen werden können. Mehr als eine halbe Million Menschen sind es, die diesmal in vielen Städten der USA zum Gay-Lesbian-Pride-Day auf die Straße gehen. Als bald darauf der kalifornische Senator Briggs versucht, homosexuelle Lehrer durch Volksentscheid aus den Schulen zu werfen, zeigt sich, daß die Lesben und Schwulen gewinnen können. Nach einer massiven Kampagne, bei der bald jeder zweite Einwohner San Franciscos eine Plakette trägt («Stop Briggs!» oder

«Hey, Briggs, dürfen Bisexuelle halbtags unterrichten?»), scheitert Briggs jämmerlich. Der Angriff ist zurückgeschlagen.

Der schlimmste Schlag kam jedoch bald darauf – eine tückische Krankheit, die nur vier Jahre später erste Opfer fordert: AIDS. Mitte der Achtziger fällt die Bewegung in eine schwere Depression. So viele Ak-

tive werden krank und sterben. Ein Rückzug ins Privatleben, ein Trauern um Freunde setzt ein, das alle Kraft raubt.

Wie es dennoch dazu kommt, daß 1990 die Schwulen- und Lesbenbewegung in den USA zur mittlerweile größten Bürgerrechts-Bewegung werden konnte, dazu später in Kap. 9. Ich möchte nämlich nun den Sprung zurück über den Teich nach Deutschland machen und berichten, was sich dort geregt hat.

Die erste Homosexuellen-Bewegung ist tot, in den Knästen und KZs der Nazis umgebracht. Eine Neugründung des «Wissenschaftlich-Humanitären Komitees» nach dem Krieg scheitert. Wie schon siebzig Jahre vorher sind es die Einzelkämpfer, die den Kampf gegen den § 175 wieder aufnehmen: der Jurist Kurt Hiller, der Arzt und Sexualforscher Hans Giese und der Völkerkundler Rolf Italiaander in der Bundesrepublik, der Psychiater Rudolf Klimmer und der Jurist Hans Weber in der DDR. Diese Fachleute, meist selbst schwul, überzeugen schließlich auch die Politiker, daß Homosexualität bei Erwachsenen nicht mehr länger bestraft werden darf.

In der DDR passiert dies 1968, in der BRD 1969. Schwulen- und Lesbenbewegung gibt's nicht, sieht man mal von ein paar Vereinen ab, die ebenso einflußlos waren wie ihre Namen z. T. größenwahnsinnig, etwa die «Internationale Homophile Welt Organisation» (IHWO). Während in New York die Straßenschlachten toben, bleibt es in deutschen Landen still. In der DDR sowieso, aber auch im Westen. Es weiß wahrscheinlich gar keiner, was sich da jenseits des großen Teiches in den Reihen der Homosexuellen tut. Doch, einer weiß es. Rosa von

Praunheim, ein schwuler Berliner Regisseur. Er schickt sich an, die westdeutschen Schwulen und Lesben aus ihrem Dornröschenschlaf zu wecken. «Nicht der Homosexuelle ist pervers, sondern die Situation, in der er lebt» heißt der Film, den Praunheim für das Fernsehen produziert. Die wollen den Streifen aber vorerst gar nicht, so daß er 1971 in den Kinos anläuft. Praunheim ist fast bei jeder Aufführung dabei und diskutiert mit dem Publikum über das, was der Film fordert: «Wir wollen keine anonymen Vereine. Wir wollen eine gemeinsame Aktion, damit wir uns näher kommen und uns lieben lernen. Wir müssen uns organisieren. Wir brauchen bessere Kneipen, wir brauchen gute Ärzte, wir brauchen Schutz am Arbeitsplatz. Werdet stolz auf eure Homosexualität. Raus aus den Toiletten, rein in die Straßen. Freiheit für die Schwulen!» Damit hat er genau die Richtung angedeutet, die in den USA zur Entstehung einer Schwulen- und Lesbenbewegung geführt hat.

Die Wirkung des Films ist erstaunlich: überall, wo er aufgeführt wird, schießen die Gruppen wie Pilze aus dem Boden – als hätten sie nur auf das Startsignal gewartet. Pfingsten 1972 lädt die größte Gruppe, die ‹Homosexuelle Aktion Westberlin›, zum ersten überregionalen Treffen der Schwulen- und Lesbengruppen ein. Man redet sich die Köpfe heiß über Perspektiven und mögliche Aktionen, über Konflikte und Lösungen, teilweise bis tief in die Nacht. Damit ist die überregionale Zusammenarbeit in Gang gekommen, und durch weitere Treffen wird sie eifrig fortgeführt.

1973. Der verdammte § 175 ist immer noch nicht völlig weg, sondern bedeutet insbesondere für die jüngeren homosexuellen Gruppenmitglieder ein ständiges Ärgernis und eine Bedrohung. Mit einer bundesweiten Kampagne soll eine endgültige Streichung erreicht werden. April 1973: In vielen Städten entstehen erstmals Informationstische auf Bürgersteigen und an den Universitäten, drum herum Homosexuelle, die mit anfänglich sehr flauem Gefühl in der Magengrube ihren ersten Schritt an die Öffentlichkeit wagen.

1973 ist überhaupt das Jahr der größten Aktionen. Beim Pfingsttreffen im gleichen Jahr, wieder in Westberlin, laufen kanpp tausend Lesben und Schwule in einem ersten Demonstrationszug den Kurfürstendamm hinunter, neugierig begafft von einer verblüfften bis entsetzten Bevölkerung. Neben der großen Kampagne gegen den § 175 gibt es immer öfter Bücher- und Infotische in den verschiedenen Städten. Endlich läuft auch der Praunheim-Film im Fernsehen, allerdings will die Bayrische Rundfunkanstalt ihren Zuschauern das nicht zumuten und sendet statt dessen einen Heimatfilm.

Doch die großen Veränderungen bleiben aus. Zwar wird der § 175 dem neuen Volljährigkeitsalter 18 angepaßt, aber die BILD-Zeitung hetzt wie eh und je. Noch werden Lehrer entlassen oder versetzt, sobald ihr Schwulsein bekannt wird, noch dürfen offene Homosexuelle nicht Pastor werden. Weder gutbürgerliche noch die linken Parteien und Organisationen mögen so recht mit den «warmen Brüdern» anbändeln. Die Hoffnungen weichen bei vielen der Resignation.

Wie in den USA merkt jeder nach der ersten Begeisterung, daß gesellschaftliche Veränderungen lange brauchen, und die Bewegung sich auf einen beharrlichen, ausdauernden Kampf einstellen muß. Die Folge: Gruppen zerfallen, einige Mitglieder wandern ab in Parteien oder Gewerkschaften. Lesben schließen sich der Frauenbewegung an, setzen oft ihre ganze Energie in den Aufbau und Erhalt von Frauenprojekten und tauchen in der Öffentlichkeit kaum noch auf. Fast sieht es aus, als ob die noch junge bundesrepublikanische Bewegung schon wieder den Bach runtergeht. Mit diesem Verfall einer gehen jedoch einzelne, noch zaghafte Impulse, welche den Keim einer neuen Entwicklung in sich tragen. «Brühwarm» wird gegründet, eine Theatertruppe aus Mitgliedern einer Hamburger Schwulengruppe. Sie reisen durch das Land und demonstrieren mit Lust und Lärm schwules Selbstbewußtsein. Andere, die am Siechtum ihrer Gruppe schier verzweifeln, organisieren sich überregional, veranstalten 1978 ein großes Treffen mit Festival in Frankfurt («Homolulu») und mieten anschließend ein altes Haus im Wald bei Göttingen, um es als schwules Tagungshaus auszubauen.

Die mehr auf Politik orientierten Homosexuellen schleichen sich in die gesellschaftlichen Organisationen. SPD, FDP und DKP, aber auch GEW und ÖTV zum Beispiel stellten plötzlich zu ihrem Schrecken fest, daß sie ein selbstbewußtes schwullesbisches Häufchen in ihren Reihen haben, welches sich nicht mehr so leicht beschwichtigen läßt. Vor allem bei den GRÜNEN mischen viele von uns mit.

1978/79 entstehen schließlich die ersten Jugendgruppen. Endlich gibt es so eine Anlaufstelle für junge Lesben und Schwule, wo sie mit Gleichaltrigen über ihre Probleme reden, sich gegenseitig unterstützen und die Freizeit miteinander verbringen

können. Auch Öffentlichkeitsarbeit z. B. an Schulen oder Aktionen gegen den § 175 werden von diesen Gruppen gemacht.

Daneben bilden sich in vielen Städten neue, weniger radikale Gruppen, die dafür beständiger arbeiten. Es sind nicht mehr die mutigen, aber wenig geduldigen Studenten der siebziger Jahre, welche diese Gruppen tragen, sondern Berufstätige.

Neben diesen großen allgemeinen Organisationen beginnt sich die Bewegung mehr in spezielle Interessengruppen zu unterteilen. Christen, die genug haben von der Arroganz ihrer Kirche gegenüber Homosexualität, gründen im gan-

§ 175
ersatzlos streichen

20 JAHRE CHRISTOPHER STREET DAY WELTWEIT
Schwule und Lesben zeigt Euch

zen Land überkonfessionelle Gruppen und mischen bei Kirchentagen erfolgreich mit. Schwule Väter, lesbische Mütter, homosexuelle Ärzte und Therapeuten, Lehrer, Erzieher – immer mehr Gruppierungen entstehen, die sich der speziellen Probleme von Teilen der schwullesbischen Bevölkerung annehmen. Gleichzeitig bemühen sich vereinzelte Homosexuelle abseits der großen Städte, auch auf dem Land Gruppen und Treffs zu organisieren. Mal mit mehr, mal mit weniger Erfolg.

In Bremen, Stuttgart und West-Berlin finden 1979 erstmals nach sechs Jahren wieder Demonstrationen statt. Anfang der Achtziger wird es schon fast zur Regel, in den größeren Städten Veranstaltungswochen mit Filmen, Theater, Diskussionen, Lesungen und Feten durchzuführen.

Doch dann kommt AIDS. Resultat: Wie in den USA – ein brutaler Rückschlag für die Bewegung. Doch ebenso wie in Amerika wird auch diese Krise überstanden – wie, dazu mehr in Kapitel 9. Hier soll nämlich noch ein Abschnitt über die (Gott hab sie selig) DDR folgen, wo sich, von uns im Westen fast unbemerkt, ebenfalls eine Homosexuellenbewegung entwickelt hat. Zuerst zaghaft, dann immer mutiger kommen auch im «sozialistischen Teil Deutschlands» die Schwulen und Lesben ausm Schrank.[3]

Nachdem in Westdeutschland und weiteren europäischen Ländern erste Ansätze einer Bewegung aufblü-

hen, kann dies nicht ohne Eindruck auf die Homosexuellen in der DDR bleiben. Die Liberalisierung nach dem Sturz von Ulbricht machte Kontakte mit Wessi-Schwulen möglich – etwa bei den Weltfestspielen der Jugend 1973 in (Ost-)Berlin. Im selben Jahr wird ja der Praunheim-Film ausgestrahlt und, klaro, auch von Ost-Berlinern heimlich gesehen. Der Student Peter Rausch startet nach all diesen Impulsen den Versuch, eine Homosexuellengruppe in Berlin zu gründen. Man trifft sich privat – um nicht zu sagen geheim. Der § 175 war zwar gefallen, aber die DDR-Machthaber geben sich damals nicht unbedingt sehr schwulenfreundlich. Ziele der HIB sind: Eine «Familie» für Schwule und Lesben zu bilden, eine Alternative zu Subkultur und – sehr tapfer – Öffentlichkeitsarbeit zu betreiben. Im Grunde recht ähnlich wie bei den Gruppen in der BRD, wenn auch der Wunsch nach Gesprächs- und Kontaktmöglichkeiten größer ist, weil eine schwule oder lesbische Kneipenszene in der DDR noch kaum existiert. So an die 30 Leute sind es meist, die sich Freitag abends in der HIB treffen. Einige Zeit geht das gut, auch wenn der Stasi sich bereits mißtrauisch bemerkbar macht.

1976 veranstaltet die Gruppe mit der URANIA ein Forum zum Thema Homosexualität – es wird ein Bombenerfolg: 500 Männer und Frauen nehmen daran teil! Mutig geworden, stellt die HIB 1976 einen Antrag auf offizielle Anerkennung als Verein. Da hatten sie freilich die Rechnung ohne den Wirt gemacht. Der Antrag wird abgeschmettert, Widerspruch zwecklos.

Etwa zu selben Zeit bildet sich – ebenfalls in Berlin – um Uschi Sillge eine Lesbengruppe, die sich im

3 Ausführlich wird dies in den beiden Büchern «Lesben und Schwul – was nun?» von Günther Grau (1990) und «Die DDR. Die Schwulen. Der Aufbruch», hrsg. von Jean Jacques Soukup (1990), geschildert.

«Haus der Gesundheit» trifft. So langsam kommt man/frau in Kontakt miteinander, und am 8. April 1978 wollen die beiden Gruppen gemeinsam eine Veranstaltung machen. Nun schlagen Polizei und Staatssicherheit endgültig zu: Veranstaltungsverbot wenige Tage vorher, Personalüberprüfungen, Verhöre. Urteil der Sicherheitsorgane: Die HIB sei «subversiv».
Viele Mitglieder halten den Druck nicht aus, die HIB löst sich auf. Nur eine Restgruppe um Uschi Sillge bleibt bestehen und gründet 1987 den Sonntagsclub.
Von diesem «Staats-Streich» erholt sich die DDR-Bewegung erst nach mehreren Jahren, und zwar ausgerechnet bei den Christen. So wie die amerikanische Homosexuellen-Bewegung durch die Anti-Kriegs-Bewegung einen Kick kriegte und in die Pantoffeln kam, so puscht die deutsche Friedensbewegung die DDR-Schwestern und Brüder. Und da sich im allgegenwärtigen Überwachungsstaat DDR nur wenige Schutzräume bieten, schlüpfen die Schwulen und Lesben zunächst mal bei der einzigen alternativen «Macht» im Staate DDR unter: bei der Kirche. Am 9. Februar 1982 veranstaltet die Evangelische Akademie Berlin-Brandenburg eine Tagung zum Thema Homosexualität. Man ist ja liberal... Aber einzelne Schwule und Lesben nutzen die Gunst der Stunde. Sie bleiben nach der Tagung zu einer Art Selbsterfahrungsgruppe zusammen und gründen am 25. April in der Evangelischen Studentengemeinde Leipzig mit knapp 300 Personen den ersten Arbeitskreis Homosexualität – knapp 120 Jahre, nachdem in derselben Stadt die erste Streitschrift von Ulrichs erschienen ist.
Die Haltung der Amtskirche zu diesen Aktivitäten ist eher distanziert. Aber sie duldet, und das ist ja schon mal was wert. Es sind vor allem einzelne engagierte PastorInnen, die sie unterstützen – nicht selten nach heftigen Auseinandersetzungen in ihren Gemeinden. Besonders engagiert ist der damalige Theologiestudent Eduard Stapel, der sogar erreicht, in Magdeburg bei der Stadtmission hauptamtlich für die Homosexuellenarbeit eingestellt zu werden.
Partei und Bürokratie reagieren zu jener Zeit noch ablehnend. Beliebter Vorwand: In der sozialistischen Gesellschaft seien doch Homosexualität und Heterosexualität gleichberechtigt – es gäbe also keinen «Handlungsbedarf». 1984 bemüht man sich gar, schwule Störenfriede loszuwerden, indem man sie ausreisen läßt. Politbüro-Mitglied Hermann Axen soll damals gesagt haben: «Wir trennen uns von all denen, die ein falsches Verhältnis zu unserem Staat, zur Arbeit und zum anderen Geschlecht haben.»
Wie so oft, verläuft die Entwicklung nicht geradlinig. Im April 1984 bringt die auflagenstarke Frauenzeitschrift «Für Dich» einen positiven Artikel über Homosexuelle und wenig später eine Reportage über die lesbische Schriftstellerin Inge von Wangenheim und ihre Freundin. Auch nimmt sie endlich – wenn auch nur dezent formulierte – Kontaktanzeigen von Homosexuellen an.
So richtig Auftrieb erhält die Bewegung in der zweiten Hälfte der 80er. Bei einer ersten wissenschaftlichen Tagung zu psychosozialen Aspekten der Homosexualität im Juni 1885 in Leipzig kommen erstmals Lesben und Schwule selbst zu Wort. Der Dialog zahlt sich aus, die Wissenschaftler setzen sich für die gesell-

ELTERN
können/dürfen/wollen
solidarisch sein!

schaftliche Akzeptanz Homosexueller ein – wenngleich auch jeder auf seine Weise. Während einige die Emanzipation von Schwulen und Lesben fördern wollen, bleibt etwa Prof. Werner von der Humboldt-Universität Berlin bei seiner Forderung nach «aktiv-adaptiver sozialer Integration». Das heißt soviel wie: Hübsch anpassen, dann akzeptieren wir euch auch! Diese Botschaft darf er schließlich 1987 in einer Auflage von 100 000 Exemplaren auf dem DDR-Büchermarkt verbreiten, denn die SED hat schließlich beschlossen: Wenn sie die Schwulen schon nicht alle ausbürgern kann, dann will sie sich wenigstens nach dem Motto «Die Partei marschiert voran!» an die Spitze der Bewegung setzen.

Das Jugendradio DT64 darf im Herbst 1987 eine erste Sendung über Homosexualität allgemein machen, im August 1988 senden sie eine über Schwule, im Januar 1989 über Lesben. In Berlin gründet sich – auch 1987 – mit dem «Sonntags-Club» eine erste Gruppe, die weder kirchlich noch staatlich gebunden ist.

Nun endlich gibt die Partei, allen voran ihre Jugendorganisation FDJ, grünes Licht für staatlich genehmigte Homo-Gruppen. Natürlich sind es auch hier wieder Lesben und Schwule selbst, die das Ganze ins Rollen bringen. Aber die Bürokraten haben dabei schließlich auch ihre Interessen. Kirchliche Gruppen sind schwerer zu kontrollieren und zu «führen». Irgendwie mußte sichergestellt werden, daß die Homosexuellen in die sozialistische Gesellschaft integriert werden. Also werden einige neue, nicht-kirchliche Gruppen erlaubt bzw. von Parteimitgliedern ins Leben gerufen, z. B. die Berliner «Courage» und die Leipziger «Rosa Linde». Dabei gestaltet sich das Verhältnis dieser neuen, staatlich abgesegneten Gruppen und der alten «freien» bzw. kirchlichen Gruppen manchmal recht unfreundlich. Die Gründung von «Courage» z. B. ging einher mit heftigen politischen Angriffen gegen die Mit-Gründerin des

Sonntags-Clubs, Uschi Sillge. Bei den Weltjugendfestspielen war es natürlich auch wieder die «Courage», deren Stand exzellent plaziert war. Und beim Treffen der ILGA (International Lesbian and Gay Association) 1989 in Wien beantragen vier Mitglieder der Gruppe ohne Wissen der anderen DDR-Gruppen stellvertretend die Mitgliedschaft in der Organisation. Nun ja, in der ehemaligen DDR zahlte es sich eben aus, mit dem Staat zusammenzuarbeiten. Ungeachtet dessen setzen sich alle Gruppen in den nächsten Jahren verstärkt für eine Sache ein: Die rechtliche Gleichstellung von Homo- und Heterosexuellen. Zentral dabei immer noch der § 151, der schwulen Sex mit jungen Männern unter 18 Jahren verbietet. Nach dem Prozeß gegen einen Schwulen, der wegen ebendieser Sache verurteilt wird, engagieren sich insbesondere die Leipziger und suchen dabei erneut die Unterstützung von Wissenschaftlern. Was manchen im Ausland und in der BRD dann wie vom Himmel gefallen erschien, ist letztlich der intensiven, dauerhaften politischen Überzeugungsarbeit der Gruppen und der Fachleute (Bach, Aresin, Schnabl, Günther) zu verdanken: der Sonderparagraph 151 fällt. Homosexualität ist kein Fall fürs Strafgesetzbuch mehr. Ein riesiger Erfolg für die noch vergleichsweise kleine und junge Schwulen- und Lesbenbewegung in der DDR. Tja, und dann: Der Fall der Mauer, der Anschluß an die Bundesrepublik. Plötzlich ist alles anders. Mit einemmal gibt es *ein* Deutschland. Gibt es auch *eine* gesamtdeutsche Bewegung? Wie ging es weiter in der BRD «nach AIDS» und wie geht es weiter in Deutschland? Jetzt gibt es erst mal eine verdiente Pause nach dem langen Kapitel. Im 9. Kapitel versuche ich dann eine Antwort auf diese Fragen.

WILLI, 33

Ich wurde geboren am 14. Februar 1957 – ungefähr zwölf Jahre, bevor die erste Straßenschlacht zwischen Schwulen und der Polizei in New York stattfand. Mein Geburtsort liegt ganz im Norden der Bundesrepublik: Ein kleines 240-Seelen-Dorf, etwa 40 km südlich der deutsch-dänischen Grenze. Meine Eltern sind Bauern und arbeiten hart, ebenso wie meine Groß- und Urgroßeltern. Die Hochzeit meiner Eltern hatte gerade 3 Monate vor meiner Geburt stattgefunden. Ein uneheliches Kind aus dem Schoße einer Bauerntochter wäre zu der Zeit völlig ausgeschlossen gewesen. Meine Mutter hätte es mit mir sehr schwer gehabt, wenn sie und mein Vater nicht geheiratet hätten. Abgesehen davon, daß ich mich mit meinen Eltern eigentlich so lange ich denken kann sehr schlecht verstehe, hatte ich eine schöne und ruhige Kindheit. Die Nachkriegsnot war überstanden. Wir hatten zwar nicht viel Luxus, aber das kannten wir auch gar nicht anders, und zu Essen und zu Trinken und an Kleidung war immer genug da. Es war sehr ruhig im Dorf, es gab sehr wenig Verkehr und noch sehr saubere Luft. Auf dem Hof hatten wir alle möglichen Tiere, Rinder und Schweine, Hunde, Katzen, Hühner, Tauben, Ponys, Schafe, alle möglichen Vögel und Igel und Kaninchen, sowohl wilde

– Homosexualität – die gab es irgendwie gar nicht

als auch gezähmte. Und im Sommer badeten wir alle im Dorfteich – es war in jeder Hinsicht Idylle. So ungefähr das einzige un-idyllische war meine Homosexualität, die sich allmählich herauskristallisierte.
Lange Zeit war mir gar nicht klar, was das eigentlich ist. Ich habe anfangs einfach drauf losphantasiert: War geil auf Männer und Jungs. In meiner heimlichen Welt der Tagträume hatte ich die schönsten Erlebnisse mit allen möglichen Leuten. Nur in der Praxis nicht. Denn ich war sehr schüchtern und verklemmt, weil meine Eltern und die sonstige Umgebung auch völlig anti-sexuell und verklemmt war. Sexualität galt unausgesprochen als etwas Unanständiges, Unsauberes, Verderbendes. Und Homosexualität – ja, die

gab es irgendwie gar nicht. So hatte ich notwendigerweise nur meine heimlichen Tagträume. Aber die Träume waren immerhin sehr schön und erregend.

Meine kleine Welt mit den 240 Einwohnern begann irgendwann, sich zu öffnen. Nach der 4. Klasse wurde ich in die Kreisstadt aufs Gymnasium geschickt. Das war eine beängstigende und unübersichtliche Angelegenheit für mich. Nach den ersten Schulpausen habe ich an der neuen Schule gar nicht den Weg vom Pausenhof zurück in die Klasse gefunden. Denn von meinem Dorf her war ich es gewohnt, daß alle 9 Schuljahre in einem einzigen Klassenraum saßen und von einem einzigen Lehrer unterrichtet wurden.

Mit der Zeit lernte ich die Bedeutung des Wortes SCHWUL kennen: ein Schimpfwort. Schwul bedeutet, daß man nicht mit Frauen kann. Daß man ständig hinter Typen herlungert. Vor den Schwulen muß man sich vorsehen, weil sie versuchen, einen zu perversen Schweinereien zu verführen. Sie wollen einem ständig an die Hose gehen. Unter einem typischen Schwulen stellte ich mir einen unangenehmen, älteren, falsch lächelnden Mann vor, der ei-

Mit der Zeit lernte ich die Bedeutung des Wortes SCHWUL kennen: ein Schimpfwort

nem auflauert und mit nach Hause locken will. Jeder dritte Witz, der erzählt wurde, war ein Schwulenwitz, und die Schwulen, die in den Witzen vorkamen, waren derartig affig und blöde, daß ich mich heimlich für sie schämte und auf sie wütend war, weil sie sich nicht zusammenrissen, so wie ich, dem man natürlich «nichts anmerkte».

Das Problem «schwul??????» lag mir über die nächsten Jahre hinweg schwer im Magen. Es verursachte eine existentielle Zukunftsangst. Meine Geilheit auf Männer war mein größtes Geheimnis, und ich hatte vor kaum etwas mehr Angst, als daß mein Geheimnis auffliegen könnte. Höchstens vielleicht vor den Giftschlangen, die mich manchmal in meinen Alpträumen verfolgten. Ich erinnere mich an den Tag, nachdem Rosa von Praunheims legendärer Film «Nicht der Homosexuelle ist pervers, sondern die Situation, in der er lebt» im Fernsehen gezeigt wurde. Ich selbst hatte den Film nicht gesehen, weil ich nicht so lange aufbleiben durfte. Praunheims Film – der 1971 zum erstenmal die Situation der Schwulen ‹ungeschminkt›, mit all ihren Grausamkeiten, darstellte und uns Schwule praktisch zur Revolte aufrief – war am nächsten Tag das Gesprächsthema. Überall Gekicher und Dei-dei-dei. In der ersten Unterrichtsstunde Herr Klawe, der Englisch-Lehrer: Es sei ja gut und schön mit diesen Homosexuellen, von ihm aus könnten sie ja in ihren eigenen vier Wänden tun und lassen, was sie wollten. Aber daß man das jetzt auch noch im Fernsehen öffentlich vorführen müsse, wie zwei Männer sich küssen – bäh! – das sei doch wirklich extrem unappetitlich. Ich hatte Angst und sagte nichts.

In diesen Jahren – 1971 war ich 14 Jahre alt – befand sich mein Gefühlsleben

WILLI, 33

in einem manchmal kaum erträglichen Spannungsfeld. Ich war hin- und hergerissen zwischen mir selbst und meinem Schwulsein, mit dem ich nicht eins war. Ich führte ein Doppelleben: da war einerseits der stille, freundliche,

Ich wußte nichts von den übrigen 3 Millionen Homosexuellen in unserem Land

manchmal etwas sonderbare Claus-Wilhelm, den die anderen wahrnahmen. Und auf der andere Seite die Welt meiner Geheimnisse, wollüstige Sexphantasien mit Männern, heimliche Liebschaften zu Klassenkameraden, Grübeleien, warum ich nicht so sein kann wie die anderen. Ich wußte nichts von den übrigen 3 Millionen homosexuellen Männern und Frauen, die in unserem Land leben. Die Information, daß es sie überhaupt gibt, war mir nicht zugänglich. Mich quälte die Frage, ob ich es mein Leben lang schaffen würde, mein Schwulsein vor dem Rest der Welt geheimzuhalten. Ich stellte mir die Frage, ob ich vielleicht gemütskrank sei. ES KANN DOCH NICHT SEIN!! WARUM SOLL AUSGERECHNET ICH SCHWUL SEIN?!? WARUM BIN ICH NICHT NORMAL? Angst, Angst, Angst. Manchmal glaubte ich, ich müßte schizophren werden. Ich kapselte mich immer mehr ab und manövrierte mich in die Position des depressiven Grüblers.

Ab und zu gab es Lichtblicke. So zum Beispiel eines Montags morgens im Sommer, als ich wie immer zur Schule ging. Neben der Schule stand das Haus des Hausmeisters. Nachts hatten Schüler aus den oberen Klassen – die ersten «Langhaarigen» – an dieses Haus mit riesengroßen, weißen Buchstaben das Wort UNTERTANENFABRIK geschrieben. Darunter hatten sie einen Pfeil gemalt, der auf die Schule zeigte. Die schneeweißen Buchstaben auf den dunkelroten Klinkern prangten stolz in der Morgensonne. Aus der gleichen Ecke der Schülerschaft kam in unregelmäßigen Abständen eine antiautoritäre Schülerzeitung zum Vorschein, das «Info». Das «Info» wurde bald verboten, weil es die Schüler zu sehr zum Nachdenken anregte. Aber ein Artikel in einer der letzten legalen Ausgaben behandelte die Tabus, die auf dem Kacken

Manchmal glaubte ich, ich müßte schizophren werden

lasten. Zum erstenmal beschrieb jemand, wie natürlich und schön im Grunde genommen das Scheißen ist, und wie unterdrückerisch es ist, alles, was mit dem Scheißen zusammenhängt, mit Heimlichtuerei, Witzen und Ängsten zu umgeben. Das «Info» stellte die Frage, warum man als Kind dazu dressiert wird, immer alleine, hinter verschlossenen Türen und mit schlechten Gefühlen zu kacken und zu pinkeln. Das «Info» behauptete (und mir hat das eingeleuchtet), dies sei pure Körper- und Lustfeindlichkeit, die nur dazu diene, die Menschen verklemmt, neurotisch, ängstlich und kleinmütig zu halten. Wow! Diese Art, über das Scheißen nachzudenken, brachte mein Herz vor Freude zum Hüpfen.

Wie gesagt: Dann wurde die Zeitung verboten, und in der Illegalität ging sie bald ein.

Ich verfluchte die Tatsache, daß ich ein Duckmäuser war. In neuen Tagträumen war ich der King: Hatte vor nichts und niemand Angst, brüllte alle Autoritäten zusammen, riß von zu Hause aus, um mich in der feindlichen Welt durchzuschlagen, war redegewandt und konnte argumentieren wie ein Fuchs, – machte keinen Hehl daraus, daß ich schwul war. Stockschwul und basta! – Diese Tagträume waren Höhenflüge.

Der graue Alltag sah weiterhin anders aus. Meistens war ich todmüde, wenn ich aus der Schule kam. Ich schlief bis zum späten Nachmittag und machte dann kurz und teilnahmslos meine Hausaufgaben, oder ließ es auch bleiben. Aß anschließend Abendbrot mit meinen ständig nörgelnden Eltern, die sich redlich Mühe gaben, aus mir «etwas Anständiges» zu machen, so daß ich ihnen tunlichst aus dem Weg ging. Anschließend las ich bis spät in die Nacht wahllos irgendwelche Bücher. Je finsterer, desto lieber. Ich schwärmte für Kafka und Hesse. Und ich begann, mich für Psychologie zu interessieren. Ich suchte nach einem Schlüssel, der mir den Weg öffnete, mich selbst zu verstehen.

Das erste, was ich tat mit den Psychologie-Einführungen, die ich mir aus der Bücherei ausgeliehen hatte, war, daß ich im Inhaltsverzeichnis gespannt das Wort «Homosexualität» suchte und auf den entsprechenden Seiten nachsah, was da über mich stand. Aber das, was die Psychologen da geschrieben hatten, hatte meistens nicht gerade einen befreienden Charakter. Da war in wichtigtuerischem Psychiater-Deutsch aufgezählt, welche Unterarten der Homosexualität es angeblich gäbe, und durch was sie angeblich entstehen würden, ob durch Dominanz der Mutter gegenüber dem Vater oder durch Verführung von seiten eines älteren Homosexuellen oder durch Hormonstörungen oder zu viel Sonne und was weiß ich wodurch. Und es gab zu lesen über die Möglichkeiten, die Homosexualität zu behandeln. Gruselige Therapieformen hatten die Psychologen sich ausgedacht, um einen wieder in den Bereich des Normalen zu zerren. Es schien ziemlich üble Menschenquälerei zu sein, was die klugen Leute sich da ausgeheckt hatten. Die Art von Psychologen, an die ich geriet, flößten mir jedenfalls Furcht statt Selbstwertgefühl ein.

Mit meiner Klasse, die nur aus Jungen bestand, war ich auf einer zehntägigen

Am Montag, den 24. 4. 1972, versuchte ich mich mit Hilfe von Schlaftabletten umzubringen

Tour in Berlin. Jeder meiner Mitschüler, außer mir selbst, lachte sich in Berlin auf einer Fete im Jugendhotel eine Freundin an. Ich fühlte mich völlig isoliert und lebensuntauglich wie ein Fisch in der Wüste und sah den Tag immer näherkommen, an dem mein Schwulsein «aufflog» und ich nackt, mit keinem Gegenargument in der Hand, der feindseligen Rotte gegenüberstand. Ich besaß keine Kraft, keinen Mut, keine Hoffnung mehr. Am Montag, dem 24. April 1972, versuchte ich mich mit Hilfe von Schlaftabletten umzubringen. Aber der Selbstmordversuch ging zum Glück nicht tödlich aus, und möglicherweise wollte ich auch gar nicht sterben, sondern endlich richtig leben. Jedenfalls habe ich mit Hilfe der Pillen 3 Tage und 4 Nächte lang geschlafen, und Onkel Doktor konnte sich nur auf dem Bildschirm des Oszillographen das Muster meines Herzschlages ansehen und warten. Währenddessen waren meine Eltern, Schulkameraden und Freunde völlig baff und irritiert und konnte gar nicht verstehen, was los war. Sie entwarfen witzige Theorien: Daß alles mit der Note 5 in Mathematik zusammenhinge oder daß ich rauschgiftsüchtig sei.

Ich habe im Schlaf mächtig um mich geschlagen, wie die Schwester mir hinterher erzählte. Sie mußten mich mit Lederriemen am Bett festbinden, damit ich mich nicht blutig schlage. Als ich wach wurde, konnte ich mich vor Schmerzen, Wunden, Muskelkater und Entkräftung kaum bewegen, geschweige denn aufstehen. Ich war ganz durcheinander und dachte, alles wäre hellblau. Die ersten Worte, die ich hörte, waren: «Da sind wir ja wieder, Herr Klinker!» und als ich gleich wieder in Schlaf tauchen wollte, zupfte mir die eine Schwester an der Backe, baute einen Teller Rote Grütze mit Milch vor mir auf und fütterte mich, und ich war selten so hungrig wie am 27. April 1972, und ich verliebte mich bis über beide Ohren in den Teller mit Rote Grütze, und danach kam der Stationsarzt, um mich irgendwelche Fragen eines statistischen Fragebogens beantworten zu lassen. Und dann kam meine Mutter und weinte und sie tat mir sehr leid und mir war panisch zumute und ich war sehr froh, als sie wieder ging.

Im gleichen Sommer – ich war 15 – fand ich endlich Kontakt zu einem anderen Schwulen. Sein Name war Klaus. Ich war nicht mehr der einzige auf der Welt!! Nach der Schule lernte ich ihn kennen, und zwar auf der Toilette des Bus-Bahnhofs.

An dem Tag war ich überglücklich. Ich hatte nasse Augen vor Glück! Den 15 km langen Heimweg von der Schule legte ich an dem Tag zu Fuß zurück. Ich hüpfte, sang laut und falsch, die Hasen im Gebüsch müssen einen sehr schlechten Eindruck von mir gekriegt haben. Die schweren Heuballen, die ich zu Hause vom Anhänger auf das Förderband werfen sollte (es war nämlich Erntezeit), waren mit einemmal leicht wie Kopfkissen. Ich hatte tierische Energie im Leib und mir war, als hätte ich säckeweise Kokain geschnupft.

Wir haben uns 4 oder 5 Male heimlich getroffen. Klaus war 38 Jahre alt. Er arbeitete in der Zuckerfabrik und ließ sich gerade scheiden.

Die große Liebe dauerte aber kaum länger als 14 Tage. Dann begann ich, ihn genauso stark zu hassen, wie ich ihn kurz vorher noch geliebt hatte. Das muß ihn völlig verwirrt haben. Dabei hatte mein Haß im Grunde relativ wenig mit ihm selbst zu tun. Im Grunde habe ich unsere Homosexualität und ihre Hoffnungslosigkeit gehaßt. Wir mußten unsere Liebe vor allen Leuten verbergen, und was wir trieben, war außerdem auch noch illegal, weil es gegen den § 175 verstieß. – Ich hatte wieder mal Angst, viehische Angst, daß alles aufflog. Ich *wollte* hergottnochmal nicht schwul sein!

Ich war sehr arrogant und kalt Klaus gegenüber. Trotzdem schrieb er mir weiterhin Briefe, rief bei uns zu Hause an (was mich jedesmal reichlich in Verlegenheit brachte wegen meiner Eltern), schickte mir Pakete mit Geschenken, fuhr hinaus zu uns aufs Dorf und schlich um unser Haus. Und je mehr er sich um mich bemühte, desto blinder wurde mein Haß gegen ihn. Das lief dann den ganzen Herbst und Winter über so weiter. Im Januar schließlich inszenierte Klaus direkt vor unserem Haus einen Selbstmord-Versuch, nachdem er vorher tagelang durchs Dorf gelaufen war. Man fand ihn eines Morgens bewußtlos im Bushaltestellen-Häuschen vor unserem Hofplatz. Mit Blaulicht und Martinshorn wurde er ins Krankenhaus transportiert. Im Dorf war der Teufel los. Man erzählte, er sei tot. Ich war wirr und voller Angst.

Mit dem Fahrrad fuhr ich in ein Nachbardorf, spazierte ziellos im Wald umher und weinte. An dem Tag habe ich angefangen zu rauchen.

Im darauffolgenden Sommer, als ich einmal nach der Schule gerade durch die Stadt nach Hause radelte, traf ich plötzlich Klaus. Ich erschrak mich so sehr, daß ich fast vom Fahrrad fiel. Ich grüßte ihn kurz und verlegen und fuhr schnell weiter, drehte mich noch um und sah, daß er sich auch umgedreht

In den nächsten drei jahren versuchte ich allen Ernstes, heterosexuell zu werden

hatte, und legte noch einen Zahn drauf. Irgendwie sind die Schwulen doch recht zählebig, dachte ich mir mit einer Spur Erleichterung in der Brust. Ja, in den nächsten 3 Jahren versuchte ich allen Ernstes, heterosexuell zu werden. Heute kann ich über diesen Blödsinn nur noch lachen. Ich hatte Beziehungen – auch sexuelle – mit Mädchen, um mir selbst und meiner Umwelt zu beweisen, wie ‹normal› ich bin. Aber das ‹normale›, heterosexuelle Leben war unbefriedigend und aufgesetzt. Ich hätte ebensogut Linkshändigkeit trainieren können und wäre doch zeitlebens kein richtiger Linkshänder geworden. Meine letzte Freundin aus den drei zwangs-›heterosexuellen‹ Jahren hatte übrigens das gleiche Problem wie ich, wie sich erst Jahre später herausstellte: Regina war im Grunde ihres Herzens total lesbisch. Wir trafen uns 1980 auf der ersten Hamburger Gay Pride Demonstration wieder. Sie lesbisch, ich schwul, lagen wir uns lachend in den Armen. Mensch, Regina, was waren wir doch bekloppt früher, wa?

Nachdem ich 18 Jahre alt geworden war, zog ich von zu Hause aus. Seitdem wohne ich in Hamburg. Ich hatte allmählich das Grübeln satt und entschied mich ein für allemal, gegen den Strom der Normalität zu schwimmen: Willi Klinker, du bist schwul, und du bleibst auch schwul. Die Frage ist nur, ob du

ein geduckter, leidender, ängstlicher, depressiver Schwuler sein willst – oder ein stolzer, selbstbewußter, der sich nicht an die Normen seiner Unterdrük-ker anpaßt, sondern sie aktiv bekämpft. Ich nahm Kontakt zu Schwulen auf, die in der homosexuellen Emanzipationsbewegung organisiert waren. Das war eine Zeit, in der sich meine persönliche Entwicklung förmlich über-schlug. Die Leute, deren Bekanntschaft ich jetzt machte, trugen in sich das Gedankengut, das 1969 in New York US-Polizei-Jeeps in Brand gesteckt hatte. Ich begann, mich mit Parolen zu identifizieren wie: «Schwul sein heißt Widerstand leisten!», «Wir sind schwul und stehn dazu!», «Heraus aus der Einsamkeit der Pissoirs, Schwule auf die Straße!». In der Schwulenbewegung lernte ich auch meinen ersten richtigen Freund kennen, den ich zu der Zeit sehr liebte. Er heißt Thomas und ist zufällig Autor dieses Buches.
Ich war jetzt also schwul. Und ich schämte mich nicht mehr. Ich lernte immer mehr schwule und lesbische Freunde und Freundinnen kennen.

Ich war jetzt also schwul. Und ich schämte mich nicht mehr

In den Samstag-Nächten, wo ich die ersten Male mit Freunden von Schwu-lenkneipe zu Schwulenkneipe gezogen bin, eine voller als die nächste, bin ich fast ausgetickt vor Staunen: Sooo viele Schwule gibt es! – Tja, so eine großar-tige Besonderheit war ich kleines Würstchen vom Lande denn ja wohl doch nicht . . .
Meinen Eltern hatte ich geschrieben, daß ich schwul bin, als ich 19 Jahre alt war. Es hat sie innerlich wohl sehr in Hektik gebracht, aber es hat kaum etwas bewirkt. Ihre Vorurteile gegen Schwule sitzen tief – mein Vater wollte mich psychotherapeutisch behandeln lassen, und meine Mutter war sehr be-drückt. Meine Eltern sprechen äußerst ungern über das Thema Homosexua-lität. Sie schämen sich, einen homosexuellen Sohn zu haben. Das ist schade, aber ich kann's leider nicht ändern. Man kann sehr schwer mit ihnen über sexuelle Dinge diskutieren. Und heute ist es mir auch nicht mehr so wichtig. Wichtiger ist es mir schon, dazu beizutragen, meinen Millionen und Abermil-lionen schwulen oder lesbischen oder schwarzen oder sonstwie unterdrück-ten Brüdern und Schwestern klarzumachen, daß wir uns endlich zusam-menschließen müssen. Daß wir uns gegenseitig verteidigen müssen gegen jeden Angriff, der auf unsere ureigene und selbst zu bestimmende Identität gerichtet ist. Wenn wir unsere Sache nicht selbst in die Hand nehmen – wer soll's dann tun?

BARBARA, 33

Mein Coming Out liegt erheblich später als bei den meisten Homosexuellen. Ich bin 33 Jahre alt und habe erst vor 3 Jahren mein erstes sexuelles Erlebnis mit einer Frau gehabt. Unter sexuellem Erlebnis verstehe ich dabei, sich gegenseitig zu befriedigen. Ich hatte zu Frauen schon immer auch ein sexuelles Verhältnis, was ich mir aber erst in den letzten Jahren vor dem Coming Out eingestand. Mit meinen Freundinnen habe ich vorher sehr zärtliche Kontakte gehabt, Küssen und Streicheln und was sonst noch alles einer Frau, ohne daß sie in Verdacht gerät, in dieser Gesellschaft zugestanden wird. Teilweise liebten wir es, und wir verstanden es als Teil unserer Emanzipation, so zu tun, als wären wir lesbisch, als wäre nichts dabei, als könne uns die Ächtung der Umwelt nicht in unserer Selbstsicherheit treffen. Sie konnte uns auch nicht treffen, da wir selbst ja wußten, daß wir «sauber» bleiben. Ich sprach vor meinem Coming Out mit Freundinnen – in manche von ihnen war ich unsterblich und meist recht schwärmerisch verliebt – nie über irgendwelche weitergehenden sexuellen Bedürfnisse. Überhaupt ging es in Gesprächen über Sexualität, jedenfalls von meiner Seite aus – mehr um Dinge, die ich schon verarbeitet hatte und die ich nicht mehr als Problem betrachtete. Aber da stelle ich wohl keinen Einzelfall dar.

Aufgewachsen bin ich in gutbürgerlichen Verhältnissen. Mein Vater war in

Meine Mutter wollte aus mir eine selbständige junge Dame machen

der Werbebranche, meine Mutter arbeitete bis zum dritten Kind – ich bin die Älteste und habe noch zwei Brüder – als Sekretärin. Ich schlug mich, seit ich überhaupt denken kann, mit dem Problem herum, ein Mädchen und außerdem auch noch ein dickes Mädchen zu sein. Meine Mutter wollte aus mir eine selbständige elegante junge Dame machen, verpaßte mir ein Korsett und verbot mir, Hosen zu tragen. Ich haßte meinen nicht gerade knabenhaft geratenen Körper und zog mich lieber in irgendwelche Ecken zurück, um zu lesen oder zu essen. Ich litt auf der einen Seite unter meinen Komplexen, nicht den

äußerlichen Idealen meiner Mutter und der sonstigen Gesellschaft zu entsprechen, auf der anderen Seite hatte ich eine gesunde Wut darauf, daß Frauen in dieser Gesellschaft eine mindere Stellung haben. Schon mit vierzehn wollte ich lieber Politikerin als Hausfrau werden. Nach dem Abschluß der Mittelschule lehnte mein Vater es ab, mir Abitur und Studium zu finanzieren, da ich als Frau ja doch irgendwann heiraten würde. Meine Mutter war zu schwach, sich dagegen zu wehren, aber sie unterstützte meine Emanzipationswünsche, wohl aus Enttäuschung über ihre Ehe und ungeachtet ihrer Ansicht, daß ich gefälligst wie eine junge Dame auszusehen hätte.
Gespräche über unsere sexuellen Probleme gab es zu Hause nicht. In einem «gewissen Alter» wurde ich lediglich über die baldige Ankunft meiner Menstruation von meiner Mutter unterrichtet. Weitergehende Aufklärungsver-

Es gab kein Ausweichen mehr

suche habe ich ihr mit einem «Mami, ich weiß schon alles» erspart, weil ihr das offensichtlich peinlich war. Ich unterrichtete mich aus Büchern und aus den mehr oder minder versteckten Andeutungen meiner Klassenkameradinnen und verschaffte mir mit allerlei phantastisch ausgesponnenen Sexgeschichten – gestützt auf meinen üblichen Lesestoff – unter der Bettdecke ein streng geheimes Sexualleben.
Mit achtzehn verliebte ich mich das erste Mal in einen Mann, traute mich aber nicht, es ihm zu sagen, aus Angst, abgelehnt zu werden und aus Angst, einzugestehen, daß ich noch Jungfrau war. Das war Ende der Sechziger nicht mehr «in». Außerdem hatte ich Angst, aufgrund der eindringlichen Warnungen meiner Tanten, mich nach dem ersten Geschlechtsverkehr so zu verlieben, daß ich doch in die Sklaverei von «Kinder, Küche, Kirche» ziehen würde. Deshalb brachte ich ein Jahr später die Entjungferung, ohne den Kandidaten vorher von seinem «Glück» zu unterrichten, wie eine notwendige Operation hinter mich und stürzte mich danach in den «Übungsverkehr» mit häufig wechselnden Partnern. Dabei achtete ich darauf, möglichst mit Männern ins Bett zu gehen, die ich nicht liebte und denen ich deshalb beweisen konnte, daß mich diese Turnerei völlig kalt läßt, daß ich nicht auf sie angewiesen bin. «Cool bleiben» war die Devise bis in die zweite Hälfte meines Twenalters. Daß ich mich bisweilen trotzdem verliebte, löste psychische Katastrophen aus, da ich mir für meine Liebesobjekte immer viel zu minderwertig vorkam. Ich war immer noch dick und außerdem verklemmt.
Vor ca. vier Jahren hatte ich dann, kurz vor meinem endgültigen Coming Out, eine sexuell befriedigende Liebesbeziehung zu einem Mann, die für meine Verhältnisse recht lange dauerte, nämlich ein halbes Jahr.
Zu Frauen hatte ich seit meinem 20. Lebensjahr sexuell geprägte Beziehungen. D. h. ich begann, meine Freundinnen zu streicheln und zu küssen, Händchen mit ihnen zu halten, und verkaufte mir und ihnen das als Fortschritt in unserer Emanzipation, die uns Frauen doch einander näher bringen

sollte. Heute sind diese Umgangsformen ja üblich geworden – meistens mit der gleichen Ausrede. Über unsere sexuellen Bedürfnisse sprachen wir deshalb noch lange nicht, obwohl ich mich in linken recht «aufgeklärten» Kreisen bewegte. Und wenn wir über Sexualität sprachen, dann wurden lediglich ziemlich oberflächlich heterosexuelle Probleme von Dritten diskutiert. Mit schwulen Männern habe ich seit zehn Jahren bereits Kontakt und beneidete sie immer um ihre Unbekümmertheit, mit der sie über Sexualität sprachen.

Ich verliebte mich auf einer Reise in eine zehn Jahre ältere Frau

Ich habe erst jetzt gemerkt, daß Schwule auch ihre sexuellen Probleme haben und lieber über ihre Erfolge als über ihre Schwierigkeiten reden. Damals gewöhnte ich mir auch diese oberflächliche Unbekümmertheit an und wirkte wohl sehr offen und unproblematisch. Mit einer zehn Jahre jüngeren Freundin hatte ich bis zu meinem 30. Geburtsjahr ein sehr enges Verhältnis. Wir teilten bei ihren Besuchen mein Bett, streichelten, küßten und berührten uns sehr, sehr scheu und vermieden es, irgendwelche erregenden Zärtlichkeiten auszutauschen – und sprachen nicht darüber. Erst gegen Ende unserer Beziehung gestanden wir uns über Telefon unser sexuelles Interesse aneinander ein. Mit diesem Geständnis brach bei mir sozusagen ein Damm, und ich verliebte mich auf einer Reise in eine zehn Jahre ältere lesbische Frau. Es gab kein Ausweichen mehr. Wir gingen aufeinander zu, als gäbe es keine intolerante Gesellschaft, keine sexualfeindliche Erziehung und auch die Angst vor einer Niederlage nicht mehr. Ich habe nie vorher und auch bis heute noch nicht wieder ein derartig unbelastetes und freies sexuelles Erlebnis gehabt wie in dieser gemeinsam verlebten Woche.

Coming Out bedeutet nicht, jedenfalls nicht für mich, ein plötzlicher Ausbruch der wahren sexuellen Natur, und dann läuft alles ganz glatt weiter, auch wenn ich mir das nach dieser Begegnung einbildete. Ich stelle fest, daß lesbische Frauen durchaus nicht frei sind in ihrer Sexualität, daß sie oft verklemmt und teilweise auch sehr sexualfeindlich sind, was mit einer oberflächlichen Zärtlichkeit verbrämt wird. Die Erziehung läßt sich nicht so leicht

Es gibt keinen Rückzug mehr vor der gesellschaftlichen Ächtung

abschütteln. Außerdem merke ich den Unterschied zwischen der offiziellen Demonstration des Lesbischseins, wenn man meint, es nicht zu sein, und der Tatsache, es wirklich zu sein. Es gibt keinen Rückzug mehr vor der gesellschaftlichen Ächtung. Deshalb habe ich mich mit Beginn meines Coming Outs dazu entschlossen, gegen diese Ächtung der Homosexualität zu kämpfen und arbeite seitdem politisch in der Homosexuellenbewegung.

9. Kapitel

Hamburg, 20. Juni 1981. So viele wie noch nie vorher bei einer bundesdeutschen Homosexuellen-Demo marschieren durch die Straßen: Über 3000 Schwule und Lesben!
Zwei Wochen vorher, einige tausend Kilometer westlich. In Atlanta/USA wundert sich am 5. Juni ein Arzt in der Gesundheitsbehörde, wieso innerhalb kurzer Zeit fünf junge Männer eine schwere Lungenentzündung kriegen. So eine Krankheit haben sonst nur Ältere, deren Abwehr geschwächt ist. Auffällig aber: alle fünf Männer sind schwul.
Noch ahnt keiner der Demonstranten in Hamburg etwas von dem, was sich da in Amerika zusammenbraut. 1981 ist für uns alle, die dabei sind, ein Höhepunkt in der kurzen Geschichte der westdeutschen Bewegung[1], aber das, was in Atlanta erstmals beobachtet wird, stürzt bald

1 Es wäre gut, wenn Du schon das Kapitel 8 kennst, denn vieles auf den folgenden Seiten wird nur dann verständlich.

darauf sowohl die Schwulen in den USA als auch in der BRD in eine schwere Krise: AIDS. Diese anfangs noch rätselhafte Krankheit (immerhin wußte man vor 1984 weder, wodurch sie ausgelöst wird, noch man sich vor ihr schützen kann!) wirft die Bewegung politisch – und jeden von uns persönlich – zurück. Bekannte und Freunde sind infiziert, werden krank und sterben. Die Medien drehen völlig durch. Was in den Jahren zwischen 1984 und 1988 in Zeitungen und Zeitschriften an hysterischen Phantasieprodukten gedruckt wird, ist wohl einmalig in der Pressegeschichte. Genüßlich und gleichzeitig mit spitzen Fingern lamentieren selbsternannte Fachleute über das Sexualleben schwuler Männer. «Analverkehr» und «Sadomasochismus», wilde Fotos aus Leder-Lokalen und verdreckten Toiletten – dem braven Hetero werden mal wieder Sündenböcke präsentiert. Homos, welche die unschuldige «Normal-»Bevölkerung verseuchen! In Leserbriefen, wo nur offen ausgesprochen wird, was die Journalisten denken, offenbart sich der Bodensatz mancher bundesdeutschen Seele: «Nun hat Mutter Natur diesen perversen Drecksäcken und dito Menschen per AIDS eins auf den Deckel gegeben» (O. Friedrich aus Offingen/Bayern), oder «Was schadet es schon, wenn Teile einer verruchten Brut en masse vergehen» (B. Specht aus Heidelberg – beide im SPIEGEL).

Wer hofft, wenigstens so gebildete Artgenossen wie Ärzte hätten kein Brett vorm Kopf, muß schier verzweifeln, als das «Deutsche Ärzteblatt» einen Artikel über Homosexualität veröffentlicht. Ein Sturm moralischer Entrüstung fegt durch die folgenden Ausgaben, mancher Doc entpuppt sich als ausgewachsener Schwulenhasser. So schreibt ein

Dr. Dr. med. Werner Freitag aus Reckershausen, die «Seuche Homosexualität ... ist eine der ausgeprägtesten psychischen Störungen» und eine «Verfallserscheinung». Mir scheint: Bei dem Arzt ist eher das Verfalldatum längst abgelaufen!

Sei's drum. Die Wirkung auf Schwule und Lesben bleibt nicht aus. Derart offene Schwulenfeindlichkeit verschlägt vielen die Sprache – und den mühsam errungenen Mut. Kein Wunder, wenn bei manchem auch längst überwunden geglaubter Selbsthaß wieder hochkommt. Obendrein noch die Angst, sich mit dieser Krankheit anzustekken – die Forscher tappten ja selbst damals noch im dunkeln.

Ein Großteil zieht sich deprimiert

zurück. Zurück ins Privatleben, zurück in den Schrank. Die Kneipen und andere Treffpunkte leeren sich, fast als ob schon das bloße Zusammensein ansteckend sei. Gruppen siechen eher vor sich hin, als daß sie aufblühen. Zu Demonstrationen kommen nur noch sehr viel weniger Menschen. In den USA erlebe ich 1987 eine aus dem Schritt geratene Schwulen- und Lesbenbewegung, wo manch einer häufiger zu Beerdigungen geht als in schwule Bars. Schlimm, sage ich Euch!

Bei uns in Deutschland ist es – welch ein Glück – nicht ganz so katastrophal. Erst recht nicht in der DDR, wo mangelnde Reisemöglichkeiten frühe Ansteckungen verhindert haben. Aber fast alle Gruppen verlieren Mitglieder. Nur zwei Beispiele: In Bremen stirbt 1986 einer der Mitgründer des schwulen «Rat&Tat»-Zentrums, in Hamburg sind inzwischen beide Männer tot, die das «Magnus-Hirschfeld-Zentrum» mit eigenen Händen aufgebaut haben.

Doch wie sich bereits bei Anita Bryant in den USA bewiesen hat: Zuerst kommt der Schock – dann der Widerstand!

In den Vereinigten Staaten zeigt sich, wie wertvoll eine gut organisierte Schwulenbewegung und eine «Gay community» (Gemeinschaft) ist. Schon bald bilden sich Organisationen, die sich um Infizierte und Kranke kümmern. Ein «STOP AIDS»-Projekt führt jede Woche abendliche Gespräche über Sex und AIDS durch – ganz persönlich, zu Hause bei einem aus der Gruppe. Wieder andere sammeln Geld für jene Kranke, die nicht ausreichend versichert sind. Oder veranstalten riesige Shows mit prominenten Stars, die ihre Gage den Hilfsorganisationen spenden. Wohl noch nie

in der Geschichte haben Schwule und Lesben so füreinander gesorgt, sich umeinander gekümmert wie jetzt. Noch nie ist so vielen klargeworden, daß Leben mehr sein kann, als Abend für Abend in Diskotheken rumzuhängen und einen Mann nach dem anderen abzuschleppen. In der BRD sind es vor allem die regionalen AIDS-Hilfen und ihre Dach-Organisationen, die «Deutsche AIDS-Hilfe», die Öffentlichkeitsarbeit machen, Kondome verteilen, Beratung anbieten und Menschen mit AIDS betreuen. Hier findet man in jenen Jahren ein gut Teil der Schwulen, die zuvor in den Emanzipationsgruppen Politik gemacht haben. Nachdem die Angst und das Entsetzen geringer geworden sind, kommt wieder die Wut und der Elan ans Tageslicht. Nun wird nicht mehr nur Selbsthilfe getrieben, sondern handfest protestiert.

Besonders lautstark ist in den USA, später auch bei uns, ACT-UP – was eine Abkürzung ist für «AIDS-Coalition to Unleash Power» (AIDS-Bündnis zur Freisetzung von Power). Sie legen sich wie tot mitten auf eine Straßenkreuzung, bis sie verhaftet und weggetragen werden. Sie stören salbungsvolle Reden der Politiker mit Trillerpfeifen, um gegen die Untätigkeit und Ignoranz der Bürokratie gegenüber dem Massen-Sterben zu protestieren. Und sie greifen Pharma-Konzerne an, weil diese mit ihren superteuren AIDS-Medikamenten riesige Profite machen. Gleichzeitig analysieren Mitglieder der Gruppe neueste Forschungsergebnisse und arbeiten Forderungen an die Regierung aus. Ende der achtziger Jahre kehrt so Power in die Bewegung zurück. Als sich im Juni 1990 der Tag der Stonewall-Revolte zum 21. Mal jährt, scheint der Bann gebrochen. Während der Internationalen AIDS-Konferenz gehen viele der Teilnehmer zum erstenmal auf die Straße, um gegen Diskriminierung und für eine bessere Versorgung AIDS-Kranker zu protestieren. In den gesamten Vereinigten Staaten demonstrieren am 24. und 25. Juni fast eine Million Schwuler und Lesben! Denn zusätzlich zu den 350 000 in San Francisco kamen in vielen anderen Städten Homosexuelle an diesen Tagen zu Demonstrationen, z. B. im nahe gelegenen Los Angeles kamen 200 000 und in New York ebenfalls über 300 000!

Na, und in Germany? Da sind es zwar nur 15 000 (aus Ost und West) in Berlin und noch ein paar schlappe Tausend in anderen Städten. Aber mehr als 1981 ist das allemal ... Die Bewegung hat sich demnach auch bei uns wieder gefangen. Wenn man genau hinguckt, sogar bestens. Denn in den vergangenen Jahren hat sich so viel getan, daß niemand sich dahinter zu verstecken braucht.

Beispielsweise die Schwulen- und Lesbenzentren. Ob in Hamburg das «Magnus-Hirschfeld-Zentrum», in Köln das «SCHULZ», in München das «SUB» oder in Bremen das «Rat&Tat-Zentrum», in Hannover das «HOME» oder in Regensburg das «Resi» – überall können wir nun unter eigener Regie zusammenkommen, Filme gucken, diskutieren, Vorträgen lauschen, Bücher lesen, Feten feiern, Gruppensitzungen abhalten – Emanzipation, Freizeit und politische Arbeit unter einem Dach, in Selbstverwaltung. Buchläden für Frauen gibt es schon länger, und lesbische Literatur war dort immer zu haben, doch inzwischen gibt's auch für Schwule in acht Städten Buchläden, zwei davon

in der ehemaligen DDR. Mehrere schwule Verlage, allen voran der Oldie «Rosa Winkel-Verlag», aber auch sehr modern gemanagte wie

«bruno gmünder», bringen Bücher auf den Markt, die bei Hetero-Verlagen oft keine Chance hätten. Die schwule Presse macht gleichermaßen langsam, aber sicher Fortschritte – in ein paar Städten liegen bereits wie in den USA oder England kostenlose Zeitungen aus, die sich allein durch Werbung finanzieren können. Ja, dann sind da auch noch die schwulen Radios: ELDO-RADIO in Berlin, Pink Channel in Hamburg und Fliederfunk in Nürnberg.

Bei ARD und ZDF dürfen auch wir manchmal in der ersten Reihe Platz nehmen – wenngleich meist nur in der Spätvorstellung. Dafür liefern einige große Verlage heute eine ganze Latte von schwullesbischer Literatur. War vor zehn Jahren die erste Auflage von «Schwul – na und?» als Veröffentlichung beim großen Rowohlt-Verlag noch eine kleine Sensation, so findet man mittlerweile immer mehr Bücher über Homosexualität in den Verlagsprogrammen. Knaur beispielsweise hat eine ganze Reihe mit schwulen Romanen herausgebracht. Ralf König, der Star unter den schwulen bundesdeutschen Comic-Zeichnern, verzeichnet mit seinen Knollennasen-Männern Super-Auflagen, so daß der STERN einen mehrseitigen Hofbericht von Ralfs 30. Geburtstag bringt! Hella von Sinnen, nach eigenen Worten «stock-lesbisch», begeistert die TV-Nation, und in Hamburg feiern ehemalige «Brühwarm»-Mitglieder wahre Triumphe im «Schmidt»-Theater auf der Reeperbahn, dessen Show alle zwei Monate im Fernsehen übertragen wird. Wie sagt Tennis-Star Martina Navratilova: «Ich sehe nicht ein, warum lesbisch zu sein einen als Vorbild disqualifizieren soll.»[2] Genau! Das sagen sich übrigens auch jene Schwulen und Lesben, die über grüne und alternative Listen in Parlamente gekommen sind. Im Bundestag sitzt für zwei Jahre der schwule Herbert Rusche, in Berlin kommt die lesbische Anne Klein sogar zu Ministerin-Ehren, und Stefan Reiß bildet mit Ilse Kokula das erste «Referat für gleichgeschlechtliche Lebensweisen» an einem deutschen Parlament. Hunderte von Gruppen gibt es heute, von «Schwulen Jungsozialisten» bis zu schwulen Sportvereinen, von «Freunden eines schwulen Museums» über Schwulenchöre bis zur ZEH («Zentralen Erfassung: Homosexuellendiskriminierung» in Hannover, von der übrigens alle in Kap. 7 berichteten Fälle stammen – schönen Dank!). In den letzten Jahren breitet sich die Bewegung zudem immer mehr in die Provinz aus.

2 In einem Interview mit der Zeitschrift «Sports» aus 12/90

Auf dem Gebiet der alten DDR sieht es zwar 1990 etwas mau aus – die gesamte Lebenssituation ist schwer genug, man hat andere Dinge im Kopf. Auch leiden einige Gruppen darunter, daß ihre Treffpunkte plötzlich verlorengehen, wenn Gebäude an Firmen verkauft werden.

Dennoch: Hier wie dort wächst die Zusammenarbeit. In der alten BRD wird am 2.11.86 der Bundesverband Homosexualität (BVH) ge-

gründet, eine Art Dachverband für Schwulengruppen und Einzelkämpfer. Neben dem massiven Kampf gegen den § 175 – mit Erfolg, wie man sieht – und für die rechtliche Gleichstellung Homosexueller will er vor allem gemeinsame Aktionen der vielen vereinzelten Gruppen fördern. Der SVD (Schwulenverband in Deutschland) bildete sich noch vor Auflösung der DDR, am 18. Februar 1990 in Leipzig. Die Ziele sind ähnlich, nur versteht sich der

SVD eben nicht als Dachverband für Gruppen, sondern als eigenständige Interessenvertretung. Deshalb ist eine Fusion zur Zeit noch nicht in Sicht. Ein wichtiges Mitbringsel haben sie jedenfalls aus der DDR mit in die wiedervereinigte BRD eingebracht: Einen Verfassungsentwurf des «Runden Tisches», der Diskriminierung wegen der sexuellen Orientierung verbietet und (auch schwule und lesbische) «Lebensgemeinschaften, die auf Dauer angelegt sind», ebenso schützt wie die Familie.

Tatsache ist: Zu Beginn der 90er Jahre ist die deutsche wie auch die amerikanische Homosexuellenbewegung so aktiv und stark wie nie zuvor, und nach der AIDS-Krise ist unser Selbstbewußtsein wieder gewachsen. Glücklicherweise, muß man sagen. Denn der bevorstehende Fall des § 175 ist ja nur der erste Schritt. Die Benachteiligung schwullesbischer Partnerschaften vor dem Recht ist und bleibt ein Skandal: Steuerlich werden wir als Singles behandelt, erben tut die Familie (die sich vielleicht längst von ihrem «schwarzen Schaf» losgesagt hatte), vor Gericht müssen wir gegen unseren Lover aussagen – Zeugnisverweigerungsrecht gibt es für schwule und lesbische Paare nicht.

Ob wir es schaffen, diese Ziele zu erreichen und angesichts von wachsendem Rechtsradikalismus nicht zurückzuweichen, hängt wirklich von uns selbst ab. Lassen wir uns zersplittern, anstatt zusammenzuarbeiten, dann wird die Entwicklung von Politikern à la Gauweiler zurückgedreht. Und das will doch keiner, oder?

Juni 1990 in San Francisco

Ein «schwules/lesbisches Zuhause» –

Interview mit Schwulen und Lesben aus Gruppen in Hamburg

Ende der 70er Jahre bildeten sich erste schwule bzw. schwul-lesbische Jugendgruppen, etwa in Hannover und Berlin. In den 80ern gab es geradezu einen Boom an speziellen Gruppen für Jugendliche – auch in vielen kleineren Städten. Dezember 1993 habe ich mich mit vier Männern und einer Frau über ihre Erfahrungen in und mit Gruppen für Jugendliche unterhalten.

Christian Brandt (Theologiestudent, 31) ist im Hamburger Schwulen- und Lesbenzentrum «Magnus-Hirschfeld-Centrum» (MHC) tätig, in dem sich alle Gruppen treffen; Christian Blöcker (Medizinstudent, 23) gründete mit anderen die «Happy Twens», Stoner (Schülerin, 18) ist in der «Lesbischen Themengruppe», während Marcus (Schüler, 19) und Lars (Auszubildender, 18) Mitglieder von «Dornröschen zum Aufwachen» sind.

Thomas: *Marcus, warum bist du in eine Jugendgruppe gegangen?*

Marcus: Um andere Schwule in meinem Alter kennenzulernen. Ich fühlte mich an meiner Schule und überhaupt ziemlich allein mit meiner Homosexualität.

Thomas: *In die schwule Szene wolltest du nicht gehen?*

Marcus: Szene war damals noch nicht so ganz drin mit meinen 15 Jahren. Ich wußte auch gar nicht, daß so was in dem Ausmaß existiert.

Thomas: *Lars, wie war das bei dir?*

Lars: Von den Gründen her war es das gleiche. Ich wollte andere Leute kennenlernen, die genauso waren wie ich. Anfangs hatte ich ziemliche Schwellenängste. Unter einer «Jugendgruppe» konnte ich mir nichts Genaues vorstellen. Ich hatte eher so merkwürdige Vorstellungen gehabt wie «Die fallen über einen her» oder «Die machen sich über einen lustig». Man kannte die Schwulen ja auch nicht, was das für ein Volk ist. Aber ich wurde sehr gut aufgenommen.

Thomas: *Stoner, du bist in einer rein lesbischen Gruppe. Was hat dich veranlaßt, da hinzugehen?*

Stoner: Eigentlich habe ich mit Gruppen nicht so viel zu tun, ich jobbe hauptsächlich im Café vom MHC. Das einzige, was ich mache, ist die lesbische «Themen-Gruppe». Wir diskutieren alle 14 Tage miteinander über Aktuelles, was mit Lesben und Szene zu tun hat, oder über allgemeinere Themen wie z. B. lesbische Ehe oder Kinder adoptieren. Die Woche dazwischen treffen wir uns einfach so im Café zum Plaudern. Warum ich da reingegangen bin? Ich steckte in einer Beziehung, die lief aber nicht gerade besonders. Und in dieser «Themengruppe» war eine äußerst aparte Frau... An einem Mittwochabend habe ich mich einfach dazugesetzt und bin dann dabeigeblieben. Der Reinfall war, daß die Frau drei Wochen später aufgehört hat...

Thomas: *Christian, du bist Mitglied bei den «Happy Twens», einer Gruppe für Leute über Zwanzig. Warst du vorher bei «Dornröschen»?*

Christian Blöcker: Ich war im November 1991 im «Seelsorge-Zentrum St. Petri» bei der Homosexuellen-Beratung. Die hatten mich auf «Dornröschen» verwiesen. Mir hatte es in der Gruppe ganz gut gefallen. Ich bin regelmäßig hingegangen, weil die Gruppe mein einziger Kontakt zu Schwulen war. Aber allmählich passierte in der Gruppe nicht mehr viel Vernünftiges. Es war nur noch Kaffeeklatsch. Zwei andere Leute von «Dornröschen» verwirklichten deshalb ihre Idee, eine Gruppe für Leute zwischen 20 und 30 zu gründen – auch, um ein bißchen ältere Leute kennenzulernen. Wir haben uns Anfang Februar 1992 das erste Mal getroffen, und inzwischen sind wir, z. B. durch Anzeigen in Szene-Blättern, etwa 15–20 Leute.

Thomas: *Was macht ihr in der Gruppe? Ist das auch hauptsächlich zum Kennenlernen von anderen Schwulen?*

Christian Blöcker: Wir haben eine Planung, die wir immer für den darauffolgenden Monat zusammen machen. Das ist überwiegend Freizeitgestaltung – also Sachen wie ins Kino- oder Theatergehen, zum Schlittschuhlaufen oder Bowlen.

Manchmal machen wir aber auch eine gemeinsame Öffentlichkeits-Aktion. Dieses Jahr haben wir für den «Christopher Street Day» Bon-

bons geklebt, also Papierfahnen mit der Aufschrift «Dieser Bonbon macht schwul!» drangeklebt und auf dem Straßenfest verteilt. Oder wenn demnächst die AIDS-Hilfe eine Aktion macht, werden wir uns auch dran beteiligen.

Thomas: *Also Freizeitgestaltung mit einer Portion politischem Engagement.*

Lars: Richtig, aber das ist trotzdem eine ganze Menge! Mir hat unsere Gruppe viel Selbstbewußtsein gegeben. Ich habe dadurch eine Menge Leute kennengelernt, bin selbstbewußter meinen Eltern und meinen Freunden gegenüber aufgetreten und habe meinen ersten Freund da kennengelernt. Außerdem bin ich durch die Jugendgruppe später in die Szene gekommen.

Thomas: *Ist dann die Gruppe so was wie ein schwuler Freundeskreis?*

Marcus: Jein. Ich habe inzwischen einen schwulen Freundeskreis, ich bräuchte im Prinzip «Dornröschen» dafür nicht mehr. Aber es ist einfach was anderes, wie man dort Leute kennenlernt. Leute, die man woanders kennenlernt, sind viel zu konsumorientiert. Nicht so klamottenmäßig, sondern halt menschbezogen. Nach dem Motto: Ich nehme mir diesen Menschen, ich habe kurz Sex mit ihm, und morgen kenn' ich ihn nicht mehr.

Im «Dornröschen» ist es eben nicht die Schiene, daß man zuerst ins Bett geht und sich dann unterhält, sondern man unterhält sich erst mal stundenlang! Und wenn dann Interesse da ist, dann geht man miteinander ins Bett. Ich möchte gern auch mal Leute nur so kennenlernen, und das ist in der Szene schwieriger. Wenn man sich da hinsetzt und mit den Leuten redet, dann kriegt der andere nach fünf Minuten das Gähnen und geht weg.

Stoner: Das ist in Gruppen allgemein anders. Du redest miteinander, und wenn sich dann was ergibt, dann sind es meistens doch länger haltende Beziehungen. Ich weiß von vielen, daß Gruppen auch genutzt werden, um längerfristige Beziehungen zu finden.

Thomas: *Ist es eigentlich so wichtig, daß die Gruppen nur für Jugendliche sind?*

Christian Blöcker: Ich denke, die Probleme sind in den unterschiedlichen Altersstufen einfach verschieden. Wenn man noch bei seinen Eltern wohnt, hat man andere Probleme – auch mit dem Coming-Out –, als wenn man in den Zwanzigern ist und zu Hause ausgezogen ist.

Marcus: Man ist halt jung, man geht zur Schule, und wenn man dann mit all den Mittzwanzigern in einer Gruppe sitzt, die sich nur über Studium, über Numerus clausus usw. unterhalten, kommt man sich da einigermaßen verloren drin vor.

Stoner: Ich finde das nicht wichtig. Unsere Gruppe ist altersmäßig sehr gemischt. Die älteste Frau ist 44, und ich bin mit 18 das Küken. Als ich in die Gruppe kam, wohnte ich noch zu Hause und fand es ganz positiv, daß ich mir nicht noch von fünf Frauen anhören muß: «Meine Mutter nervt mich, mein Vater ist das größte Arschloch, und meine Schwester piesackt mich nur!» Ich fand es ganz angenehm, daß da Ältere in der Gruppe waren, die mal sagten: «Ja, laß dich mal nicht so fertigmachen, wir hatten das damals auch, und wir haben auf den Tisch gehauen und versucht auszuziehen.» Wir versuchen eben immer, uns gegenseitig auf die Sprünge zu helfen – da ist es scheißegal, ob eine 42 ist oder 18. Jugendgruppe würde mich wahrscheinlich irgendwie annerven. Wenn das jetzt alles Frauen meiner Altersstufe wären – das hab' ich permanent in der Schule.

Marcus: Ich finde, es ist unterschiedlich bei Lesben und Schwulen. Bei den Schwulen ist das etwas mehr «abschlepp-orientiert».

Stoner: Das würde ich nicht sagen. Es läuft vielleicht uncharmanter, aber mit Anmache habe ich auch zu tun. Mich kann eine 18jährige absolut ätzend und beschissen anflirten und dabei richtig ausfallend werden, ich kann aber auch 'ne 42jährige haben, die mich auf ganz nette und charmante Art anflirtet. Das ist auch eine Sache des Charakters.

Christian Blöcker: Es ist für mich schon eine Sache des Alters. Ich habe damals meine Probleme lieber mit Leuten besprochen, die etwa gleichaltrig waren, als mit Leuten, die 40 oder 50 sind. Das Väterliche brauchte ich nicht so.

Thomas: *Wie alt sind denn die Mitglieder von «Dornröschen»?*

Lars: Als ich dazukam, war der Altersdurchschnitt der Gruppe gar nicht so niedrig. Ich war einer der Jüngsten mit Ende 16...

Christian Brandt: Er ist heute eher höher. Die letzte Rechnung hat so etwa 24 als Altersdurchschnitt ergeben.

Thomas: *Schreckt so ein hoher Altersdurchschnitt Jüngere nicht ab?*

Marcus: Ich bin mit Ende 15 in die Jugendgruppe gekommen und kam mir schon damals etwas dumm und unwissend vor, weil die alle älter waren...

Thomas: *Vielleicht müßten sich von Zeit zu Zeit neue Jugendgruppen gründen, weil die Leute sich kennenlernen, in der Gruppe bleiben, aber älter werden. Am Ende sind alle 25, und ein 15jähriger kommt sich da vor wie unter Rentnern...*
Wie wird man oder frau überhaupt bei euch Mitglied?

Marcus: Um zu «Dornröschen» zu kommen, gibt es zwei Wege. Entweder sie kommen direkt ins MHC, stehen so im Laden, gucken sich um, und wenn sie dann 5 Minuten kopfdrehend im Laden rumgestanden haben, dann denken wir: Aha, der sucht eine Gruppe, und fragen ihn, ob er zu uns will. Die andere Möglichkeit ist, man ruft beim Kontakttelefon an.

Christian Brandt: Meine Nummer und mein Name stehen unter «Kontakt zur Jugendgruppe». Die rufen also bei mir an, fragen nach der Gruppe, und ich erzähle dann ein bißchen, was die Gruppe so macht. Ich erzähle, daß unser Haupttreffen Freitagabend ist und man da gerne hinkommen kann. Oder ich sage, nächsten Samstag treffen wir uns und machen einen Spaziergang um die Alster.

Thomas: *Du gibst also genaue Informationen über wann und wo, und die Gruppe weiß auch, da kommt jemand.*

Christian Brandt: Genau, ich kann dann in der Gruppe sagen: Hört mal, Leute, heute kommt jemand Neues. Und wenn der dann am Telefon einen sehr schüchternen Eindruck gemacht hat, dann kann ich den anderen schon sagen, sie sollen darauf Rücksicht nehmen.

Thomas: *Ist eine Gruppe wie «Dornröschen» denn der richtige Ort für Leute im Coming Out?*

Christian Brandt: Nein, ein Einstieg für Coming Out'ler kann so eine ungeleitete Jugendgruppe nicht sein. Wenn da einer massive Probleme hat, kann das eine Gruppe wie «Dornröschen» nicht auffangen. Der Weg sollte möglichst über eine richtige Coming-Out-Gruppe gehen, weil da sehr viel spezifischer auf Schwierigkeiten eingegangen werden kann. Wir schlagen deshalb Leuten, die sich bei uns melden, vor: Ruf bei der Beratungsstelle an! Die haben ein bißchen mehr Gespür dafür, wo derjenige einzuordnen ist, und machen die «Vorverteilung»: Ist für den vielleicht erst mal ein Beratungsgespräch gut, wo sich dann eine Selbsterfahrungsgruppe anschließt? Oder ist der soweit mit seinem Coming Out, daß es ihm mehr ums Kennenlernen von anderen Schwulen geht – dann schikken sie ihn zu «Dornröschen».

Christian Blöcker: Bei den «Happy Twens» war es anfangs so, daß manche Leute einmal gekommen sind und dann wieder wegblieben. Wenn sich die anderen alle kennen, dann sitzt man leicht so am Rand und fühlt sich nicht wohl. Darum steht jetzt bei unseren Hinweisen meine Telefonnummer dabei. Die Leute können erst einmal anrufen, und ich kümmere mich dann auch um die, wenn sie zur Gruppe kommen. So haben sie jedenfalls innerhalb der Gruppe schon mal eine Bezugsperson. Man merkt, daß die wesentlich besser reinkommen in die Gruppe. Sie wissen einfach auch besser, was auf sie zukommt, wenn sie vorher schon mal mit mir telefoniert haben.

Thomas: *Stoner, wie ist das bei eurer Gruppe?*

Stoner: Das ist eine geschlossene Gruppe, die aber bei Interesse weitere Frauen aufnimmt. Wir machen das generell so, daß die Frauen mal vorbeikommen an unserem Gruppenabend, wir ein bißchen miteinander plaudern und die Gruppe später dann, ohne die Neue, darüber befindet, ob wir sie aufnehmen wollen. Das hört sich ein bißchen hart an, aber es ist erforderlich, weil viele Frauen so eine Gruppe mißbrauchen, um massiv persönliche Hilfe zu bekommen. Die können wir denen aber meist nicht geben, weil wir keine Psycho-Gruppe sind. Andererseits können solche Leute aber eine Gruppe ziemlich leicht zum Kippen bringen.

Thomas: *Nehmen «Dornröschen» und die «Happy Twens» eigentlich auch Frauen auf?*

Christian Brandt: Bei «Dornröschen» sind z. Zt. jedesmal etwa 20 Leute. Wenn da also 19 Schwule sitzen und eine Lesbe kommt dazu, dann ist das halt ein äußerst ungünstiges Verhältnis für eine Frau.

Stoner: So ist es mir ja gegangen. Ich wollte damals zu «Dornröschen», weil es als «schwul-lesbische Gruppe» angekündigt wurde. Aber da war nur eine Lesbe, und die hat bloß Scheiße erzählt. Das war mir zu blöd, weil ich mich nicht mit meinen Sachen ernstgenommen gefühlt habe.

Lars: Ich finde gemischte Gruppen interessanter. Man erfährt mehr voneinander. Lesben und Schwule agieren viel zuviel aneinander vorbei. Ich war mal auf einer Fete, wo Lesben eingeladen waren. Da habe ich eine Frau regelrecht ausgefragt, weil ich echt nichts darüber wußte, wie die so leben.

Christian Brandt: Aber ich kenne Mitglieder von «Dornröschen», die sagen, wenn da Frauen kommen – egal, ob das Lesben sind oder Heteras –,

dann kommen wir nicht. Teilweise wird da sehr abfällig diskutiert, und es ist eine Menge Diskriminierung dabei.

Stoner: Aber das ist doch das allgemeine Problem der Frauendiskriminierung, was leider auch Schwule draufhaben.

Christian Brandt: Das unterschreibe ich blind! Ich finde es beschissen, daß wir uns immer noch gegenseitig unsere Schultern in Klump hauen, anstatt sie unter eine gemeinsame Sache zu stellen. Was Lars da gemacht hat, finde ich sehr gut, denn wir wissen viel zuwenig voneinander.

Stoner: Na, es entwickelt sich ja auch. Als ich das erste Mal ins MHC kam, um Bücher auszuleihen, war der Laden gerammelt voll – aber es war nicht eine einzige Lesbe im Café! Die einzige Frau saß dann unten in der Bücherei und hat da die Bücher ausgegeben. Seitdem ich das Frauencafé mache, kommen immer mehr Frauen dorthin, und auch die Frauen-Gruppen wachsen.

Christian Blöcker: Wir von den «Happy Twens» haben bei der Gründung überlegt, ob wir Frauen mit reinnehmen, aber wir haben dann beschlossen, daß wir lieber unter uns sein wollen.

Stoner: Wir sind ja auch eine rein lesbische Gruppe, auch mit der Begründung, wir wollen unter uns sein. Aber wir halten den Kontakt zu den Männergruppen.

Thomas: *Was hat sich über die Jahre in euren Gruppen verändert?*

Marcus: Es hat sich in den Jahren ziemlich viel geändert. Als ich im Frühjahr 1990 zu «Dornröschen» kam, war das eine fest geleitete Gruppe. Erst gab es eine halbe, dreiviertel Stunde Organisatorisches. Da wurde Post bearbeitet, die gekommen war, wir sprachen über Öffentlichkeitsarbeit usw. Danach führten wir je nach Planung Programm durch: Mal einen Spieleabend, mal sind wir an die Elbe gefahren und haben gegrillt, oder wir haben ein Essen gemacht bei jemandem zu Hause. Wir hatten im Programm stehen, was wir jeweils machen.

1992 aber gab es ziemliche Konflikte. Der eine Teil saß rum und hat getratscht, während der andere Teil auch Öffentlichkeitsaktionen machen wollte. Das waren einfach auseinandergehende Interessen. Die «Politfraktion» hat sich damals abgespalten und eine eigene Gruppe gegründet.

Christian Brandt: Die aktiveren Leute in der Gruppe hatten keinen Nerv mehr, die Gruppe zu leiten. Sie hatten intensiv Werbung für die Gruppe gemacht, es kamen aber kaum Neue.

Marcus: Und der Rest saß ziemlich autistisch rum.

Lars: Viele Leute hatten einfach keinen Bock, aktiv zu werden, sondern sie wollten sich berieseln lassen, etwas vorgesetzt bekommen.

Marcus: Ende '92 wurde es richtig schlimm. Bis es dann Christian übernommen hat...

Christian Brandt: Ich arbeite im «Café Magnus» des MHC mit und kenne «Dornröschen» seit 1988. Ich war selbst nie in der Gruppe, weil ich gedacht habe, eigentlich bin ich dafür zu alt.

Silvesterabend 1992 saßen wir mit ein paar Leuten zusammen und haben gesagt: «Dornröschen darf nicht sterben!» Mein Motiv, mich zu engagieren, war: Es ist Werbung gemacht worden, es kommen Leute, interessieren sich dafür – die Gruppe muß weiter stattfinden! Das Bescheuerte war, daß die verschiedenen Bedürfnisse so gegeneinander standen. Die «Nußkuchen-Fraktion» hat auf die anderen geschimpft, und die Polit-Leute haben gesagt, wir haben keinen Bock mehr auf euren Kaffeeklatsch.

Warum müssen wir uns eigentlich immer gegenseitig sagen, daß wir das nicht mögen, was die andere Gruppe toll findet und auch gut leistet? Wenn andere etwas gerne tun – dann sollen sie das doch tun! Ich finde die Aufteilung der Gruppen nach Interessen gar nicht so schlecht.

Thomas: *Wie läuft's denn jetzt?*

Christian Brandt: Mein Eindruck ist, es kann ja gar nicht so schlecht sein, wenn regelmäßig zwanzig Leute oder mehr zu «Dornröschen» kommen. Ich bereite nix vor, sondern bin einfach da. Weil ich glaube, daß das Gespräch über den ganzen Alltagsscheiß wahnsinnig wichtig ist. Es muß aber einer dafür verantwortlich sein und für Neue als Ansprechpartner zur Verfügung stehen. Und es muß zum guten Ton gehören, abzusagen, wenn man nicht kommt. Damit man sich etwas vornehmen kann und nicht auf Leute wartet, die dann doch nicht kommen.

Christian Blöcker: Wenn die Gruppe so was leistet, nämlich einen Rahmen für gemeinsame Aktivitäten, für Gespräche und Kontakt abzugeben – dann finde ich das eine ganze Menge und für uns Schwule und Lesben sehr wichtig! Schließlich kann ich ja neben der Jugendgruppe noch anders aktiv werden, z. B. beim schwulen Radio «Pink Channel», wo ich mitmache, oder im schwulen Info-Laden «Hein&Fiete» oder bei der «AIDS-Hilfe». Aber bei «Dornröschen» oder den «Happy Twens» habe ich gewissermaßen mein «schwules Zuhause».

Thomas: *Danke für das Gespräch und weiterhin viel Erfolg!*

«Es war Streß – aber es hat Spaß gemacht!»

Ein Interview mit den Machern des «Europäischen schwul-lesbischen Jugendfestivals»

Juli 1993 fand in Hamburg das zweite europäische schwul-lesbische Ju-gendfestival statt. Eine ganze Woche mit Workshops, Lesungen, Kulturver-anstaltungen und vielem anderen – wie schon 1992 in Frankfurt. Beide Male wurden diese Treffen von ein paar Frankfurter Schwulen organisiert. Im fol-genden Interview erzählen sie davon: Hagen Gottschalk (25), Gunter Haake (24), Andreas Köpke (34), Oskar Fischer (26) und Uli Ludwig (22)

Thomas: *Wie ist es zu dem 1. Europäischen schwul-lesbischen Jugendfestival gekommen? Ging das von irgendwelchen Schwulengruppen aus?*
Hagen: Ich war nie in einer Schwulengruppe. Ich bin nicht der Typ dazu, habe keine Lust, mit irgendwelchen Leuten stundenlang Satzungen zu diskutieren. Für mich ist ein Verein ein Selbstzweck, damit man was

durchführen kann. Aber ich lebe nicht für den Verein. Wenn ich was machen will, dann mach' ich was.

Die Idee zu dem Festival entstand 1990. Die Hannoveraner Jugendgruppe organisiert seit Jahren an Ostern das «SCHWUFF», ein schwules Jugendtreffen. Da war ich mit ein paar Kumpels, und es hat uns gut gefallen. Größenwahnsinnig, wie wir waren, haben wir auf der Heimfahrt angefangen rumzuspinnen, daß so was auch in Frankfurt stattfinden müßte. Und weil es ein bundesweites Treffen ja nun schon in Hannover gab, da haben wir gesagt, dann machen wir es eben europaweit!

Ende 1990 hab' ich dann einfach angefangen rumzutelefonieren. Erst mal zu gucken: Geht das überhaupt, kann man so was machen? Viele haben gesagt, das fänden sie toll. Also hab' ich angefangen, das Ganze zu organisieren. Ein paar Sachen funktionierten, das meiste nicht. Dann habe ich Freunde angerufen, ob sie Lust haben, mitzumachen.

Das Programm stand mehr oder weniger, aber ich habe keinen Raum bekommen in Frankfurt, wo wir 'ne große Veranstaltung machen konnten. Ich hab' rumtelefoniert, bis ich blöde wurde – es gab einfach nichts. Das einzige, was sonst immer zur Verfügung steht, ist das Volksbildungsheim, und das hat die Stadt gerade zu dem Zeitpunkt geschlossen. Ich rief also Andreas an, und der hat seine Connections eingesetzt, und dann haben wir es doch gekriegt.

Thomas: *Du hast also deine Freunde motiviert mitzumachen...*

Hagen: Ja, ich bin wirklich losgezogen und hab' alle Leute in meinem Freundeskreis angesprochen, die da irgendwelche Erfahrung hatten. Zum Beispiel Jean-Jacques aus Berlin, der kannte halt viele Referenten und Buchautoren, weil er seit langem Vorträge und Lesungen dort in Berlin organisiert. Selbst kenne ich kaum welche. Auch beim Kulturprogramm – mir sind die Künstler bekannt, ich guck' sie mir auch gern an, aber ich weiß nicht, wo ich anrufen soll, um die zu kriegen.

Thomas: *Uli, wie bist du dazugekommen?*

Uli: Für mich hat es damit begonnen, daß Hagen 1½ Jahre vor dem ersten Festival gefragt hat, ob ich mal Lust hätte, eine ganze Woche für 200 Leute zu kochen. Wenn sich die Gelegenheit ergeben würde. Ich bin Koch, und habe zuletzt in zwei, drei großen Hotels gearbeitet. Wenn man in so Großküchen arbeitet, ist da immer eine Hierarchie, wo einem die Küchendirektion die ganze Organisation abnimmt. So was mal selbst zu organisieren, das war es, was mich gereizt hat. Deswegen habe ich auch spontan ja gesagt.

Die Gelegenheit ergab sich dann beim Festival in Frankfurt.

Thomas: *Du bist praktisch als Profi angesprochen gewesen...*

Uli: In gewisser Weise ja. Jeder macht halt das, was er kann.

Andreas: Das ist bei mir ja nicht anders. Hagen hat mich gefragt, hör mal zu, du machst beruflich Öffentlichkeitsarbeit, du organisierst Veranstaltungen, hilfst du mir bei der Organisation?

Thomas: *Was genau machst du beruflich?*

Andreas: Ich arbeite in einer großen PR-Agentur, mache dort Öffentlichkeitsarbeit und Veranstaltungsorganisation. D. h. das, was ich für das Festival gemacht habe, das ist auch mein Job. Und das kann ich.

Als Hagen mich gefragt hat, hab' ich mitgemacht, weil diese Arbeit mir Spaß macht. Ich selbst wäre nicht auf die Idee gekommen, so ein Festival zu organisieren. Ich bin jetzt 34, und schon damals hab' ich gedacht, ein Jugendfestival mußt du nicht mehr organisieren. Das Know-how zur Verfügung stellen, klar, das hat einen Riesenspaß gemacht.

Es sind viele Leute beteiligt gewesen, die ihren Professionalismus einbringen konnten und wollten und Spaß daran hatten. Jean-Jacques z. B. ist ein alter Freund von uns. Für ihn war das 'ne Herausforderung, ein neues Feld für sich zu testen. Das fand er spannend, und er hat die Diskussionsrunden und Lesungen organisiert. Wir konnten kein Geld zahlen, also mußte jeder irgendwas in irgendeiner Form für sich rausziehen. Sei es, daß er das Festival schwulenpolitisch ganz, ganz wichtig findet oder aber daß es eine Berufserfahrung ist, das Festival im Küchenbereich zu schmeißen. Oder für mich, daß ich sage, ich will 'ne bestimmte Medienresonanz für einen schwulen Bereich erreichen, die bei anderen Veranstaltungen nicht gegeben ist. So muß sich jeder halt seine Befriedigung draus ziehen. Die Motivation ist ganz unterschiedlich.

Hagen: Ich denke, es ist ganz wichtig gewesen, daß jeder, der mitgearbeitet hat, sich überlegt hat: Was hab' ich davon? Was macht mir Spaß? Was sind meine Fähigkeiten, was kann ich? Und das dann eingebracht hat.

Andreas: Und die anderen Leute, die vielleicht weniger Erfahrungen in so was gehabt haben, die haben ihre kleineren Aufgaben bekommen, sind aber damit ziemlich gewachsen.

Gunter: Oskar und ich sind zum Beispiel erst zwei Wochen davor dazugestoßen und haben bei den letzten Arbeiten mitgeholfen. Dieses Jahr in Hamburg war es anders, da haben wir auch direkt bei der Vorbereitung mitgemacht.

Oskar: Als Hagen gesagt hat, da läuft was, wer möchte so was mitorganisieren, da habe ich sofort gesagt, klar, da mach' ich mit! Das ist was, wo du was machen kannst und nicht nur rumsitzt.

Thomas: *Einer hat also die anderen mitgerissen...*

Andreas: Hagen ist schon jemand, der ein bißchen aktionistisch ist und der Sachen bewegen will.

Hagen: Ich hab's immer so gemacht: Ich probier's erst mal. Wenn es nicht klappt, okay, aber ich probier's. In den Gruppen, die ich kenne, sind die Bedenkenträger immer in der Mehrzahl. Denen fallen hundert Gründe ein, warum man etwas nicht tun und schaffen kann.

Thomas: *Du hast also den Stein ins Rollen gebracht. Was blieb dann noch für dich zu tun?*

Hagen: Alles, was niemand anderes machen wollte, mußte ich erledigen.

Andreas: Das war noch ziemlich viel.

Hagen: Das war noch 'ne ganze Menge Organisatorisches: Räume besorgen, Schlafplätze besorgen, Zeltstandplatz. Den ganzen Verteiler habe ich aufgebaut mit Oskar und Gunter, alle Gruppen angeschrieben, die es in Deutschland gibt, die es international gibt. Mein einziges inhaltliches Baby auf dem Festival waren die Workshops, so eher Freizeitveranstaltungen.

Thomas: *Das ganze war ja eine ziemlich große Sache. Wie ging es euch damals vor dem ersten Festival?*

Oskar: Gerade beim ersten Mal in Frankfurt, da war es alles noch nicht so sicher. Da war es ein Sprung ins kalte Wasser für mich. Zum ersten Mal was zu machen, was auch international sein sollte! Wo man nicht wußte, kommen jetzt die Leute oder kommen sie nicht? Wie viele kommen? Wo man sich aber trotzdem engagierte, egal, was am Schluß rauskommt.

Andreas: Es war ein Riesenwagnis. Die Planungen haben im März begonnen. Wir wußten bis kurz vorher nicht, kriegen wir überhaupt Gelder, kommen überhaupt Leute. Das war ja alles ganz kurzfristig. Außerdem war es eine Veranstaltung, die natürlich niemand kannte. Da ist man immer erst skeptisch...

Thomas: *Wieviel TeilnehmerInnen kamen denn schließlich?*

Andreas: In Frankfurt knapp 200, in Hamburg waren es 1993 knapp 400.

Thomas: *Und wie ging es euch danach? Was hat euch die Organisation solcher Jugendfestivals gebracht?*

Gunter: Man hat den Erfolg seiner Arbeit gesehen. Daß die Teilnehmer am Schluß begeistert waren, da war man auch stolz auf seine Arbeit.

Oskar: Im nachhinein kann man sagen, es hat einfach Spaß gemacht. Toll war, daß man Leute aus anderen Städten und anderen Ländern kennengelernt hat. Wir sind zum Beispiel nach dem ersten Festival, bei dem wir die Hamburger kennengelernt haben, nach Hamburg gefahren und haben die besucht. Man hat jetzt wirklich auch Kontakt, was weiß ich, nach Berlin und so.

Andreas: Da sind Verbindungen entstanden. Die Leute haben sich später wiedergetroffen, haben Fahrten zusammen gemacht. Ich hab' allerdings fast keine Kontakte zu anderen Deutschen gehabt. Die Post, die ich jetzt krieg', die kommt alle aus'm Ausland.

Uli: Frankfurt hat mir gebracht, daß es durchaus möglich ist, so was im Gastronomiebereich zu organisieren. Das war schon sehr befriedigend. Es hat mich viel Nerven gekostet und viel Zeit, aber es hat sich schon rentiert. Viele Teilnehmer sind auch im Laufe der Woche eingesprungen und haben mitgeholfen, weil sie gesehen haben, daß wir teilweise überlastet gewesen sind. Daraus ist ja die Idee entsprungen, das Ganze nach Hamburg zu verlegen, weil unter den Teilnehmern viele Hamburger waren, die gesagt haben: Wir haben da jetzt mitgeholfen, wir wollen es das nächste Jahr machen.

Das zweite Mal in Hamburg hat für mich gezeigt, daß man das alles organisieren kann und gleichzeitig viel weniger Nerven lassen muß. Schön fand ich aber auch die privaten Kontakte, die sich ergeben haben. Wir haben zum Beispiel dieses Jahr zu Pfingsten eine Wandertour in Belgien gemacht.

Thomas: *Das war ja ein schwul-lesbisches Festival. Wie war die Resonanz von seiten der Lesben?*

Gunter: Auf dem Festival in Hamburg war etwa ein Drittel Frauen.

Thomas: *Und von den Veranstaltungen her?*

Andreas: 50%. Jeder schwulen Veranstaltung standen lesbische Veranstaltungen – auch im Kulturbereich – gegenüber. Wir haben drauf geachtet, daß es genau gleich viele waren.

Thomas: *In eurer Vorbereitungsgruppe waren doch keine Frauen. Wer hat denn diese Lesben-Veranstaltungen vorbereitet?*

Andreas: Männer. Mit stundenlanger Beratung durch eine Lesbe bei der «taz». Aber die Referentinnen sind angesprochen worden von Männern. Es ist wirklich alles organisiert worden von Männern. Zum Schluß haben wir allerdings eine Lesbe von der Schwulenzeitschrift «magnus» gebeten, die Referentinnen zu betreuen.

Thomas: *Warum lief das so?*

Andreas: In Deutschland ist die Lesbenbewegung die ganzen Jahre in die Frauenbewegung integriert gewesen. Da besteht eine unglaubliche Abgrenzung gegenüber Männern, was ganz schwer aufzuweichen ist.

Thomas: *Mal was ganz anderes: Wieviel kostet so ein Festival?*

Andreas: Je nach Größe einer solchen Veranstaltung muß man inklusive kulturellem Beiprogramm mit Kosten zwischen 100000 und 200000 DM rechnen.

Thomas: *Und woher hattet ihr das Geld? Die Teilnehmer haben doch nur ganz wenig bezahlt.*

Andreas: Es gibt keine speziellen Mittel für Schwulenarbeit in dem Bereich, aber es gibt Mittel für internationale Jugendarbeit. Und darunter fällt auch so was. Das heißt, ein Teil der Gelder kommt von der EG, ein Teil aus Bonn, Jugendministerium, Landesmittel von Hamburger Behörden. Man sucht sich so seine Gelder kleckerweise zusammen. Man kriegt das Geld eigentlich zusammen.

Gunter: Mit viel Arbeit...

Andreas: So was funktioniert nur über das Prinzip der Selbstausbeutung und des Spaßes daran. Was dieses Jahr noch nicht geklappt hat, war, Sponsoren zu finden. Es gibt zwei, drei internationale Firmen, die signalisiert haben, wenn man sie früher ansprechen würde, dann könnte es Geld geben. Das werde ich jetzt recht bald angehen.

Thomas: *Du wirst also noch ein wenig zu den weiteren Treffen beitragen. Wie ist das bei dir, Hagen?*

Hagen: Ich hab's jetzt zweieinhalb Jahre gemacht – jetzt sind wieder andere Sachen dran. Ich habe mein Studium fast drei Semester ruhen lassen, wenig gejobbt. Da ist für mich der Punkt zu sagen: Das Ding läuft, es hat 'nen Namen bekommen, es haben sich gute Leute gefunden, die es nächstes Jahr machen wollen. Das war im Prinzip, was ich leisten konnte. Daraus ziehe ich 'ne gewisse Befriedigung, daß ich so 'nen «ongoing event» geschaffen habe, der nächstes Jahr in Brüssel stattfindet. Wenn ich da hinfahre, und es findet tatsächlich statt, dann finde ich das Klasse.

Thomas: *Dieses internationale Jugendtreffen geht also weiter?*

Andreas: Sieht so aus, ja. Das erste Mal in Frankfurt hat zu einer Etablierung in Deutschland geführt, und Hamburg 1993 zu einer internationalen Vernetzung der schwulen Jugendarbeit.

Mehrere Gruppen im Ausland stehen jetzt schon in Verbindung und planen fürs nächste Jahr. Die Organisationsarbeit wird im nächsten Jahr in jedem Land direkt laufen. Die dänischen Gruppen werden sich um ihre Teilnehmer kümmern und das im Land bekannt machen, die Franzosen bei sich usw. Die «International Gay and Lesbian Youth Organisation» (IGLYO) wird Mitveranstalter sein und ihre Jahreskonferenz in Zukunft parallel zu den Jugendtreffen veranstalten. Es läuft jetzt, ohne daß der Oskar oder der Gunter oder Hagen oder ich da mitmachen müssen.

Thomas: *Was glaubt ihr, warum sind die beiden ersten Festivals eher von einem «Freundeskreis» als von Jugendgruppen organisiert worden?*

Andreas: Jugendgruppen sind immer stark abhängig von der wechselnden Mitgliederschaft. Die wollen Leute kennenlernen, ziehen öfter um, sind in Ausbildungsverhältnissen, so daß es da keine Kontinuität gibt.

Trotzdem: Ich denke, es hat sich gezeigt, daß man keine Angst haben muß so etwas zu organisieren. Es geht, und wir haben mehr Widerstand und mehr Bedenken aus schwul-lesbischen Gruppen heraus erfahren als von irgendwelcher offiziellen Seite her. Wir haben mit allen Behörden derartig eng und offen kooperiert, die waren alle so hilfsbereit! Man hat ja immer noch so ein Bauchkribbeln, wenn man sagt, guten Tag, wir möchten ein schwules Festival organisieren, und wir möchten euer Geld. Im Rahmen ihrer Möglichkeiten waren die Leute immer ungeheuer kooperativ. Da hat sich sehr viel getan, und da braucht man keine Angst zu haben.

Thomas: *Vielen Dank euch allen – für eure Arbeit an den Jugendtreffen und für das Gespräch!*

10. Kapitel

Was tun Schwule im Bett (und anderswo)?

WARNUNG!

DIESES KAPITEL KÖNNTE ZARTE ELTERN-NER-
VEN AUFREGEN! ERWACHSENE SIND ALLZU
GROSSE OFFENHEIT IN DER SEXUALITÄT
NICHT GEWOHNT. ES IST DAHER RATSAM,
FOLGENDE SEITEN DEN GEFÄHRDETEN
ELTERN NUR DANN ZUM LESEN ZU
ÜBERLASSEN, WENN DU MIT IHNEN
HINTERHER DARÜBER REDEN KANNST.
BLEIBENDE SEELISCHE SCHÄDEN WÄREN
SONST UNAUSBLEIBLICH!
         DER BEAUFTRAGTE
      FÜR ERWACHSENENSCHUTZ.

RUDOLF
POSER

Halbe Bibliotheken ließen sich mit Büchern über Sexualtechniken, Liebesspiele und genauesten Anweisungen für heterosexuelle Liebe füllen. Schwule und Lesben sind da schlechter dran. Ich habe mich früher oft gefragt, was zwei Männer überhaupt miteinander treiben – ich konnte es mir nicht vorstellen! Da gab es ein Buch, in dem für Frauen und danach für Männer genau beschrieben war, wie sie sich gegenseitig befriedigen können. Also las ich das Kapitel für Frauen – da stand schließlich drin, was mit Männern angestellt werden kann! Am Ende wußte ich zwar genau, wie die ‹Hängebauch-Stellung› funktioniert und daß dabei die Klitoris der Frau besonders intensiv stimuliert wird und der Mann hervorragend die Brüste seiner Partnerin im Griff hat und und und. Interessierte mich aber nicht die Bohne!

Deshalb dieses Kapitel über schwulen Sex. Wer schon eine Menge Erfahrungen damit hat, kann es getrost überblättern (tut ja doch keiner). Es wird hier nicht so sehr von raffiniertesten und ausgefallenen Techniken die Rede sein, sondern einfach nur von einigem Grundsätzlichen und Wichtigen.

Übrigens: wie schreibt man über Sex? Ich finde die in Aufklärungsbüchern benutzten Wörter ‹Penis›, ‹Scheide› und ‹Anus› grauenhaft. Sie sind medizinisch, und kein Mensch mit einem liebevollen Verhältnis zum eigenen Körper kann derart kalte Begriffe schön finden. Aber die direkte Sprache, die ist obszön. Uns werden so verkorkste Moralvorstellungen anerzogen, daß uns bei den Wörtern ‹Schwanz›, ‹Muschi› oder ‹Arschloch› das Herz vor Abscheu fast stehenbleibt. Ich denke, wir sollten aufhören, bestimmte Wörter als schweinisch oder so zu bezeichnen, und deshalb benutze ich

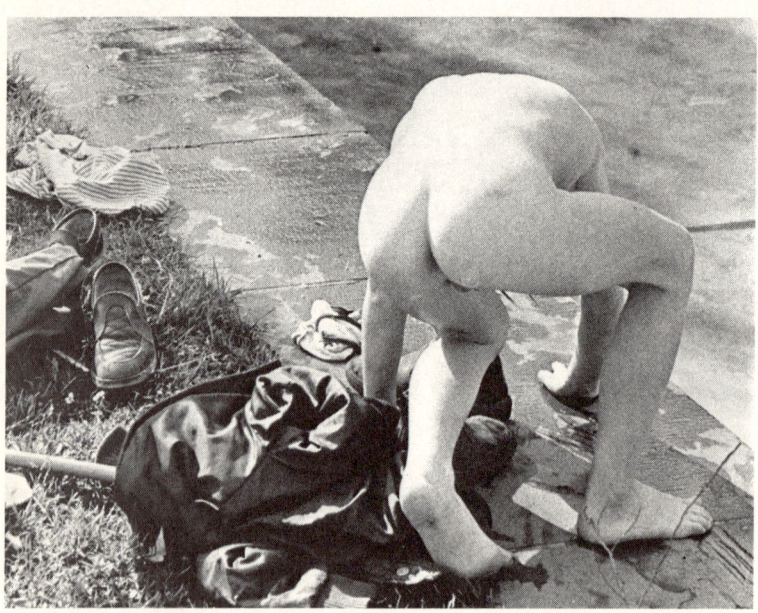

die unter Schwulen üblichen Ausdrücke. Mag doch die bayrische Zensurbehörde in Ohnmacht fallen! Der wichtigste Grundsatz beim Sex ist nach meiner Meinung: *Es gibt keine Regeln!* Es gibt keine Verbote und keine Tabus. Tu, was dir und deinem Partner gefällt! Es gibt unendlich viele Möglichkeiten, miteinander zärtlich oder geil zu sein. Geh auf Entdeckungsreise, probiere aus, was du magst – und bald wirst du herausfinden, was *dir* gefällt und wie du es gerne machst.

Wie gut kennst du deinen Körper? Weißt du, wo er Streicheln schön findet, wo deine empfindsamsten Stellen liegen? Gefällt dir dein Körper? Findest du deinen Schwanz schön? Oder hast du nicht viel übrig für das, was die Natur dir mitgegeben hat? So merkwürdig es klingen mag: solange du zu deinem eigenen Körper nicht ja sagst, solange wirst du Sexualität nicht vollkommen genießen können. Wenn du den eigenen Körper nicht kennst, dann kannst du schwerlich einem anderen Mann wirklich sexuell Freude bereiten. Deshalb rate ich dir: lerne deinen Körper kennen! Spüre die Stellen auf, an denen du gestreichelt werden möchtest, schau dir alles an – wie deine Brust geformt ist, wie dein Hintern aussieht, wie dein Schwanz hoch aufgerichtet zwischen den Beinen steht oder wie er abgeschlafft liegt bzw. hängt. Nimm einen Spiegel zu Hilfe und betrachte die Stellen, die du anders nicht richtig sehen kannst.

Machst du dir jetzt Gedanken darüber, daß deine Brust nicht behaart genug, dein Hintern nicht so schön rund und dein Schwanz nicht so groß ist wie der deines Freundes? Kann ich verstehen, mir gefällt schließlich auch nicht alles an meinem Körperbau und ich mache mir manchmal

Gedanken drum. Witzigerweise lachen andere meist darüber, weil sie gerade das gut finden, was mir nicht sonderlich gefällt. Beispiel: Mir sagen die Haare auf meiner Brust nicht im mindesten zu. Weil ich unbehaarte Haut geiler finde. Ein Freund von mir steht aber unheimlich auf behaarte Brust – kann gar nicht behaart genug sein. Es ist ein Jammer, er selbst hat nämlich nicht sehr viele Haare am Körper. Darüber ist er sauer und ich natürlich froh. So ist das halt im Leben. Manche mögen schlanke Männer, andere kuscheln sich wahnsinnig gern an dicke, bärenstarke Typen an. Die einen bevorzugen kleine Männer, die anderen große.

Und was den Schwanz angeht, hat die Größe überhaupt nichts damit zu tun, ob du Spaß mit ihm haben kannst oder nicht. Im Ruhezustand mag ein großer Schwanz imposant und erregend aussehen, in Aktion gleichen sich die Größen eher an und dann hat ein großer Schwanz genauso seine Vor- und Nachteile wie ein kleiner. Leute mit großen Schwänzen haben manchmal Probleme, Partner für Analverkehr zu finden. Leute mit kleinen Schwänzen hingegen sind da im Nachteil, wo Sexpartner nach der Schwanzlänge ausgesucht werden: auf Klappen und in dunklen Parks. Also, denk nicht zu sehr darüber nach, wenn irgend etwas an deinem Körper nicht ganz deinem Geschmack entspricht – die Geschmäcker sind verschieden. Lerne lieber deinen Körper kennen und mögen. Was nicht heißt, daß du nicht durch Sport deinem Äußeren ein wenig mehr Form geben könntest ...

Du hast wahrscheinlich schon mal onaniert. Onanie ist eine großartige Möglichkeit, festzustellen, wie schön Sex sein kann. Außerdem ist

Onanieren eine gute Vorbereitung auf Sex mit anderen. Glücklicherweise sind die ganzen Lügen über angebliche ‹Gefahren› der Onanie inzwischen kaum noch verbreitet. Rückenmarksschwund, schlechte Schulnoten und welch entsetzliche Folgen auch immer Onanie angeblich verursachen soll – du glaubst davon hoffentlich nichts. Onanie ist total unschädlich. Fast alle Menschen tun es, ob jung oder alt, ob schwul oder hetero. Was hätten die alle für Körperhaltungen, wenn das mit dem Rückenmarksschwund zuträfe! Auch Vaters augenzwinkernde Maßhalteappelle: «Aber treib's nicht zu doll», sind völliger Quatsch. Zuviel onanieren kannst du gar nicht, da spielt dein Körper nicht mit. Also: Onanier so viel du willst, und laß es, wenn du nicht willst! Onanieren macht Spaß, gibt ein schönes Gefühl und entspannt. Gleichzeitig lernst du deinen Körper besser kennen. Vorteilhaft ist es deshalb, beim Onanieren Ruhe zu haben. Angst vorm Entdecktwerden verhindert die nötige Entspannung. Lege oder setze dich gemütlich hin. Benutze die Finger, um deinen Bauch, deine Brust, deinen Sack und was es sonst noch gibt zu streicheln. Berühre die Innenseiten deiner Schenkel, umfasse die Po-Backen, betaste dein Arschloch. Kein Teil deines Körpers ist tabu! Je mehr du von deinem Körper weißt, desto schöner kann Sex für dich sein. Spaß kann es auch machen, sich bäuchlings auf eine Matratze zu legen und so den Schwanz zwischen Unterlage und Bauch zu reiben. Überhaupt: der Schwanz! Du hast bestimmt festgestellt, daß der vorderste Teil am sensibelsten ist. Probiere, ob es dir gefällt, an der Unterseite des Schwanzes mit dem Finger von der Wurzel bis zur Spitze entlangzustreifen. Oder etwas Spucke auf der Eichel zu verreiben. Vielleicht fällt dir noch mehr ein, du bist da sicher erfinderisch. Ich glaube, es gibt nichts, was nicht schon mal von irgend jemandem ausprobiert worden ist. Und vieles von dem, was du magst, gefällt anderen Schwulen auch. Jede Entdeckung an deinem Körper kann dir also was darüber sagen, was für andere ebenfalls angenehm oder aufregend sein könnte. Als Männer, die Männer lieben, haben wir es einfacher als die Männer, die Frauen lieben. Wir wissen am besten, was Männer mögen! Klar: der eine schwebt im siebten Himmel, sobald du seine Brustwarzen küßt oder streichelst, der andere bleibt dabei völlig kalt. Total gleich empfinden wir schließlich nicht, du mußt es eben ausprobieren.

Womit wir beim Sex zu zweit (oder mehreren) wären. Du merkst bestimmt bald, wo andere Schwule ebenso sind wie du und wo nicht. Auch beim Sex mit anderen ist Experimentieren der beste Weg zum befriedigenderen Zusammensein. Manche lieben es, ganz zart gestreichelt und sehr lieb umarmt zu werden. Manche bevorzugen die deftige Tour, enges Aneinanderpressen, kräftiges Zupacken. Viele lieben beides, je nach Stimmung. Es gibt allerhand, was Männer miteinander sexuell anstellen können – es ließen sich sicher Bücher damit füllen. Masters und Johnson, ein amerikanisches Sexforscher-Ehepaar, haben es schwarz auf weiß festgehalten: schwule und lesbische Paare lieben phantasievoll, zärtlich und ausdauernd. In jeder Hinsicht übertrafen sie dabei die Hetero-Paare.* Dies hängt wahrscheinlich damit zusammen, daß für Homosexuelle kein

* Vgl. Masters/Johnson: Homosexualität, Frankfurt/M., Wien 1979, S. 70

... ALSO, MANCHMAL FRAG' ICH MICH, WAS ZWEI SCHWULE MÄNNER IM BETT EIGENTLICH MITEINANDER ANFANGEN KÖNNEN! ...

festgelegtes Programm existiert. Hetero-Paare sind mit der Ausrichtung ihrer sexuellen Aktivitäten eindeutiger festgelegt. Du siehst: ohne starre Normen wird die Welt viel bunter! Lassen wir also unsere Phantasie spielen, sorgen wir dafür, daß wir unsere falschen Hemmungen verlieren und bereiten wir uns gegenseitig so viel Lust wie möglich – schließlich ist Sex eine der schönsten Beschäftigungen, die es gibt. Wahrscheinlich fühlen wir uns auch selten so nahe bei jemandem, den wir lieben, spüren derart stark unsere Liebe, wie beim sexuellen Zusammensein. Küssen, sich zusammenkuscheln, streicheln, sich fest umarmen – wozu haben wir einen Körper, wenn wir ihn nicht genießen? Benutze deine Finger, nimm sein Gesicht in die Hände, spüre seine Lippen mit deinen. Fahre durch sein Haar, streiche den Rücken hinunter, fühle die runden Pobacken, die feste Haut auf den Beinen und die zarte Haut auf der Innenseite der Schenkel. Berühre seine Finger, seine Arme. Lege deine Hand auf seine Brust und auf den Bauch, kraule die Haare unterhalb des Nabels, umfaß den Schwanz und fühle die Festigkeit oder die warme Weichheit. Nimm den Sack in die Hand – du wirst schon wissen, wie es sich schön anfühlt! Du kannst das tun, während dein Partner sich entspannt und völlig deine Berührungen genießt, oder ihr streichelt euch gegenseitig zur selben Zeit. Beides ist schön.

Wie die Finger kannst du auch deine Zunge streicheln oder lecken lassen. Viele lieben es unwahrscheinlich, an den Brustwarzen, unter den Armen oder in den Ohren – ja, richtig, in den Ohren! – geleckt zu werden. Der große Geheimtip allerdings sind die Füße: du glaubst gar nicht, wie toll es ist, am großen Zeh gelutscht zu werden! Unsere Füße vernachlässigen wir sträflich. Dabei sind sie es, die in allererster Zeit unwahrscheinlich viele Liebkosungen mitkriegen.

Hast du mal eine Mutter beobachtet, die ihr Baby wickelt? An den Füßen hebt sie es hoch und pudert den Hintern. Sie küßt die Füße ebenso wie die Hände.

Später laufen wir höchstens darauf herum.

Am Schwanz sind wir glücklicherweise nicht so abgestumpft. Fast jedem rieselt ein wohliger Schauer den Rücken herunter, wenn du seinen Schwanz leckst und in den Mund nimmst. Du kannst die Spitze sanft mit der Zunge umfahren, am Schaft auf und ab lutschen, etwas saugen und den Mund ganz über den Schwanz stülpen. Achte ein wenig auf die Reaktionen des anderen, wann er wohlig stöhnt oder tiefer atmet. Falls er zusammenzuckt, sind womöglich deine Zähne in die Quere gekommen. Es stimmt, sie stören etwas bei Lutschen; aber es geht, wenn man aufpaßt.

Wandern wir weiter. Vielleicht hast du beim Onanieren schon deinen Hintern entdeckt, wie empfindlich die Haut um das Loch herum ist. Vielleicht hast du mal einen Finger hineingesteckt oder etwas anderes. Dann weißt du ja, was du an dieser Öffnung hast. Viele trauen sich nicht an ihren Arsch heran, vonwegen schmutzig und so (kann man schließlich waschen, oder?). Laß dir eines gesagt sein: Du verpaßt 'ne Menge, wenn du dich da nicht heranwagst! Spätestens hier muß ich allerdings ein paar Takte zu AIDS verlieren. Genauer gesagt dazu, wie man sich beim Sex davor schützen kann, nicht angesteckt zu werden. Zu allen anderen Fragen steht mehr im letzten Kapitel. Solange es möglich sein kann, daß dein Partner AIDS-infiziert ist, solltest du schon ein paar Vorsichtsmaßnahmen berücksichtigen.

Eigentlich trifft das nur auf weniges zu. Beim Schwanzlutschen ist zwar die Chance, sich zu infizieren, nicht sehr groß. Aber ich denke, es ist empfehlenswert, wenigstens nicht in den Mund des anderen abzuspritzen. Denn, wie du in Kapitel 12 nachlesen kannst, ist es vor allem der

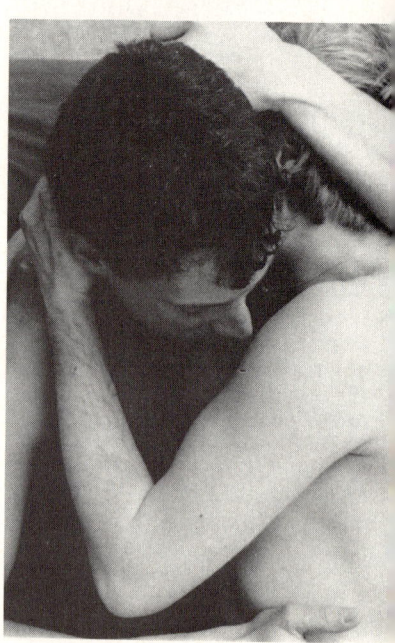

Samen, der das AIDS-Virus enthält. Manche benutzen auch ein Kondom, jene hauchdünne Gummihülle (auch «Pariser» o. ä. genannt), die Heteros zur Empfängnisverhütung zu benutzen pflegten, ehe es die Pille gab. Wer's mag, soll's tun, ich persönlich lutsche nicht gern auf Gummi...

Etwas anderes ist das beim Bumsen. Man weiß inzwischen ziemlich genau, daß sich auf diesem Weg die meisten Schwulen angesteckt haben, weil nach dem Orgasmus der Samen in die empfindliche Darmschleimhaut eindringen kann. Da gibt es nur zwei Auswege: ganz aufs Bumsen zu verzichten bzw. wenigstens nicht im Arsch abspritzen oder besagtes Gummi nehmen. Dazu eine ordentliche Portion wasserlösliche Gleitcreme, dann geht's. Mehr dazu findest du in den Broschüren der Deutschen AIDS-Hilfe, deren Anschrift ebenfalls in Kapitel 12 zu finden ist. Hier möchte ich eigentlich nicht weiter über AIDS, sondern mehr über Sex reden.

Zurück zum Analverkehr also. Faß mal beim Baden vorsichtig an die Haut in der Po-Falte. Irgendwie schön, nich? Sicher ist dein Loch fest geschlossen und ziemlich hart. So ist es nun mal am Anfang, bevor man gelernt hat, es zu entspannen. Ein wenig Seife auf dem Finger läßt dich den Widerstand leichter überwinden – und schon bist du drin! Fühl mal, wie das ist. Gefällt es dir?

Nimm noch einmal einen Spiegel und betrachte dein Loch. Zieh den Schließmuskel zusammen und entspanne ihn wieder. Dieser Muskel unterliegt nicht völlig deinem Willen, sondern er reagiert spontan, vor allem auf Druck von innen. Ein wenig Übung geben dir jedoch mehr Kontrolle über sein Verhalten. Es mag sein, daß es dir unangenehm

ist, diesem Körperteil so viel Aufmerksamkeit zu widmen. Du hast gelernt, daß das Arschloch zum Scheißen da ist und für sonst gar nichts. Aber: Du pinkelst ja auch durch deinen Schwanz. Und doch kannst du viel mehr mit ihm tun. Das Loch ist sexuell sehr erregbar, weil es eine Menge Nervenenden außen und innen hat – wie der Schwanz an der Spitze. Werden diese Nerven gereizt, dann kann dich das reichlich anturnen.

Mit 14 sah ich einmal eine Ausstellung über den Menschen. In einer Ecke hing ein Schaukasten. Drinnen ein Gewirr von feinverästelten Nervensträngen, angeblich das Modell von Nerven im Arschbereich eines Schwulen! Das spezifisch Schwule an dem Modell sollte sein, daß der Mann in diesem Teil des Körpers so viele Nerven hatte. Damals habe ich das für voll genommen und war komplett verwirrt. Zu dem Zeitpunkt war ich noch nicht überzeugt, schwul zu sein, und hielt meine Empfindlichkeit am Arsch für den Beweis: Du bist schwul! Dabei ist das ausgemachter Blödsinn und lediglich ein Beispiel dafür, wie arschunbewußt Heteros sind. Sie überlegen sich biologische Unterschiede, damit sie den Beton vor dem eigenen Arsch nicht rechtfertigen müssen. Wer erst mal den Horror vor dem eigenen Arsch verloren hat, wird vielleicht Analverkehr wirklich genießen können. Denn er ist mehr als bloße Geilheit. Er bedeutet auch absolute Nähe: Ein Stück weit in jemandem drin zu sein oder jemanden in sich zu fühlen, ist schon ein unbeschreibliches Gefühl.

Stellst du es dir schön vor? Dann möchtest du sicher wissen, wie man es am besten anstellt. Gut ist, mit einem Partner anzufangen, der damit Erfahrung hat und dem du vertraust. Der, der bumst, sollte – wie oben gesagt – ein Kondom und Gleitcreme benutzen. Macht daraus keine peinliche Staatsaktion, sondern 'ne geile Sache! Es kann durchaus heiß sein, wenn dir dein Partner so ein Gummi aufn Schwanz setzt und vorsichtig drauf abrollt (üben kannst du ja schon vorher mal alleine, bis du dich sicherer fühlst). Anschließend ordentlich Gleitcreme, das flutscht schön. Am Anfang solltest du das Loch mit dem Finger streicheln und ihn mal reinstecken. Besser noch, dein Partner macht das. Falls es nicht geht, bist du zu verspannt. Leg dich auf die Seite und entspanne dich. Schließlich geht auch viel von außen nach innen. Bei Untersuchungen müssen Ärzte manchmal gar mit der ganzen Hand rein!

Sobald der Finger gut raus und rein gleitet, könnt ihr es mit dem Schwanz versuchen. In der Seitenlage bist du am besten entspannt. Der andere liegt hinter dir, führt seinen Schwanz ans Loch und preßt ihn behutsam, aber mit Nachdruck rein. Im ersten Moment tut es wahrscheinlich höllisch weh, denn der Schließmuskel ist noch verkrampft. Bleib einfach still liegen, bis der Schmerz abklingt. Der Muskel dehnt sich bald.

Dann könnt ihr mit Bewegungen anfangen. Es gibt Schwule, die finden es derart toll, gebumst zu werden, daß sie allein davon einen Abgang kriegen. Das kommt daher, daß der Schwanz im Darm die Prostata-Drüse reizt, was schöne Lustgefühle macht. Man kann auch dabei onanieren – oder der andere macht es. Das Wichtigste ist, daß ihr *beide* Spaß dran habt und nicht nur einer. Apropos, das Wichtigste: Etliche meinen, der Orgasmus sei der «Beweis» für Befriedigung. So ein Quatsch! Man kann einen Abgang haben und sich herrlich fühlen. Man kann ohne Abspritzen zusammensein und vollkommen zufrieden sein. Sex ist kein Leistungssport – schneller, höher, öfter!

Okay, du wirst nicht gleich der größte Liebhaber auf Erden sein. Was soll's? Praktische Erfahrung wird dir helfen, deinen Körper und den anderer Männer immer besser kennenzulernen. Sprich darüber, was du besonders gern magst und was nicht. Sag, was du fühlst. Genieße die Zärtlichkeit und Erregung des anderen. Und laß dir nicht alles durch AIDS vermiesen. Viel Spaß beim Probieren – schwuler Sex kann schließlich sehr schön sein!

*

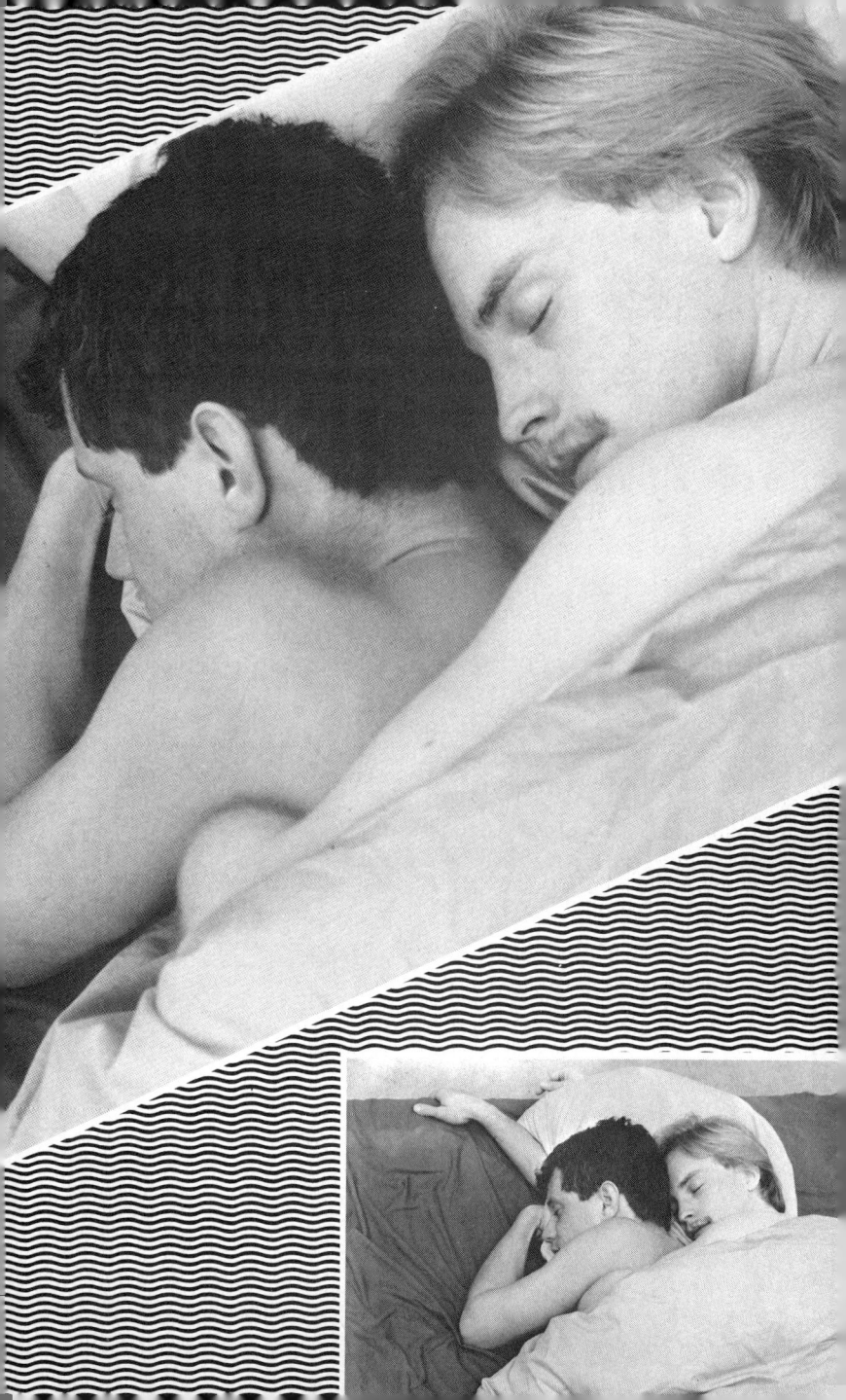

gesund bleiben

Es gibt Leute, die in helle Begeisterung geraten über schweißtriefende Körper. Anderen sind jegliche natürlichen Körpergerüche ekelhaft, für sie muß vor dem Sex immer eine ausgiebige Totalreinigung stattfinden. Nichts gegen ein wohliges Bad und nichts gegen etwas Schweiß. Aber für die meisten sind die Extreme eher abstoßend. Wer küßt schon gern einen Mund, der wie ein kalter Aschenbecher schmeckt. Genauso wenig einladend ist ein dreckiger Hintern oder Schwanz. Na, aber das Gegenteil ist auch nicht gerade reizvoll. Eine nach nichts menschlichem riechende Haut, ein nach Pfefferminz schmeckender Mund wirken vollkommen steril. Erst recht ein Schwanz oder eine Muschi, die den Duft von Lavendel, Oleander und Jasmin verbreiten! Ein Körper ist schließlich kein Bettuch nachm Weichspülen.

Es reicht, sich mit Seife und Wasser regelmäßig zu waschen, vor allem die Geschlechtsorgane. Wie die Achselhöhen haben Penis, Vagina und Hintern nämlich wenig Gelegenheit zur Lüftung – es sei denn, du läufst mit breit gespreizten Beinen nackend rum. Aber wann tut man das schon? Mangelnde Lüftung verhindert, daß der Schweiß verdunstet, er wird von Bakterien zersetzt und stinkt dann. Also, tu deinem Körper und besonders den kritischen Stellen etwas Gutes und gönn ihm täglich etwas Wasser und eine möglichst milde Seife. Zum Beispiel Babyseife oder eine von den seifenfreien Waschlotionen. Dann kannst du getrost auf die – im wahrsten Sinne des Wortes – ätzenden Intimsprays verzichten, die sowieso nur dem Geldbeutel des Herstellers nützen.

Bei einer Reihe von Jungen klappt etwas nicht, was für die Reinigung des Schwanzes notwendig ist: die Vorhaut läßt sich nicht richtig über die Eichel zurückstreifen. Bei jedem bildet sich unter der Vorhaut ein weißliches Zeug, das nach kurzer Zeit anfängt, ziemlich unangenehm zu stinken. Es besteht aus abgestoßenen Hautzellen und Aussonderungen der winzigen Vorhautdrüsen. Damit's gar nicht erst zu miefen anfängt, mußt du es beim täglichen Waschen entfernen. Das geht nicht, wenn die Vorhaut zu eng ist und nicht zurückgezogen werden kann. Mitunter kriegt man die Vorhaut gerade noch zurückgezogen, aber nicht wieder vor. Ein Blutstau entsteht, und das tut weh. Ein warmes Bad hilft möglicherweise, alles ein bißchen weicher zu machen. Sonst muß man zum Arzt. Das ist ohnehin all jenen anzuraten, bei denen die Vorhaut zu eng ist. Mit sowas kann man sich ganz schön den Spaß am Sex verderben. Also, nix wie hin zum Arzt, der Spezialist dafür heißt Urologe. Er wird einen Teil der Vorhaut entfernen. Das passiert im Krankenhaus unter Vollnarkose und heißt Beschneidung. Am besten ermahnst du den Arzt vorher, nicht zuviel wegzuschneiden. Nein, ich meine damit nicht den Schwanz – den läßt er garantiert so lang wie er ist. Mir geht es darum, daß es unterschiedliche Formen der Beschneidung gibt. In den USA, wo alle männlichen Babys beschnitten werden, herrscht die Total-Beschneidung vor. Die Vorhaut wird radikal entfernt und die Eichel liegt völlig frei, selbst im Ruhezustand. Dadurch büßt sie etwas an Empfindlichkeit ein. Wie läßt sich das verhindern? Meistens genügt die Entfernung des oberen, zu engen Teils der Vorhaut. Der Rest bleibt dran und legt sich im Ruhezustand schützend über die Eichel. Nach der Operation ist der Schwanz, besonders die Spitze, eine Zeitlang empfindlich, so daß Wichsen oder Bumsen unangenehm sein kann. Aber der Eingriff lohnt sich.

Als nächstes kommt ein unerquickliches Thema dran: die sogenannten Geschlechtskrankheiten. Ich habe lange gezögert, ob ich überhaupt drauf eingehen soll. Uns Homosexuellen wird die Freude an der Sexualität schon genug vermasselt, da läßt es mancher vielleicht aus Angst vor Geschlechtskrankheiten lieber ganz bleiben! Trotzdem, ich will darüber schreiben. Es ist sinnvoll, Bescheid zu wissen, um sich schützen zu können. Schließlich sind die Geschlechtskrankheiten ansteckende Erkrankungen. Solange du aufpaßt, solange du bei einer Geschlechtskrankheit sofort jeglichen sexuellen Kontakt einstellst und dich behandeln läßt, trägst du eine Menge dazu bei, daß wir alle weniger Angst zu haben brauchen. Wer dagegen bedenkenlos trotz Kenntnis seiner Krankheit mit anderen schläft, ist meiner Meinung nach nicht nur ein mieses Schwein, sondern macht sich teilweise sogar strafbar! Je besser du weißt, woran Geschlechtskrankheiten zu erkennen sind, desto eher kannst du sie bei dir oder anderen entdecken. Deshalb schreibe ich dies. Ich gehe dabei besonders auf die Dinge ein, die für Schwule wichtig sind. Den Rest kannst du in jedem normalen Aufklärungsbuch finden.

Warum sagt man eigentlich ‹Geschlechtskrankheiten›? Vor zwei Wochen hat mich ein Freund beim gemeinsamen Sex mit einem gehörigen Schnupfen angesteckt, seither ist mir ständig die Nase verstopft. Scheußlich. Ist Schnupfen demnach eine Geschlechtskrankheit? Sogar Tuberkulose oder Mandelentzündung können beim Bumsen übertragen werden. Wieso dann ein spezieller Ausdruck?

Geschlechtskrankheiten werden – entgegen weit verbreiteter Meinung – fast nur beim Geschlechtsverkehr weiter‹vererbt›. Insofern ist der Ausdruck korrekt. Schlimm ist nur das mitklingende moralische Urteil. Viele Menschen schämen sich, über Geschlechtskrankheiten auch nur zu reden. Geschweige denn zuzugeben, daran erkrankt zu sein. Weil Sexualität nach kirchlicher Auffassung etwas Schlechtes ist, muß ein dabei übertragenes Leiden ebenfalls ver-

dammenswert sein. Geschlechtskrankheiten sind die ‹göttliche Strafe› für vieles Herumhuren.
Tatsache ist, daß nur Partner in einer
absolut treuen Beziehung kaum
Furcht vor Ansteckung haben müssen. Schon einmaliges ‹Fremdgehen›
kann genügen, um sich mit einem
Tripper oder einer Syphilis anzustecken. Häufiger Partnerwechsel
erhöht natürlich die Ansteckungsge-
fahr. Trotzdem hat niemand das
Recht, dich wegen einer Geschlechtskrankheit scheel anzuse-
hen. Wer lästert, sollte lieber seine
Einstellung zur Sexualität in Ruhe
überdenken.
Für uns ist nur eines wichtig: Ansteckung und Verbreitung zu verhindern. Diesem Zweck dient auch die
gesetzliche Meldepflicht. Vier Geschlechtskrankheiten sind dem Gesundheitsamt vom behandelnden
Arzt zu melden:
– Syphilis (Lues, harter Schanker)
– Tripper (Gonorrhoe)
– Weicher Schanker
– Venerische Lymphknoten-Entzündung
Die Meldung erfolgt ohne Angabe
deines Namens. Nur wenn du dich
nicht behandeln läßt, muß der Arzt
zusätzlich Namen und Anschrift an
das Amt weitergeben. Noch einmal:
Es ist strafbar, wissentlich jemanden
mit einer dieser vier Krankheiten anzustecken! Es kommt häufiger vor,
daß man nicht von der Krankheit
weiß und jemanden ansteckt. Deshalb mußt du schleunigst deine(n)
Partner informieren, sobald du
weißt, daß du eine Geschlechtskrankheit hast. Diskussionen über
die Schuldfrage oder Schamgefühle
sind da völlig unangebracht.
Was ist, wenn du Anzeichen einer
Geschlechtskrankheit bei dir be-
merkst? Das Wichtigste ist: Ohne
ärztliche Behandlung wirst du keine

dieser Erkrankungen wieder los!
Deshalb ist der erste Schritt die Untersuchung beim Arzt. Und da
wird's eventuell peinlich.
Sag mal einem Arzt, daß du 'n Tripper im Arsch hast. Oder im Hals.
Immerhin machst du damit auch eine Aussage über deine Sexualprakti-
ken. Wer fürchtet nicht das süffisan-
te Lächeln eines Arztes, der nach
der Untersuchung wissen will, wie
man bloß zu dieser oder jener
Krankheit gekommen sei? Normal
ist das schließlich nicht! Als ich einmal zum Hautarzt ging, um sicher-
heitshalber eine Blutuntersuchung
auf Syphilis machen zu lassen, war
mir jedenfalls ein bißchen mulmig
zumute. Irgendwann kam sie, die ge-
fürchtete Frage: «Wieso glauben Sie
denn, daß Sie eine Syphilis haben
könnten?» Ich druckste herum und

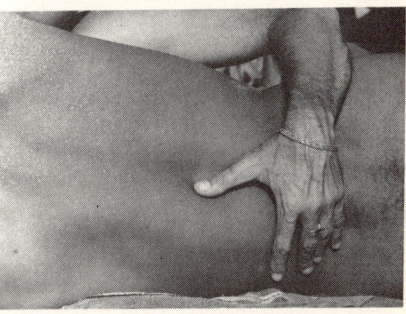

murmelte endlich leise: «Ich habe
mit einer Person geschlafen, die jetzt
Syphilis hat.» (Man beachte die ge-
schlechtsneutrale Formulierung.) Er
ließ es dabei nicht bewenden, sondern bohrte weiter: «Bei wem ist die
Dame denn in Behandlung?» Mist,
nun mußte ich die Katze doch aus dem
Sack lassen: «Also, äh, es handelt
sich, äh, weniger um eine Dame . . .»
Mir schlotterten vor Aufregung

die Knie! Aber, o Wunder, der Arzt fing nicht an, Feuer zu speien oder sonst was Schreckliches, sondern sagte, ohne mit der Wimper zu zucken: «Nun gut, bei welchem Kollegen ist der Herr?» Erleichtert berichtete ich ihm alles Nötige. Als ich abends einem Freund davon erzählte, meinte der nur kurz und bündig: «Der ist doch selbst schwul!» Hätte ich das nur vorher gewußt ...

Inzwischen weiß ich mehr. Viele Schwulengruppen haben Listen mit Ärzten zusammengestellt, zu denen man als Homosexueller getrost gehen kann. Bei diesen Medizinern kannst du mit Vorurteilslosigkeit und Verschwiegenheit rechnen. Das ist wichtig, wenn du nicht möchtest, daß deine Eltern von deinem Schwulsein erfahren, denn generell hat der Arzt bei Minderjährigen das Recht, die Eltern zu benachrichtigen. Wenn er meint, du seiest auf dem ‹falschen Weg›, mag er versuchen, auf diese Weise deiner Homosexualität einen Riegel vorzuschieben. Es ist nicht leicht, den Eltern etwas vorzumachen, weil Jugendliche oft nicht selbst versichert sind und ihre Eltern um einen Krankenschein bitten müssen. Die wollen natürlich dann wissen, was du hast. In größeren Städten gibt es jedoch Beratungsstellen für Geschlechtskranke im Gesundheitsamt. Dort kannst du einen Extra-Krankenschein erhalten. In einigen Städten erfolgt sogar die Behandlung im Amt.

Was du auf keinen Fall machen solltest, ist eine Selbstbehandlung. Vielleicht bist du überhaupt nicht geschlechtskrank und pumpst dich dennoch mit Antibiotika voll. Damit förderst du unnötig die Gewöhnung an diese Mittel, was zur Folge haben kann, daß die Medikamente bei tatsächlichem Bedarf nicht mehr wir-

ken. Außerdem ist nicht jedes Antibiotikum zur Behandlung geeignet. Nur ein Arzt kann feststellen, was du genau hast und welche Mittel zur Heilung notwendig sind. Also, tu uns allen und dir den Gefallen und geh bei einer Geschlechtskrankheit zum Arzt!

Woran erkennst du denn nun, ob du eine dieser Krankheiten hast? Beginnen wir mit den beiden häufigsten Geschlechtskrankheiten, dem Tripper und der Syphilis. Die Bakterien, welche beide Krankheiten übertragen, können nur in warmen und feuchten Umgebungen überleben – das heißt in der Vagina, am Penis oder im Anus (Arschloch). Es ist unmöglich, daß du dich an Handtüchern oder auf der Toilette ansteckst, da die Erreger außerhalb des Körpers innerhalb von wenigen Sekunden krepieren.

Tripper und Syphilis sind leicht zu heilen, aber unbehandelt haben sie schlimme Folgen. Die ersten Anzeichen verschwinden nach einiger Zeit – auch ohne Behandlung. Du bist dann aber nicht geheilt, sondern die Krankheit beginnt ihren Marsch durch deinen Körper und kann dauerhafte Schäden hervorrufen. Deshalb ist es so wichtig, die Anzeichen rechtzeitig festzustellen.

Beim Tripper, der am häufigsten vorkommenden Geschlechtskrankheit, tritt einige Tage nach der Ansteckung ein starker Juckreiz in der Harnröhre auf und es brennt beim Pinkeln. Schleim sickert aus der Öffnung, erst ein milchig-weißer, später gelblicher, dickflüssiger Ausfluß. Hast du dich im Anus angesteckt, dann sondert die Mastdarm-Schleimhaut Ausfluß ab und blutet leicht bei Berührung. Anal-Tripper verursacht jedoch meistens keine Beschwerden außer leichten Schmerzen beim Stuhlgang. Er wird

deshalb eher übersehen.

Um dich von Tripper zu heilen, gibt dir der Arzt Penicillin-Tabletten oder eine Spritze in die Pobacke. Wenn das ausreicht (eine Kontrolluntersuchung zeigt das), bist du eine Woche später wieder gesund. So einfach ist das – allerdings nur im frühen Stadium!

Du kannst Ausfluß und Brennen beim Pinkeln haben, ohne daß es Tripper ist. Dann handelt es sich um eine sogenannte ‹unspezifische Harnröhren-Entzündung›, und die wird ebenfalls mit Antibiotika behandelt. Harnröhren-Entzündung ist wie der Tripper ansteckend und ohne Behandlung gefährlich. Sie kann auf die Blase und die Nieren übergreifen.

Nun zur Syphilis. Du hast vielleicht von dem üblen Verlauf einer unbehandelten Syphilis gehört. Steinzeit-Menschen litten schon unter ihr, wie Knochenfunde beweisen. Griechen und Römer beschrieben Geschwüre, die ebenfalls auf Syphilis deuten. Danach scheint sie in unseren Breiten bis zur Neuzeit ausgestorben gewesen zu sein. Erst 1494 kam sie mit den Matrosen des Christoph Kolumbus von Haiti wieder nach Portugal. Wenige Jahre später war sie in ganz Europa verbreitet (was einige Rückschlüsse darüber erlaubt, wie sexualfreundlich die Menschen im ach so finsteren Mittelalter waren). Albrecht Dürer schrieb 1506: «. . . denn ich weiß nichts, was ich jetzt übler fürchte, da schier jedermann sie hat.»[*] Tausende und Abertausende erkrankten an der Syphilis.

Etwa zwei bis sechs Wochen nach der Ansteckung bildet sich ein hartes und unempfindliches Geschwür an der Stelle, wo die Erreger einge-

[*] Zit. nach E. Bornemann: «Lexikon der Sexualität», Frankfurt a. M., Wien, Berlin 1978, S. 1395

drungen sind. Das kann an den Geschlechtsteilen sein, aber auch an den Lippen, im Mund, an den Fingern oder anderen Körperteilen. Betastet man das linsengroße Geschwür, hat man das Gefühl, eine Münze zwischen den Fingern zu haben. Daher der Name ‹Harter Schanker›.

Früher wußte kein Mensch ein wirksames Mittel dagegen. So waren die Angesteckten froh, wenn das Geschwür nach fünf bis zehn Wochen verheilte. Sie hielten sich für gesund. Irrtum. – Unmengen von Bakterien befinden sich zu der Zeit im Körper und bereiten das zweite Stadium der Syphilis vor. Nach etwa zehn Wochen erscheint ein rötlicher Hautausschlag am ganzen Leib. Man fühlt sich matt und hat leichtes Fieber. Die Lymphknoten in den Achselhöhlen, in der Leistengegend und an der Seite des Halses schwellen an. Manche Leute bekommen Blasen im Mund, einigen fallen die Haare aus. Diese Symptome verschwinden nach einiger Zeit wieder und hinterlassen die Illusion, nunmehr geheilt zu sein. Erst viele Jahre später tritt das berüchtigte dritte Stadium ein: Herz, Nervensystem und Gehirn verändern sich, und Geisteskrankheiten, langes Siechtum oder gar Tod können die Folge sein.

Heutzutage sind wir besser dran. Das dritte Stadium tritt kaum noch auf. Auch das zweite Stadium ist relativ selten. 1905 entdeckte Fritz Schaudinn die Erreger der Syphilis, und mit Hilfe des Penicillins begann 1940 der wirkungsvolle Siegeszug gegen diese Krankheit. In den Fünfzigern schien sie beinahe ausgerottet. Seither breitet sie sich jedoch wieder aus. Vor allem Jugendliche erkranken daran. Fehlendes Wissen über Geschlechtskrankheiten führen dabei in der Mehrzahl zur Weitergabe der Bakterien. Deshalb ist es ungeheuer notwendig, die Merkmale zu kennen und bei einer möglichen Ansteckung ohne Zögern zum Arzt zu gehen. Frühzeitig entdeckt ist die Syphilis mit einer Penicillin-Kur schnell heilbar.

Puh – dies ist wirklich kein angenehmes Thema. Wir sind aber noch nicht am Ende. Ich gehe auf die beiden anderen meldepflichtigen Geschlechtskrankheiten (Weicher Schanker und Venerische Lymphknoten-Entzündung) nicht ein, weil sie bei uns selten vorkommen.

Aber es gibt noch genug andere gesundheitliche Probleme für uns Schwule: so lästige Tierchen wie Filzläuse oder Milben, merkwürdig geformte Warzen, schmerzhafte Analerkrankungen und vor allem die Hepatitis (Gelbsucht).

Andauerndes Jucken in den Schamhaaren und kleine blaue Flecken in derselben Gegend sind ein deutliches Zeichen für Filzläuse. Diese winzigen Vampire setzen sich im Anal- oder Genitalbereich fest (gelegentlich sogar in anderen behaarten Körperteilen) und saugen dein Blut. Nebenbei legen sie am laufenden Band Eier, die sie mit einem ausgezeichneten Klebstoff an die Haare pappen. Die Filzläuse sind ein bis zwei Millimeter lang und weißlich-durchsichtig. Selbst mit einer Lupe sind sie deshalb meist nur an ihren beiden schwarzen Augen zu erkennen. Oder nach einer Blutmahlzeit – dann sind sie nämlich rot-schwarz. Da hilft kein Knoblauch und kein Kreuz wie bei gewöhnlichen Vampiren. Da hilft nur ein Kontaktgift, wie beispielsweise Jacutin. Das vertragen sie ganz und gar nicht, sie sterben nach kurzer Zeit. Aber raffiniert wie sie sind, hinterlassen sie massenhaft Eier, die durch das Gift nicht kleinzukriegen sind. Deshalb mußt du die Gift-Kur nach etwa zehn Tagen wiederholen, täglich die Kleidung und die Bettwäsche wechseln, und alles gründlich reinigen. Filzläuse werden durch engen Kör-

perkontakt übertragen, das heißt vor allem beim Geschlechtsverkehr. Es gibt wohl kaum einen Schwulen, der nicht ihre Bekanntschaft gemacht hat. Allein, sie sind recht harmlos. Solange du bei anhaltendem Juckreiz rechtzeitig zum Arzt gehst, wirst du alles unbeschadet überstehen und eine Weitergabe verhindern.

Gleiches gilt für die Krätze. Sie wird durch eine Milbenart hervorgerufen. Die Krätzemilben graben bis zu zwei Zentimeter lange Gräben unter der Haut und legen dort ihre Eier ab. Bei Leuten, die Krätze haben, fängt es an diesen Stellen nach einigen Wochen fürchterlich an zu jucken – vor allem nachts im warmen Bett. Besonders zwischen den Fingern, in den Achselhöhlen, in der Taille und im Genitalbereich graben die Milben gern. Mit Einreibemitteln oder Bädern kannst du sie jedoch killen. Es gilt wie immer: je eher du damit anfängst, desto besser für dich! Nach übertragbaren Bakterien, Läusen und Milben geht es nun um Viren. Durch diese Erreger werden die sogenannten Feigwarzen übertragen. Das sind relativ kleine blumenkohlförmige Gebilde, die überall dort entstehen können, wo du viel schwitzt. Das ist vor allem die gesamte Gegend um und am Schwanz, sowie am und im Arsch. Sie stören nicht sonderlich, aber du kannst andere damit anstecken. Deshalb läßt du sie besser vom Arzt entfernen. Möglicherweise sind es ja auch keine Warzen, sondern das Anfangsstadium von Syphilis!

Da wir gerade bei dieser Körperregion sind, ein paar Worte zu den Analerkrankungen. Als Schwule sollten wir nicht nur in der Sexualität unvoreingenommen an unser Hinterteil rangehen, sondern gleichfalls ohne Scham zum Arzt gehen, sobald wir Beschwerden dort haben. Hämorrhoiden (Blutstauungen in den Venen des Analbereichs), Analfalten oder Analfissuren (Geschwüre am Schließmuskel) lassen sich unkompliziert entfernen.

Schließen wir das Kapitel mit einer Krankheit ab, gegen die es bisher keine Medikamente gibt. Nicht wenige erkranken an ihr: der Hepatitis (Leberentzündung, Gelbsucht). Es gibt drei Arten, die ‹Infektiöse Hepatitis› (Typ A), die ‹Serum-Hepatitis› (Typ B) und der noch recht neue Typ C. Nicht selten wird die Hepatitis erst im fortgeschrittenen Stadium erkannt, und vorher stecken sich viele andere Menschen beim Erkrankten an. Außerdem gibt es, wie gesagt, keine wirksame Arznei gegen diese Krankheit. Deshalb sieht die Behandlung so aus: wochenlang mußt du im Bett bleiben – eventuell in der Isolierstation eines Krankenhauses. Eine Spezialdiät ist notwendig, um die Leber zu schonen. Mindestens ein halbes Jahr darfst du keinen Alkohol trinken. Von diesen Maßnahmen verspricht man sich, daß die Leber von alleine den Kampf gegen die Entzündung schafft.

Es gibt viele Möglichkeiten, sich mit Hepatitis anzustecken. Verschmutzte Spritzen und sonstige Kontakte mit Blut oder Wunden sind es bei Typ B, verschmutztes Wasser, verunreinigte Speisen oder Gegenstände bei Typ A und Geschlechtsverkehr bei allen drei Arten der Gelbsucht.

Wie merkst du denn, daß du dich angesteckt hast? Die ersten Anzeichen sind Abgeschlagenheit, Appetitlosigkeit und mitunter etwas Fieber. Muskelschmerzen können zusätzlich vorkommen. Das alles ähnelt einer Grippe. Du legst dich dann vielleicht ins Bett, und allmählich wirst du gelb. Das fängt bei den Augen an und geht auf die Haut über. Daher der Name Gelbsucht. Dein Urin färbt sich dafür bräunlich und der Kot graubraun, später weiß. Allerdings: Das Gelbwerden muß nicht sein. Über die Hälfte aller Hepatitis-Fälle verläuft ohne Veränderung der Hautfarbe. Genaues kann nur der Arzt feststellen. Hauptsache du nimmst die Gelbsucht nicht auf die leichte Schulter, Typ B und C können nämlich chronisch werden!

Eigentlich sollte an dieser Stelle das Kapitel enden. Tat es auch in den ersten 4 Auflagen. Als ich dieses Buch im Frühjahr 1981 schrieb, konnte aber noch niemand ahnen, daß bald darauf eine weitaus schlimmere Krankheit auftauschen würde: AIDS.

Heute hat jedes Kind von AIDS gehört. Ängste ebenso wie Gerüchte schwirren herum und machen es besonders uns Schwulen schwer, einen klaren Kopf zu behalten.

Deshalb erhält dieses Kapitel für die

jetzige Neuauflage eine Ergänzung – nicht ganz einfach, wo noch immer vieles unklar ist. Die Forschung kommt alle naselang mit neuen Ergebnissen heraus, Aussicht auf ein Heilmittel gibt es heute, im Januar 1991, nur in Ansätzen. Aber man muß auch sagen: Die medizinische Hilfe für AIDS-Kranke ist inzwischen sehr viel besser geworden. Ein Impfstoff wird trotz erster Versuche in diesem Jahr wohl noch auf sich warten lassen.

Ich will also versuchen, hier mal das aufzuschreiben, was man bisher weiß, und dir zumindest ein wenig durch den Dschungel der unterschiedlichsten Informationen helfen.

AIDS macht angst, mir wenigstens hat diese Krankheit angst gemacht. Sie schien mir unberechenbar, zudem stand hinter ihr die Drohung, sterben zu müssen.

Alles, was über AIDS geschrieben stand, hab ich im Nu verschlungen. Anfänglich hat das meine Panik nur gesteigert, aber ich hab mich gegen diese Angst gewehrt. Verzweifelt gewehrt, bis ich merkte: Je mehr ich mich mit AIDS befaßte, je mehr ich mit Ärzten und anderen Informierten sprach, desto mehr verschwand auch die Angst.

Heute ist da noch ein Rest, ein irrationales Überbleibsel, mit dem ich halt leben muß. Ich weiß einfach genug über die Krankheit, sie hat damit ihren großen Schrecken verloren.

Anfänglich wußte man ja bloß, daß AIDS eine mysteriöse ‹Schwulenkrankheit› sei, bei der die Männer einen bestimmten Hautkrebs bekamen und dran starben.

Mittlerweile ist klarer, was bei AIDS passiert. Das Immunsystem des Körpers, das uns gegen Krankheiten schützen soll, bricht zusammen. Daher auch der Name AIDS (Acquired Immunodeficiency Syndrome), der übersetzt nichts anderes bedeutet als ‹Erworbene Immunschwäche›. Erworben sagt man, um sie vom Krankheitsbild der ererbten Immunschwäche unterscheiden zu können.

Der menschliche Körper besitzt ein raffiniertes Abwehrsystem, um Krankheitskeime zu erkennen und zu killen. Nur deshalb können wir die meisten Erkrankungen überstehen oder kriegen sie erst gar nicht. Überall in der Luft schwirren Bazillen und Viren herum, auch in und an unserem Körper kann man Unmengen verschiedener Krankheitserreger finden. Funktioniert unser ‹Schutzschild› korrekt, dann können sie uns nichts anhaben.

AIDS geht nun allerdings einen äußerst teuflischen Weg: Die Krankheit zerstört gerade diesen ‹Schutzschild›, schwächt unser Abwehrsystem und liefert uns damit den sonst ungefährlichen Krankheiten wehrlos aus.

Erreger der Krankheit ist ein Virus: HIV (Humanes Immunschwäche-Virus). Nicht bloß, daß es unsere körpereigene Feuerwehr kaputtmacht, es macht das auch auf besonders fiese Weise. Zwischen der Ansteckung und einer möglichen Erkrankung können mehrere Jahre vergehen, ohne daß viel passiert. In der Zwischenzeit kann aber der Mensch, der das Virus im Blut hat, andere anstecken! Diese lange Zeit zwischen Ansteckung und Erkrankung dürfte der Grund sein, wieso bisher die Zahl der AIDS-Kranken so rapide gestiegen ist. Viele ahnten gar nicht, daß sie längst ansteckend sind, und waren dementsprechend unvorsichtig. Heute sieht es damit anders aus. Inzwischen wissen wir, welche Wege der AIDS-Erreger nimmt, um in den Körper zu gelangen. Bei aller Gefährlichkeit tut uns das Virus nämlich den Gefallen, nur in ganz bestimmten Situationen übertragbar zu sein.

So hat sich bisher auf der ganzen Welt noch kein Mensch dadurch angesteckt, daß er mit AIDS-Kranken zusammen eine Wohnung bewohnt, vom selben Geschirr ißt oder dieselbe Toilette benutzt.

Kein Wunder, denn man kann sich nur dann anstecken, wenn Blut, Samen- oder Scheidenflüssigkeit eines infizierten Menschen in den Blutkreislauf eines anderen gerät. Zwar hat man auch im Speichel und in Tränenflüssigkeit das Virus finden können, aber eine Ansteckung auf diesem Weg ist bisher nirgendwo festgestellt worden – dazu ist zuwenig Virusmaterial in diesen Körperflüssigkeiten.

Damit ist klar, wie man sich anstecken – oder eben auch nicht anstecken kann. Jemanden zu umarmen, der AIDS hat, ist völlig ungefährlich. Kein Niesen wie beim Schnupfen (auch eine Virus-Krankheit), kein Husten wie bei der Tuberkulose, nicht das Trinken aus einem Glas oder das Schlafen in einem Bett gibt dem Virus eine Chance, von einer Person zur anderen zu gelangen. Wenn überhaupt, dann holt man sich das Virus beim Geschlechtsverkehr oder bei direktem Blutkontakt, zum Beispiel durch das gemeinsame Benutzen von Spritzen bei Drogenabhängigen. Oder wenn Tätowiernadeln und die Pistolen zum Schießen von Ohrlöchern nicht desinfiziert wurden. Desinfektion ist jedoch sehr einfach: Jeder normale Haushaltsreiniger oder auch 30 %iger Alkohol tötet das Virus sicher ab! Ja, und beim Geschlechtsverkehr wissen wir inzwischen schon sehr viel mehr als vor zwei Jahren. Gab es da-

mals noch lange Listen darüber, was man alles nicht machen dürfte, reduziert sich das Ganze jetzt vor allem auf zwei Dinge, von denen schon im Sex-Kapitel die Rede war: Vorsicht beim Blasen und beim Bumsen. Streicheln, zusammen kuscheln, schmusen, küssen (wenn man nicht gerade starkes Zahnfleischbluten oder eine Pilzinfektion im Mund hat), gemeinsames Wichsen, Abspritzen zwischen die Beine – alles Sachen, die vollkommen ungefährlich sind. Riskant sind sie eh nur, wenn einer von beiden AIDS-Viren im Blut hat, sonst kann man sich natürlich auch nicht anstecken, klaro? Also: Blasen und Bumsen. Vor allem Bumsen. Es gibt nämlich durchaus ernst zu nehmende Untersuchungen darüber, daß Blasen gar nicht zur Ansteckung führen kann. Offenbar gibt es im Speichel Stoffe, die das Virus abtöten. Andere Untersuchungen zeigen, daß jene Männer, die nie Analverkehr hatten, aber sehr wohl ihrem Partner einen geblasen haben, sich nicht ansteckten. Letzte Sicherheit gibt es da wohl vorerst nicht, und selbstverständlich mußt du selbst entscheiden, was du verantworten kannst und was nicht. Ich würde jedenfalls vorschlagen, das Blasen vielleicht nicht zu andauernd zu machen und nicht in den Mund abzuspritzen.

Kommen wir nun zum Analverkehr, der nachweislich neben dem heterosexuellen Koitus das größte Risiko einer Ansteckung mit sich bringt. Wieso? Erstens ist im Samen (und in der Scheidenflüssigkeit) das Virus besonders stark konzentriert. Das gilt genauso bei der Hepatitis, die ja ähnlich übertragen wird wie AIDS. Zweitens bringt jeder Analverkehr klitzekleine Abschürfungen der Darmschleimhaut mit sich – und durch die kann das Virus ohne Probleme in den Blutkreislauf gelangen. Abgeschwächt gilt das natürlich auch für Schwanz in Scheide.

Nun kann man sagen: Analverkehr – nein danke! Viele tun das. Aber das muß nicht sein. Wenn du darauf nicht verzichten möchtest, kannst du dich und deinen Partner schützen, indem du/er ein Kondom benutzt. Kondome, Pariser oder auch einfach «Gummis» sind inzwischen für jedermann leicht zu kriegen. Im Automaten, in Apotheken oder auch Drogeriemärkten.

Nicht ganz so einfach ist die Benutzung. Schließlich sind die Dinger sehr dünn; sie können folglich reißen oder platzen. Allzu leicht passiert das nicht, so ein Präser kann ganz schön aufgeblasen werden, ehe er kaputtgeht. Nur Löcher verträgt er (wie ein Luftballon) ganz und gar nicht. Manch einen stört dieses Ding da auch beim Sex oder er schlafft ab, weil er den Sex unterbrechen muß zum Drüberstreifen.

Glücklicherweise kann man üben, allein oder zusammen. Das Gummi wird vorsichtig aus der Packung genommen, mit der einen Hand am überstehenden Ende festgehalten, oben auf den steifen Schwanz gesetzt und dann langsam über ihm abgerollt. Bis ganz unten. Nach ein paar Versuchen klappt das bestimmt. Bei den AIDS-Hilfen oder der ProFamilia kriegst du auch ausführlichere Anleitungen, falls du Probleme damit hast.

Außerdem braucht man noch Gleitcreme, damit das Gummi gut rutscht. Wichtig dabei ist, keine fetthaltige Creme zu nehmen, weil diese das Gummi auflösen kann und es dann reißt.

Leider gibt es nur wenige Kondome, die wirklich empfehlenswert sind. Ehe du die falschen benutzt, solltest du dich lieber an eine AIDS-Beratungsstelle wenden und nachfragen. Falls du keine in deiner Stadt weißt, kannst du an die

Deutsche AIDS-Hilfe
Dieffenbachstr. 3
10967 Berlin

schreiben, wo du gegen Rückporto eine Liste mit Beratungsstellen erhälst.

Ehe ich's vergesse: Hinterher das Gummi zusammen mit dem Schwanz rausziehen, damit nicht dann noch Samen ins Loch kommt. Schwieriger als diese «technischen» Probleme zu meistern, sind die mehr seelischen mit dem Kondom. Was sagt mein Partner, wenn ich Kondome benutze? Denkt er dann, ich habe AIDS? Wie spreche ich es an? Kann ich mich wirklich auf so ein dünnes Gummi verlassen? Viele Fragen, die man nicht mit ein paar Sätzen behandeln kann. Sich vor einer Ansteckung mit AIDS beim Sex zu schützen, ist nicht gerade die leichteste Aufgabe. Vergewaltige dich nicht, sondern denke darüber nach, wie du mit dieser Situation umgehen kannst. Sprich vielleicht auch mal mit jemandem aus einer der Beratungsstellen der AIDS-Hilfen darüber. Da sitzen ebenfalls viele Schwule, die am eigenen Leib die gleichen Probleme erfahren haben. Manche dieser Gruppen bieten sogar Abende an, bei denen man in kleiner Runde über alle damit zusammenhängenden Probleme sprechen kann.

Drüber sprechen ist jedenfalls besser als verdrängen. Denn du selbst magst vielleicht denken: Okay, in ein paar Jahren ist alles vorbei, dann kann ich wieder loslegen. Aber was ist mit denen, die jetzt infiziert sind? Die nie mehr «loslegen» können, wenn sie nicht wenigstens Partner finden, mit denen sie ins Bett gehen können, weil die sich mit «Safer Sex» auskennen?

Laß also deine Phantasie spielen und denk dir aus, was du alles machen kannst, ohne daß die Gefahr einer Ansteckung besteht. Sex ist sowieso nicht eine «Technik» oder ein stupides Immer-Dasselbe; mit etwas Phantasie wird er bestimmt abwechslungsreicher und lustvoller. Eines möchte ich noch mal betonen. Dies alles hat nur Bedeutung, wenn einer von beiden infiziert sein könnte! Wer seit Jahren mit seinem Freund zusammen lebt und nie fremdgeht, kann und sollte weiterhin machen, wozu er/sie Lust hat. Schließlich geht es hier nicht um moralische Vorschriften, wer wie Sex zu haben hat, sondern um die beschissene Situation, daß man sich bei dieser schönen Angelegenheit eine böse Erkrankung holen kann.

Wahrscheinlich wirst du dich fragen, ob es nicht sinnvoll ist, durch einen Test feststellen zu lassen, ob man sich etwa bereits angesteckt hat oder eben noch nicht.

Das klingt verlockend und es gibt ja auch Tests, die zum Beispiel überprüfen, ob sich in deinem Körper sogenannte ‹Anti-Körper› gegen das AIDS-Virus befinden. Diese Anti-Körper gehören zum Schutzschild gegen Krankheiten und werden vom Abwehrsystem gebildet. Sie stürzen sich auf Krankheitskeime und helfen bei der Vernichtung derselben. Für jedes Virus gibt es spezielle Anti-Körper, die nur dieses eine Virus bekämpfen, und sie werden erst dann gebildet, wenn Viren eingedrungen sind. Findet man also Anti-Körper gegen das AIDS-Virus, dann ist das der Beweis für eine Ansteckung.

Das Verzwackte an dem Test ist bloß: Keiner kann das Ergebnis sicher interpretieren. Findet man keine Anti-Körper, heißt das lediglich, daß bis etwa 4–12 Wochen vor dem Test keine Ansteckung stattgefunden hat (so lange kann nämlich das Abwehrsystem brauchen, um diese Anti-Körper zu bilden). Außerdem sagt es nichts darüber aus, ob Du Dich in Zukunft anstecken wirst.

Findet man aber Anti-Körper, bringt das eine schreckliche Ungewißheit mit sich. Vielleicht erkrankst du. Vielleicht aber auch nicht. Auf jeden Fall wirst du danach bei jedem Kratzen im Hals, bei jeder kleinen Erkältung denken: Jetzt kriege ich AIDS!

Das Wissen, die Viren im Blut zu haben, ist eine enorme seelische Belastung. Deshalb solltest du es dir sehr genau überlegen, ob du diese Belastung tragen kannst. Und ob überhaupt eine wirkliche Gefahr besteht, daß du dich schon angesteckt hast. Hoffentlich habe ich dir mit diesem Kapitel nicht ganz die Lust am Sex vertrieben. Genau das Gegenteil wollte ich erreichen: Daß du ohne Angst mit jemandem ins Bett gehen kannst, weil du weißt, wie du dich vor Ansteckung schützen kannst. Dabei kann dieses Kapitel nur eine erste Information bieten. Gewiß hast du noch eine Menge Fragen, an die ich einfach nicht gedacht habe oder für die kein Platz an dieser Stelle war.

In diesem Fall ist es das Beste, du wendest dich an eine der AIDS-Hilfe-Gruppen, die es inzwischen gibt. In vielen Städten haben sie Beratungsstellen eingerichtet, wo du dich persönlich oder am Telefon beraten lassen kannst. Die Adresse kriegst du bei der oben genannten «Deutschen AIDS-Hilfe».

Du kannst auch überlegen, ob du dich bei einer dieser Gruppen engagierst. Vor allem für die Betreuung von Kranken werden Menschen gebraucht, die ihre Angst überwunden haben und dafür sorgen möchten, daß keiner allein gelassen wird. Im Umgang mit dieser Krankheit und vor allem mit den Erkrankten können wir zeigen, ob wir füreinander da sind. Vielleicht ist dann am Ende AIDS eine Gefahr, die uns zusammengeschweißt hat und durch die wir gelernt haben, rücksichtsvoller miteinander umzugehen.

Zum Schluß

Das Telefon klingelte. Ich hob ab. Zuerst Stille, dann fragte eine leise Stimme unvermittelt: «Wie spielt sich Geschlechtsverkehr unter Männern ab?» Ich stutzte, vermutete einen Scherz, fragte: «Wer ist denn da?» Aber der Anrufer wollte anonym bleiben. Ich akzeptierte das und begann holprig zu beschreiben, was eben so stattfindet, wenn Männer miteinander Sex machen.

Dann wollte ich aber doch mehr über den anonymen Anrufer wissen. Er berichtete mir nach und nach, wie er meine Telefonnummer im STERN gefundeten hatte, daß er vermutete, schwul zu sein, daß er sechzehn Jahre alt sei. Er lebte bei seinen Eltern, ging zur Schule und kannte keine Schwulen. Er wußte also gar nicht, was Schwulsein ist, wie Schwulsein ist – wie sollte er da wissen, ob er selbst schwul ist? Seine Eltern ahnten natürlich nichts, auch sonst niemand; nichts von seinen geheimen Bedürfnissen, von seiner Einsamkeit.

Da er aus dem Ruhrgebiet anrief, gab ich ihm die Adressen und einige Telefonnummern von Schwulengruppen in seiner Nähe. Ich fühlte mich hilflos, wollte gern mehr tun, wußte aber nicht was. Hoffte bloß, daß es ihm gut ergehen wird, daß er an Leute gerät, die ihn unterstützen.

Viele Anrufe dieser Art habe ich erhalten, als meine Telefonnummer im Rahmen eines STERN-Artikels über Schwule abgedruckt wurde: Schwule, die dem Selbstmord nahe waren, Schwule, die völlig verzweifelt aus irgendeinem kleinen Kaff anriefen, und immer wieder Schwule, die wissen wollten, wo sie andere Schwule treffen können. Erlebnisse wie diese waren es, die mich veranlaßten, ein Buch über Homosexualität zu schreiben. Ein Buch für den Schüler aus Wuppertal, der Informationen über schwulen Sex haben wollte, für Manfred aus der Nähe von Lübeck, der mit seinem Coming Out nicht klarkam, und für all die anderen, die in einer ähnlichen Situation stecken. Und natürlich auch für die, die nicht selbst betroffen sind, die aber mehr über Schwule und Lesben wissen wollen.

Wenn du dieses Buch gelesen hast, kann das nur der Anfang sein. Weitere empfehlenswerte Bücher findest du auf den nächsten Seiten. Außerdem einen Hinweis darauf, wie du Kontakt zu schwulen und lesbischen Gruppen kriegen kannst.

Hoffentlich kommst du mit Hilfe dieses Buches ein Stück besser klar – dann wäre mein Ziel erreicht.

Liebe Grüße

Literatur-Tips

Glücklicherweise gibt es inzwischen viele Bücher über Schwul- und Lesbisch-Sein, die Du lesen kannst, wenn Du mehr wissen möchtest. Du findest die Bücher entweder in Buchhandlungen oder Leih-Büchereien. Ein sehr guter Tip sind dabei die schwulen und die Frauen-Buchläden. Doch dazu mehr unter «Gruppen».

Für Eltern und andere «Erwachsene» habe ich **Eine Liebe wie jede andere** geschrieben. Es ist gleichfalls bei **Rowohlt** als Taschenbuch erschienen und hat die Nummer **8451**. Dort geht es um die vielen Probleme, die Eltern von Schwulen und Lesben «befallen». Seit seinem Erscheinen haben mir viele Eltern mitgeteilt, daß es ihnen eine große Hilfe dabei war, die Homosexualität ihres Kindes zu akzeptieren. Über das Schwulwerden hat der Therapeut **Richard Isay** (er ist selbst schwul) ein spannendes Buch geschrieben, welches im **Piper-Verlag** als Paperback erschienen ist: **Schwul sein**. Er ist der erste amerikanische Psychoanalytiker, der unbeschwert von Dogmen und Vorurteilen die Entwicklung von homosexuellen Männern beschreibt: Kindheit, Jugend, Beziehungen usw. Sehr zu empfehlen! Schweizer Jugendliche haben eine Broschüre herausgegeben, die viele Coming-Out-Berichte und eine Menge Informationen enthält: **Eigentlich ... logisch: Schwul!** Du kannst sie über den **Verlag Rosa Winkel**, Postfach 620604, 10796 Berlin, bestellen. Übers Coming Out gibt es inzwischen auch ein paar lesenswerte Romane, wie z. B. **Jim im Spiegel** von

Inger Edelfeldt und **Tanz auf meinem Grab** von **Aidan Chambers** (schönster Satz: «Wer will schon normal sein?»), beide bei erschienen als **Ravensburger** Taschenbücher. **Timothy Ireland**'s Buch **Was liegt in mir** ist zwar auch schon etwas älter, schildert aber sehr einfühlsam das Wachwerden gleichgeschlechtlicher Empfindungen bei einem Jungen (**Alibaba-Verlag**). Besonders interessant ist auch **Das klebrige Glück der Süße** von **Michael Carson**, welches im **Männerschwarm Script Verlag** herauskommt. Der «Held» Benson wächst auf, überschattet vom übermächtigen Einfluß rigider katholischer Moralgebote. Seine religiöse und sexuelle Emanzipation wird mit viel Witz und Ironie beschrieben. Doch noch einmal zurück zu Sachbüchern. Aus gesellschaftlicher Sicht behandelt **Volker Sommer** das Thema Homosexualität in seinem Buch **Wider die Natur?**, erschienen im **C. H. Beck-Verlag**. Da geht es munter um schwule Würmer und Meerschweinchen, so daß sich der Leser am Schluß in der Tat fragt, was an Homosexualität denn «unnatürlich» sein soll. Zusätzlich liefert Sommer eine interessante Begründung dafür, warum es während der gesamten Menschheits- und Tiergeschichte homosexuelles Verhalten gegeben hat – als sozial sehr nützliche Variante. Mit den grausamen Auswirkungen des Nationalsozialismus auf schwules Leben hat sich **Robert Plant** in **Rosa Winkel (Campus Verlag)** auseinandergesetzt. Er bietet einen verständlichen Überblick über die Zeit des Faschismus. **Hans-Georg Stümke**, dessen Buch über Homosexuelle im Nationalsozialismus leider vergriffen ist, hat mit dem Titel **Homosexuelle in Deutschland** immerhin die bislang ungeschriebene Geschichte gleichgeschlechtlich Liebender in unserem Land historisch ausgeleuchtet.

Eine sehr persönlich gehaltene Ergänzung sind die Erzählungen homosexueller Männer über die Zeit zwischen 1933 und 1945, die **Lutz van Dijk** in **Ein erfülltes Leben – trotzdem...** zusammengetragen hat **(rororo 8278)**. Von ihm stammt auch die Geschichte des polnischen Jungen Stefan, der sich während des Krieges in einen deutschen Soldaten verliebt: **Verdammt starke Liebe (rororo 597)**. Alle diese Bücher helfen, die Vergangenheit nicht zu vergessen und Entwicklungen entgegenzutreten, die sich bereits wieder ankündigen.

Den Aufbruch schwul/lesbischer Gruppen in den Jahren 1989/90 in der damaligen DDR stellt facettenreich **Günther Grau** unter dem Titel **Schwule und Lesben – was nun?** dar. Lehrreich für «Wessis», spannend für nichtbeteiligte «Ossis».

Daß Homosexuelle noch längst nicht rechtlich gleichgestellt sind, habe ich weiter vorn beschrieben. Daß man/frau sich aber wehren kann, beweisen **Die Schwulen Juristen (SchwIPS)** mit **Schwule im Recht**, erschienen im **Palette-Verlag**.

Ein Ratgeber ganz besonderer Art ist **Wie man's macht**, den der **magnus-Verlag** herausgebracht hat. Ein ganzes Buch mit Tips und Erläuterungen zu schwulem Sex. Amüsanter, aber nicht uninformativ sind die Geschichten von **Baby Neumann: Das erste Mal (magnus-Verlag)**, in denen wir einen jungen Mann bei seinen Streifzügen durch die schwule Szene begleiten können.

Jetzt die Kurve zu den beiden nächsten Büchern zu kriegen, fällt nicht leicht. Immerhin, der Titel **Die Menschlichkeit der Sexualität (Verlag Chr. Kaiser)** paßt, aber inhaltlich hat **Helmut Kentler** mehr die Frage im Sinn gehabt, wie die Kirchen zur Homosexualität stehen, als er diese Aufsatzsammlung herausbrachte. Auch **Homosexuelle Liebe** von **H. G. Wiedemann (Kreuz-Verlag)** behandelt das Verhältnis Glauben und Homosexualität. Wiedemann ist Pfarrer, und sein Buch wird besonders für jene Menschen hilfreich sein, die aufgrund ihres Glaubens Probleme mit dem Schwulsein haben.

Noch einmal zurück zu den Ratgebern. Bislang ist das Thema «schwule Beziehungen» noch recht unterbelichtet, was den Sachbüchermarkt angeht. Mein eigenes Buch **Beziehungsweise andersrum** ist leider vergriffen, und **Rik Isensee**s Band **Männer lieben Männer** liest sich für meinen Geschmack ein wenig wie ein Kochbuch **(bruno gmünder verlag)**. Aber was soll's, vielleicht bringt es dir ja was.

Bücher zu **AIDS** hier zu empfehlen, würde dir sicher wenig bringen. Es gibt zu oft Neues. Am besten wendest du dich an die regionale AIDS-Hilfe, wenn du aktuelle Lese-Tips haben möchtest.

Aber noch ein paar Romane möchte ich vorstellen. Da ist z. B. eines meiner Lieblingsbücher, **Die verlorene Sprache der Kräne** von dem jungen amerikanischen Schwulen **David Leavitt**. Von ihm stammen auch die Kurzgeschichten in **Familientanz** (beides bei **Rowohlt**). Leavitt beschreibt einfühlsam und plastisch Geschichten, die von vertrackten Familienbeziehungen und komplizierten Freundschaften handeln, aber auch von der Sehnsucht nach Liebe.

Manchem eine Portion zu kitschig, für andere aber genau richtig ist die Liebesgeschichte von Tommy und Mario, die im Zirkusmilieu spielt und von der bekannten Fantasy-Autorin **Marion Zimmer Bradley** geschrieben wurde: **Trapez**.

Wesentlich drastischer, aber ungemein unterhaltsam schlägt sich der schwule Detektiv **Matt Sinclair** durchs Leben. Wer Krimis mag, wird seine helle Freude an den Stories von **Tony Fenelly** haben, die zum 20. Jubiläum des **Rotbuch-Verlags** als Trilogie erschienen sind.

Zum Schluß noch ein Tip, der kochendheißer gar nicht ginge: Comics von **Ralf König**. Eigentlich unvorstellbar, daß du noch nichts von ihm in den Fingern gehabt hast, liegen sie doch inzwischen in jeder gutsortierten Buchhandlung. Wenn du also einmal drastisch demonstriert haben möchtest, wohin schwuler Humor führen kann, dann schnapp dir eines von Ralfs Büchern – du wirst es nicht mehr rausrücken.

Viel Spaß beim Lesen!

Gruppen

Es gibt inzwischen Hunderte von Schwulen- und Lesbengruppen. Leider ist es manchmal gar nicht so leicht, ihre Anschriften herauszubekommen. Neue Gruppen bilden sich, andere verschwinden von der Bildfläche, Adressen werden verändert. Besonders kompliziert ist die Lage auf dem Gebiet der ehemaligen DDR – viele der alten Gruppen leiden an Auszehrung, so daß keiner sagen kann, wie lange sie noch existieren, während überall neue gebildet werden.

Andererseits ist es gar nicht so schwierig herauszubekommen, ob in deiner Stadt derartige Gruppierungen existieren. Fast überall gibt es Stadtmagazine oder Veranstaltungshefte, in denen Initiativen aufgelistet sind. Oft wissen auch Buchläden oder Jugendzentren darüber Bescheid, ob es in deinem Ort so was gibt und wie man Kontakt zu ihnen bekommt.
Zur Not kannst Du natürlich auch eine Kleinanzeige in eurem örtlichen Veranstaltungsheft aufgeben (sofern Du Dich traust), in der Du Deine Suche nach einer Gruppe bekanntgibst. Oder fragst, ob andere eine solche mit Dir gründen möchten.
Falls das alles nicht funktioniert, kannst Du Dir über folgende Adresse eine aktuelle Liste der Gruppen im deutschsprachigen Raum beschaffen (gegen DM 3,– in Briefmarken):

mannometer, Stichwort: Adressenliste, Motzstr. 5, 10777 Berlin
Du kannst dort auch anrufen: 030/2168008. Mannometer ist ein schwuler Infoladen, der über alles Auskunft geben kann, was mit Schwulsein zu tun hat: Gruppen, Lokale, schwulenfreundliche Ärzte, Beratungsstellen usw.
Weitere ähnliche Läden gibt es noch in Frankfurt, München, Köln und Hamburg:

Hein&Fiete, Pulverteich 17–21, 20099 Hamburg, Tel. 040/240333
Gay Switchboard, Alte Gasse 36, 60313 Frankfurt/Main,
Tel. 069/283535
Sub-Infoladen, Müllerstr. 44, 80469 München, Tel. 089/19446
Checkpoint, Pipinstr. 7, 50667 Köln, Tel. 0221/255009

In vielen Städten gibt es zudem schwul/lesbische Kommunikationszentren, bei denen du häufig auch Auskunft einholen kannst. Informationen (und selbstverständlich auch Bücher) kriegst du in großer Auswahl in Frauenbuchläden, die es fast überall gibt, sowie in folgenden schwulen Buchläden:

Prinz Eisenherz, Bleibtreustr. 52, 10623 Berlin, Tel. 030/3139936
Männerschwarm, Neuer Pferdemarkt 32, 20359 Hamburg, Tel. 040/436093
Lavendelschwert, Bayardsgasse 3, 50676 Köln, Tel. 0221/232626
Erlkönig, Bebelstr. 25, 70193 Stuttgart, Tel. 0711/639139
Max&Milian, Gabelsbergerstr. 65, 80333 München, Tel. 089/527452
Männertreu, Bauerngasse 14, 90443 Nürnberg, Tel. 0911/262676

Die Zentrale der Deutschen **AIDs-Hilfe e.V., Dieffenbachstr. 33, 10967 Berlin, Tel. 030/690087-0**
bietet ebenfalls Beratung und Hilfe an.

Bildquellennachweis

Johannes Aevermann 163
Friedrich Baumhauer 5, 6/7, 9, 11, 12/13, 18, 117, 118, 142/143, 147, 150, 165
Wilfried Behner 49
John Berrhill/Bern Boyle 135
Hans Frey 34, 42, 43, 48, 51, 52, 106, 124, 180, 203
Thomas Grossmann 2/3, 20, 68, 69, 70, 71, 153, 166/167, 168/169, 175, 184, 188, 191–201
Joachim Hohmann (Hrsg.), «Der unterdrückte Sexus», 132, 133 (Lustige Blätter 1907)
Walter Kurz 205
Willi Langbehn 47, 115
Rudolf Poser 15, 41, 129, 137, 138, 139, 179
Michael Taubenheim 141, 142/143, 146/147, 148

«Der Mann kann vieles tun. Er kann Herrschaft faßbar machen. Überall ist jemand über ihm, der ihn beherrscht. Dagegen kann er aufbegehren. Überall beherrscht der Mann selber Menschen, ist er Vater, Ehemann, Chef, Direktor, Ausbilder, Ressortleiter... Damit kann er aufhören.»
Volker Elis Pilgrim

Tahar Ben Jelloun
Die tiefste der Einsamkeiten *Was ist aus mir geworden? Ich bin kein Mann mehr. Es ist gefroren, das ist der Tod, der mich zwischen den Beinen packt. Man muß mich operieren. Kannst du keine Röntgenaufnahme machen?*
(rororo mann 8252)
Der Autor schreibt von der sexuellen Not afrikanischer Fremdarbeiter in Frankreich. Vermittelt werden Einblicke in eine verborgene Welt männlicher Scham, Verzweiflung und Heimatlosigkeit.

Lutz Van Dijk
«Ein erfülltes Leben - trotzdem...»
Erinnerungen Homosexueller
1933 - 1945
(rororo mann 8278)

Harry Friebel
Die Gewalt, die Männer macht
Lese- und Handbuch zur Geschlechterfrage
(rororo mann 8267)

Horst Herrmann
Vaterliebe *Ich will ja nur dein Bestes*
(rororo mann 8248)

Walter Hollstein
Machen Sie Platz, mein Herr!
Teilen statt Herrschen
rororo mann 8277)

Mathias Jung (Hg.)
Männer lassen Federn *Unbelehrbar oder im Aufbruch?*
(rororo mann 8269)

Tor Nørretranders (Hg.)
Hingabe *Über den Orgasmus des Mannes*
(rororo mann 8216)

Burkhard Schröder
Spuren der Macht *Memmen, Macker, Muskelmänner*
(rororo mann 8264)
Ab-Schnitte *Über Macht und Ohnmacht der Gefühle nach einer Trennung*
(rororo mann 8250)
Unter Männern *Brüder, Kumpel Kameraden*
(rororo mann 8236)
Rechte Kerle *Skinheads, Faschos, Hooligans*
(rororo mann 8271)

Das gesamte Programm der Taschenbuchreihe *mann* finden Sie in der *Rowohlt Revue*. Jedes Vierteljahr neu. Kostenlos in Ihrer Buchhandlung.

Rowohlt im Kino

John Updike
Die Hexen von Eastwick
(rororo 12366)
Updikes amüsanten Roman
über Schwarze Magie, eine
amerikanische Kleinstadt und
drei geschiedene Frauen hat
George Miller mit Cher,
Susan Sarandron, Michelle
Pfeiffer und Jack Nicholson
verfilmt.

Hubert Selby
Letzte Ausfahrt Brooklyn
(rororo 1469)
Produzent: Bernd Eichinger
Regie: Uli Edel
Musik: Mark Knopfler

Alberto Moravia
Ich und Er
(rororo 1666)
Ein Mann in den Fallstricken
seines übermächtigen
Sexuallebens – erfolgreich
verfilmt von Doris Doerrie.

Paul Bowles
Himmel über der Wüste
(rororo 5789)
«Ein erstklassiger Abenteuer-
roman von einem wirklich
erstklassigen Schriftsteller.»
Tennessee Williams
Ein grandioser Film von
Bernardo Bertolucci mit John
Malkovich und Debra Winger

John Irving
Garp und wie er die Welt sah
(rororo 5042)
Irvings Bestseller in der
Verfilmung von George Roy
Hill.

Alice Walker
Die Farbe Lila
(rororo neue frau 5427)
Ein Steven Spielberg-Film mit
der überragenden Whoopi
Goldberg.

John Updike
Die **Hexen** von
Eastwick
rororo

Henry Miller
Stille Tage in Clichy
(rororo 5161)
Claude Chabrol hat diesen
Klassiker in ein Film-
kunstwerk verwandelt.

Oliver Sacks
Awakenings – Zeit des Erwachens
(rororo 8878)
Ein fesselndes Buch – ein
mitreißender Film mit Robert
de Niro.

Ruth Rendell
Dämon hinter Spitzenstores
(rororo thriller 2677)
Rendells atemberaubender
Thriller wurde jetzt unter dem
Titel «Der Mann nebenan»
mit Anthony Perkins in der
Hauptrolle verfilmt.

Marti Leimbach
Wen die Götter lieben
(rororo 13000)
Das Buch zum Film «Ent-
scheidung aus Liebe» mit
Julia Roberts und Campbel'
Scott in den Hauptrollen.

rororo Unterhaltung

3290/1